30日完成
スピードマスター
世界史問題集

黒河潤二 編

JN107636

山川出版社

本書の目的と使用法

　本書は、定期考査での得点力の向上や大学入試での合格力の養成を目的に、世界史探究の問題を解答する際に必要とされる用語を短期間で覚え、正解できるようになることをねらいとした問題集です。したがって本書には、高等学校の定期考査や大学入試対策に必要な内容が網羅されています。その内容も、要点を精選して簡潔にまとめていますので、表題にもある通り、1日に1テーマずつ学習すれば、30日という短期間で世界史探究のほぼすべての内容をマスターすることができます。

　本書では、各テーマごとに内容を整理してSummaryにまとめ、その次にSpeed Checkという空欄補充の演習問題を用意しました。

　巻末には、世界史探究の学習を進めるにあたって、おさえておきたい史料を例示し、読解の道しるべとなる解説も加えました。それぞれのテーマについては、複数の史料を提示し、比較の観点からの解説も盛り込むようにしました。

　さらに本書を活用して、難関大学の入試に対応できる応用力を身につけるためには、『詳説世界史図録』などの図録・図説等で地名を地図上に書き込んだり、美術作品などの図版を確認したりすることも大切です。『詳説世界史研究』のような詳細な参考書を利用することも学習効果を高めます。

　これまで述べてきたように、本書は短期間で効率よく世界史探究の内容をマスターすることをねらいとした問題集です。現行の学習指導要領では、これまで以上に思考力・判断力が求められるようになっていますが、基礎となる知識・技能がなければ、これらをのばしていくことはできません。本書を通じて身につけた世界史学習の基礎力をもとに大学入試を突破し、世界史の研究を深めてくれる人が1人でも多く育つことを願ってやみません。

　この問題集を世界史学習に前向きに取り組もうとする、すべてのみなさんに捧げます。

2024年2月

編者　黒河潤二

Summary	❶重要事項を表で整理し、体系的な理解をたすけます。
	❷赤色ゴシック・黒色ゴシックは、定期考査や入試でよく問われる重要用語を示しています。
	❸記号について、→は因果関係、➡は時系列（歴史の流れ）を示しています。 歴史用語の解説や補足解説が必要な内容については、❖につづいて解説しています。
	❹本書で使用しているおもな国名の略称は以下の通りです。 　米…アメリカ合衆国、英…イギリス（またはイングランド）、仏…フランス、 　独…ドイツ、伊…イタリア、墺…オーストリア、露…ロシア
Speed Check	❺Summaryと同じ構成で効率的な学習ができます。
	❻チェックボックスでふりかえり学習もスムーズにおこなえます。
	❼空欄はSummary中の赤ゴシックで示されている用語、赤ゴシックはSummary中では黒ゴシックで示されている用語です。
	❽各テーマの最後ではステップ・アップ・テストで、大学入学共通テストやセンター試験の過去問から抜粋した正誤判定問題にチャレンジできます。
別冊解答	❾チェックボックスつきで、復習をしやすくしています。
	❿縦に並べることで、答え合わせもしやすくしています。

Summary `Input!`

DAY 15

Summary ▶ 北欧・東欧の動向と科学革命・啓蒙思想

Point ❶ポーランド・スウェーデンの動向 ❷ロシアのおもな君主の業績 ❸プロイセンとオーストリアの抗争 ❹科学革命・啓蒙思想を中心とした文化

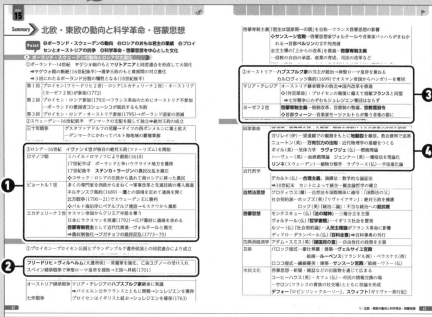

❶ ポーランド・スウェーデンの動向とロシアの大national

①ポーランド…14世紀 ヤゲウォ朝のもとでリトアニアと同君連合を形成して大国化
→ヤゲウォ朝の断絶(16世紀後半)→選挙王政のもと貴族間の対立激化
→3回にわたるポーランド分割の犠牲となる(18世紀後半)

第1回	プロイセン(フリードリヒ2世)・ロシア(エカチェリーナ2世)・オーストリア(ヨーゼフ2世)が参加(1772)
第2回	プロイセン・ロシアが参加(1793)…フランス革命のためにオーストリア不参加 …ポーランドの愛国者コシューシコが抵抗するも失敗
第3回	プロイセン・ロシア・オーストリアが参加(1795)…ポーランド国家の消滅

②スウェーデン…16世紀後半 デンマークの支配を脱して独立→絶対王政の成立

| 三十年戦争 | グスタフ=アドルフの活躍→ドイツの西ポンメルンに領土拡大 →デンマークにかわってバルト海地域の覇権掌握者 |

③ロシア…16世紀 イヴァン4世が独自の絶対王政(ツァーリズム)を開始

ロマノフ朝	ミハイル=ロマノフにより創始(1618) 17世紀半ば ポーランドと争いウクライナ地方を獲得 17世紀後半 ステンカ=ラージンの農民反乱を鎮圧 ❖コサック：ロシアの圧政から逃れて南ロシアに移った農民
ピョートル1世	多くの専門家を西欧からまねく→軍事改革と先進技術の導入推進 ネルチンスク条約(1689)…清との国境を定めて清朝と境界を開く 北方戦争(1700〜21)でスウェーデンに圧勝 バルト海沿岸にペテルブルク建設=モスクワから遷都
エカチェリーナ2世	オスマン帝国からクリミア半島を奪う 日本にラクスマンを派遣(1792)→江戸幕府に通商を求める 啓蒙専制君主として近代化推進…ヴォルテールと親交 →農奴制強化→プガチョフの農民反乱(1773〜75)

①プロイセン…プロイセン公国とブランデンブルク選帝侯国との同君連合により成立

フリードリヒ=ヴィルヘルム(大選帝侯)	常備軍を強化、亡命ユグノーの受け入れ スペイン継承戦争で神聖ローマ皇帝を援助→王国へ昇格(1701)
オーストリア継承戦争	マリア=テレジアのハプスブルク家に異議 →バイエルン公やフランスとともに開戦→シュレジエンを獲得
七年戦争	プロイセンはイギリスと結ぶ→シュレジエンを確保(1763)

啓蒙専制主義「君主は国家第一の僕」を自称。フランス啓蒙思想の影響
❖サンスーシ宮殿…啓蒙思想家ヴォルテールや音楽家バッハがまねかれる=音都ベルリンの文化的発展
君主主導の上からの改革を推進…啓蒙専制主義
…信教の自由の承認、産業の育成、司法の改革など

②オーストリア…ハプスブルク家が統治=神聖ローマ皇帝を兼ねるカルロヴィッツ条約(1699)でオスマン帝国からハンガリーを奪回

| マリア=テレジア | オーストリア継承戦争での敗北→国内改革を推進 …「外交革命」：プロイセンの報復に備えて宿敵フランスと同盟 →七年戦争ののぞみもシュレジエン奪回はならず |
| ヨーゼフ2世 | 啓蒙専制主義…税制改革、官僚制の整備、宗教寛容令 ❖首都ウィーン…音楽家モーツァルトらが集う音都に |

科学革命	ガリレイ(伊)…望遠鏡での観測とともに地動説を確信、教会裁判で迫害 ニュートン(英)…万有引力の法則：近代物理学の基礎をつくる ボイル(英)…気体力学 ラヴォワジェ(仏)…燃焼理論 ハーヴェー(英)…血液循環理論 ジェンナー(英)…種痘法の実施 リンネ(スウェーデン)…植物分類学 ラプラース(仏)…宇宙進化論
近代哲学	デカルト(仏)…合理主義、演繹法：数学的な論証法 ❖18世紀に カントによって統合…観念論哲学の成立
自然法思想	グロティウス(蘭)…自然法を国際関係に適用：「国際法の父」 社会契約説…ホッブズ(英)「リヴァイアサン」：絶対王政を擁護 ロック(英)「統治二論」：不当な統治への抵抗権
啓蒙思想	モンテスキュー(仏)「法の精神」…三権分立を主張 ヴォルテール(仏)「哲学書簡」…イギリス社会を賛美 ルソー(仏)「社会契約論」…人民主権論がフランス革命に影響 ディドロ・ダランベール(仏)「百科全書」=百科事典の刊行
古典派経済学	アダム=スミス(英)「諸国民の富」…自由放任の政策を主張
芸術	バロック様式…豪壮華麗：建築…ヴェルサイユ宮殿 絵画…ルーベンス(フランドル派)・ベラスケス(西) ロココ様式…繊細優美：建築…サンスーシ宮殿／絵画…ワトー(仏)
市民文化	啓蒙思想の普及…新聞・雑誌など多くの出版物を通じて広まる コーヒーハウス(英)・カフェ(仏)…市民の情報交換の場 …サロン(フランスの貴族の社交場)とともに世論を形成 デフォー「ロビンソン=クルーソー」、スウィフト「ガリヴァー旅行記」

Speed Check `Output!`

別冊解答

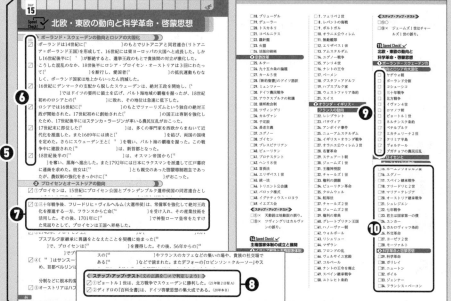

DAY 15

Speed Check! 北欧・東欧の動向と科学革命・啓蒙思想

❶ ポーランド・スウェーデンの動向とロシアの大国化

☑ ① ポーランドは14世紀に[¹]のもとでリトアニアと同君連合(リトアニア=ポーランド王国)を形成して、16世紀には東ヨーロッパの大国となった。しかし16世紀後半に[²]が断絶すると、選挙王政のもとで貴族間の対立が激化した。

こうした混乱のなか、18世紀半ばロシア・プロイセン・オーストリアは3回にわたって[³]を断行し、愛国者[⁴]の抵抗運動もむなしく、ポーランド国家は地上からいったん消滅した。

☑ ② 16世紀にデンマークの支配から脱したスウェーデンは、絶対王政を開始し、[⁵]はドイツの要所に領土を広げ、バルト海地域の覇権をにぎったが、18世紀初めのロシアとの[⁶]に敗れ、その地位は急速に低下した。

☑ ③ ロシアでは16世紀に[⁷]がツァーリズムという独自の絶対王政が開始された。17世紀初めに創始された[⁸]の国王は専制を強化したため、17世紀後半にはステンカ=ラージンが率いる農民反乱がおこった。

☑ ④ 17世紀に即位した[⁹]は、多くの専門家を西欧からまねいて近代化を推進した。また1689年には清と[¹⁰]を結び、両国の国境を定めた。さらにスウェーデン王と[¹¹]を戦い、バルト海の覇権を握った。この戦争のさい、黒海へ進出した。

☑ ⑤ 18世紀半ばの[¹²]は、オスマン帝国から[¹³]を奪い、黒海へ進出した。また1792年には日本にラクスマンを派遣して江戸幕府に通商を求めた。彼女は[¹⁴]とも親交のあった啓蒙専制君主であったが、農奴制の強化をきっかけに[¹⁵]がおこった。

❷ プロイセンとオーストリアの動向

☑ ① プロイセンは、15世紀にプロイセン公国とブランデンブルク選帝侯国の同君連合とし

☑ ② 三十年戦争後、フリードリヒ=ヴィルヘルム(大選帝侯)は、常備軍を強化し絶対王政化を推進した一方、フランスから亡命[¹⁶]を受け入れ、その産業技術を活用した。そのうえ、1701年に[¹⁷]で神聖ローマ皇帝をたすけた見返りとして、プロイセンは王国に昇格した。

プスブルク家継承に異議をとなえたことを契機に始まった[⁴⁷]で、プロイセンは[⁴⁸]を獲得した。その後、56年からの[⁴⁹ ……]

☑ ④ [⁵⁰]はサンスーシ宮殿やフランスのカフェなどの集いの場や、貴族の社交場である[⁵¹]などで読まれた。またデフォーの「ロビンソン=クルーソー」やス分裂などに根本的な[³]オーストリアはハプ

❹ ステップ・アップ・テスト（文の正誤を○×で判定しよう）
①ピョートル1世は、北方戦争でスウェーデンに勝利した。(21年第2日程A)
②ディドロの「百科全書」は、ドイツ啓蒙思想の集大成である。(20年第A日程B)

別冊解答

□18. ブリューゲル
□19. デューラー
□20. トスカナ
□21. コペルニクス
□22. 顕針盤
□23. 火器
□24. 活版印刷術
❶ロシア
□25. ルター
□26. 九十五カ条の論題
□27. カール5世
□28. 「新約聖書」のドイツ語訳
□29. ミュンツァー
□30. 領邦教会制
□31. ツヴィングリ
□32. カルヴァン
□33. 予定説
□34. 長老主義
□35. ユグノー
□36. ゴイセン
□37. プレスビテリアン
□38. ピューリタン
□39. プロテスタント
□40. ヘンリ8世
□41. 首長法
□42. エリザベス1世
□43. 統一法
□44. トリエント公会議
□45. バロック様式
□46. イグナティウス=ロヨラ
◀ステップ・アップ・テスト▶
□①× 天動説は地動説の誤り。
□②× ツヴィングリはカルヴァンの誤り。

14 Speed Check! ✔
主権国家体制の成立と展開
❶アメリカ大陸の植民地化と主権国家体制

□7. フェリペ2世
□8. レパントの海戦
□9. ポルトガル
□10. オラニエ公ウィレム
□11. 無敵艦隊
□12. エリザベス1世
□13. アステカ王国
□14. インカ帝国
□15. アンボイナ事件
□16. トルコ王位
□17. ベーメン
□18. 血液循環理論
□19. ハプスブルク家
□20. スイス
❷オランダ・イギリス・フランスの動向
□21. レンブラント
□22. バタヴィア
□23. アンボイナ事件
□24. ニューアムステルダム
□25. イギリス=オランダ戦争
□26. オラニエ公ウィレム3世
□27. 名誉革命
□28. スチュアート朝
□29. ジェームズ1世
□30. チャールズ1世
□31. ピューリタン革命
□32. クロムウェル
□33. チャールズ2世
□34. ジェームズ2世
□35. 権利の章典
□36. グレートブリテン王国
□37. ハノーヴァー朝
□38. ウォルポール
□39. リシュリュー
□40. マザラン
□41. フロンドの乱
□42. ヴェルサイユ宮殿
□43. ナントの王令を廃止
□44. 承認
□45. 東インド会社
□46. ストレーザ会議

◀ステップ・アップ・テスト▶
□①× ジェームズ1世はチャールズ1世の誤り。

13 Speed Check! ✔
北欧・東欧の動向と科学革命・啓蒙思想
❶ポーランド・スウェーデンの動向とロシアの大国化

□ ヤゲウォ朝
□ ポーランド分割
□ コシューシコ
□ 三十年戦争
□ 北方戦争
□ イヴァン4世
□ ロマノフ朝
□ ピョートル1世
□ ネルチンスク条約
□ エカチェリーナ2世
□ クリミア半島
□ ヴォルテール
□ プガチョフの農民反乱
❷プロイセン

□14. ユグノー
□15. スペイン継承戦争
□16. フリードリヒ2世
□17. マリア=テレジア
□18. シュレジエン
□19. 七年戦争
□20. 君主は国家第一の僕
□21. ユンカー
□22. カルロヴィッツ条約
□23. ウィーン
□24. モーツァルト
❸科学革命・啓蒙思想

□29. 科学革命
□30. ガリレイ
□31. ニュートン
□32. ボイル
□33. ジェンナー
□34. フランシス=ベーコン

目 次

Summary　古代オリエント文明とその周辺・南アジアの古代文明

Point　❶メソポタミア・エジプト古代王朝と東地中海岸の諸民族　❷エーゲ文明の興亡　❸オリエントの統一と分裂　❹インダス文明とヴァルナ制の成立

① 文明の誕生

人類の進化…**猿人**：約700万年前　サヘラントロプス、**アウストラロピテクス**、打製石器(旧石器時代)➡**原人**：ジャワ原人、北京原人、火・言語➡**旧人**：ネアンデルタール人、死者の埋葬➡**新人**：**クロマニョン人**、洞穴絵画：ラスコー・アルタミラ、骨角器

農耕・牧畜開始…約9000年前　獲得経済から生産経済へ、土器、**磨製石器**(新石器時代)

② メソポタミア

特徴　**ティグリス・ユーフラテス川**流域で展開…開放的地形で民族の興亡が激しい

シュメール人	前2700年頃までに**ウル・ウルク**などの都市国家成立
セム語系民族の活動が盛ん	
アッカド人 アムル人	**シュメール人を征服、サルゴン1世**…メソポタミア南部統一
	バビロン第1王朝建国、都…バビロン
	ハンムラビ王…全メソポタミアを支配、**ハンムラビ法典**
	❖**ハンムラビ法典**：刑法は「目には目を」の**復讐法**と身分法の原則
インド＝ヨーロッパ語系民族の侵入	
ヒッタイト人	アナトリア高原に建国、**鉄製武器**
	メソポタミアに侵入して**バビロン第1王朝**を滅ぼす
カッシート人	バビロン第1王朝滅亡後のバビロニア(メソポタミア南部)を支配
	→**ミタンニ王国**…メソポタミア北部からシリアを支配

文化　**楔形文字**…**粘土板**に記録、ローリンソンによる解読

　　　天文学・暦学…占星術、**太陰暦**、1週7日制、**六十進法**

③ エジプト

特徴　**ナイル川**流域で展開…「エジプトはナイルのたまもの」(**ヘロドトス**)

前3000年頃　王(**ファラオ**)による統一国家成立	
古王国 中王国	都…**メンフィス**(ナイル川下流)、クフ王らがギザに**ピラミッド**建設
	都…**テーベ**(ナイル川中流)
遊牧民ヒクソスの侵入➡支配	
新王国	**アメンヘテプ4世**…唯一神**アテン**信仰、**テル＝エル＝アマルナ**遷都
	❖**アマルナ美術**：信仰改革の影響で写実的芸術が誕生
	ラメス2世…シリア方面へ進出、**ヒッタイト**と抗争
	「海の民」の攻撃を受けて衰退

文化　宗教…多神教：太陽神**ラー**➡新王国ではアメンと結合：アメン＝ラー信仰

　　　来世信仰…ミイラ、「**死者の書**」、冥界の王**オシリス**による審判

　　　文字…**神聖文字**：碑文や墓に刻む／民用文字：**パピルス**に記録

　　　❖ロゼッタ＝ストーン：**シャンポリオン**による**神聖文字**解読の手がかりとなる

　　　太陽暦➡ローマのユリウス暦、**測地術**➡ギリシアの幾何学に影響を与える

❹ 地中海東岸のセム語系諸民族

「海の民」の活動によりエジプト・ヒッタイトの勢力後退➡セム語系民族の活躍

アラム人	**ダマスクス**中心、内陸貿易で活躍➡アラム語は国際商業語に
フェニキア人	**シドン・ティルス**中心、地中海貿易で活躍、**カルタゴ**などを建設
	❖フェニキア文字➡ギリシアに伝わりアルファベットの起源となる
ヘブライ人	パレスチナ定住、一部はエジプトへ➡**モーセ**のもと「出エジプト」
	➡前10世紀頃　統一王国、ダヴィデ王・ソロモン王のもと繁栄
	➡(分裂)**イスラエル王国**…アッシリアにより滅亡
	ユダ王国…新バビロニアによる征服後、**バビロン捕囚**に
	ユダヤ教…唯一神**ヤハウェ**を信仰、選民思想、教典『旧約聖書』

❺ エーゲ文明

ギリシアの東岸…オリエントの影響で**エーゲ文明**成立：ヨーロッパ最初の青銅器文明

クレタ文明	前2000～前1400年頃　民族系統不明、クレタ島中心の海洋文明
	クノッソス宮殿(城壁がない)、**エヴァンズ**が発掘
ミケーネ文明	前16世紀～前1200年頃　**ミケーネ・ティリンス**などに小王国を形成
	城塞王宮(戦闘的な性格)、**シュリーマン**が発掘
	線文字Bを**ヴェントリス**が解読→王による支配の仕組みが明らかに
	❖ミケーネ文明の勢力はアナトリアのトロイアまでおよぶ

前1200年頃　ミケーネ文明滅亡…支配体制の行き詰まり、気候変動、外部勢力の侵入

❻ オリエントの統一と分裂

アッシリア王国	前7世紀前半　全オリエント征服、都…**ニネヴェ**
	❖新王国後のエジプト…クシュ王国支配➡アッシリアにより南方へ
	重税と圧政によって服属民の反乱をまねき崩壊→4王国に分裂
4王国	エジプト、リディア(アナトリア、最古の**金属貨幣**)
	新バビロニア(バビロン捕囚)、**メディア**(イラン高原)

❼ 南アジアの古代文明

インダス文明	**インダス川**の中・下流域に成立した**青銅器**時代の都市文明
(前2600～	計画的な都市遺跡…中流の**ハラッパー**／下流の**モエンジョ゠ダーロ**
前1800頃)	**インダス文字**の使用(未解読)、彩文土器…ろくろで製作
アーリヤ人の	アーリヤ人(インド゠ヨーロッパ語系)…カイバル峠を通って**パンジ**
進入	**ャーブ地方**に進入(前1500頃)：身分のない部族的な社会を形成
	➡**ガンジス川**上流に移動(前1000頃)：定住の農耕社会を形成
ヴェーダ時代	ヴェーダの成立…神への賛歌、『**リグ゠ヴェーダ**』(最古のヴェーダ)
	➡祭式をつかさどる**バラモン**の台頭➡バラモン教の成立
	前800年頃　**鉄器**の使用→農業生産力・軍事力の上昇
	➡ヴァルナ制…バラモン(司祭)・クシャトリヤ(武士)・ヴァイシャ(庶
	民)・シュードラ(隷属民)→枠外には不可触民が存在
	❖**カースト制度**：ヴァルナ制とジャーティが結びつきながら形成

古代オリエント文明とその周辺・南アジアの古代文明

Speed Check! ✓

❶ 文明の誕生

☑ ①最古の化石骨は約700万年前にさかのぼるサヘラントロプスで、[¹　　　　　　　]などとともに猿人という。約240万年前には**原人**が出現し、火や言語を使用した。約60万年前には**旧人**が出現し、埋葬の習慣もみられた。約20万年前に[²　　　　　　　]などの**新人**が現れ、ラスコーなどに**洞穴絵画**を残した。

☑ ②約9000年前に**農耕・牧畜**が始まり、[³　　　　　　　　]や土器が使用された。

❷ メソポタミア

☑ ①**ティグリス・ユーフラテス川**流域のメソポタミアには、前2700年頃までに民族系統不明の[⁴　　　　　　　]により**ウル・ウルク**などの都市国家が建設された。

☑ ②セム語系の[⁵　　　　　　　]は、[⁴　]の都市国家を次々に征服し、前24世紀のサルゴン1世の時にメソポタミア南部を統一した。

☑ ③セム語系の[⁶　　　　　　　]が建設した**バビロン第1王朝**は、前18世紀頃の**ハンムラビ王**の時代に全メソポタミアを統一し、[⁷　　　　　　　　　]を制定した。その刑法は、「目には目を」で知られる**復讐法**と身分法の原則に立っている。

☑ ④インド＝ヨーロッパ語系の[⁸　　　　　　　]は、**鉄製武器**を用いてメソポタミアに侵入し、**バビロン第1王朝**を滅ぼした。その後、メソポタミア南部は[⁹　　　　　　　]が支配し、北部には[¹⁰　　　　　　　]が建設された。

☑ ⑤メソポタミアで**粘土板**に記録された[¹¹　　　　　　]は、ローリンソンによって解読された。また天文学の知識をもとに、暦としては[¹²　　　　　]が、時間や角度の単位としては**六十進法**が用いられるなど、実用的な学問が発達した。

❸ エジプト

☑ ①ギリシアの歴史家[¹³　　　　　　]の「エジプトはナイルのたまもの」という言葉に表現されているように、エジプト文明は**ナイル川**流域に栄えた。前3000年頃にエジプトでは[¹⁴　　　　　　]と呼ばれた王を中心に統一国家が形成された。

☑ ②古王国は都を[¹⁵　　　　　　]におき、**ピラミッド**を盛んに造営した。

☑ ③中王国は都を[¹⁶　　　　　]においた。前18世紀に遊牧民[¹⁷　　　　　]が侵入し、中王国を滅ぼして一時エジプトを支配した。

☑ ④新王国の[¹⁸　　　　　　　]は、**アテン神**の信仰を強制し、[¹⁶　]から**テル＝エル＝アマルナ**に都を移した。この時期、エジプトには写実的な**アマルナ美術**が誕生した。また**ラメス2世**は、シリア方面へ進出し、[⁸　]と抗争した。新王国は「[¹⁹　　　　　]」の攻撃を受けて衰退した。

☑ ⑤エジプトの宗教は太陽神**ラー**を主神とする多神教で、霊魂の不滅を信じてミイラをつくり、**オシリス**による審判などを描いた「[²⁰　　　　　　　]」を副葬した。

☑ ⑥エジプト文字には碑文や墓などに刻まれ、**シャンポリオン**によって解読された[²¹　　　　　　]のほか、**パピルス**に記録された民用文字があった。エジプトの**測地術**はギリシアの幾何学に影響を与え、[²²　　　　　]はローマでは**ユリウス暦**となった。

④ 地中海東岸のセム語系諸民族

☐①「[¹⁹]」の活動によりエジプトや[⁸]の勢力が後退したことをきっかけとして、地中海東岸ではセム語系民族が活躍するようになった。

☐②[²³　　　　　　]はダマスクスを中心に内陸貿易で活躍した。

☐③[²⁴　　　　　　　　]はシドン・ティルスを中心に地中海貿易で活躍し、[²⁵　　　　　　]などを建設した。その文字はアルファベットの起源となった。

☐④モーセに率いられてエジプトを脱した[²⁶　　　　　　　　　　]は、前1000年頃、パレスチナに統一王国を建設した。王国はダヴィデ王・ソロモン王の時に全盛期を迎えたが、やがて北のイスラエル王国と南のユダ王国に分裂した。

☐⑤ユダ王国を滅ぼした[²⁷　　　　　　　]は、住民をバビロンに強制移住させる[²⁸　　　　　　　　　]を断行した。前538年に解放された[²⁶]は、イェルサレムにヤハウェの神殿を再建して[²⁹　　　　　　　　]を確立した。

⑤ エーゲ文明

☐①ギリシア東岸に成立したエーゲ文明のうち、前2000年頃からクノッソス宮殿を中心に栄えた[³⁰　　　　　　]は、[³¹　　　　　　　　]により発掘された。

☐②前16世紀からミケーネなどに築かれた[³²　　　　　　　　　　]は、[³³　　　　　　]により発掘され、線文字Bはヴェントリスによって解読された。

⑥ オリエントの統一と分裂

☐①前7世紀前半に[³⁴　　　　　　　　　]は全オリエントを統一し、都をニネヴェにおいた。しかし服属民の反乱で王国が崩壊すると、メソポタミアの[²⁷]、アナトリアの[³⁵　　　　　　]、イラン高原のメディア、エジプトの4王国が分立した。このうち[³⁵]では最古の金属貨幣が使用された。

⑦ 南アジアの古代文明

☐①前2600年頃に成立した[³⁶　　　　　　　]は、インダス川の中・下流域に栄えた青銅器文明で、中流の[³⁷　　　　　　　]や下流の[³⁸　　　　　　　　]を代表とする遺跡は、すぐれた都市計画にもとづいてつくられていた。この文明では、現在も解読されていない[³⁹　　　　　　　]が使われていた。

☐②前1500年頃に[⁴⁰　　　　　　]がカイバル峠を通ってパンジャーブ地方に進入した。彼らは前1000年頃にはガンジス川流域へと移動し、定住農耕社会を形成した。

☐③[⁴⁰]は自然現象を神として崇拝し、神への賛歌を[⁴¹　　　　　　]としてまとめた。そのうち最古のものが『[⁴²　　　　　　　　]』である。やがて祭式をつかさどるバラモンの権威が高まり、[⁴³　　　　　　　　]が成立した。

☐④前800年頃に鉄器の使用が始まり、農業生産力や軍事力が上昇したことを背景に、バラモンを頂点とする[⁴⁴　　　　　　　]が成立した。この制度と、職業をもとにした社会階層である[⁴⁵　　　　　　　]とが結びつき、カースト制度は形成された。

◀ ステップ・アップ・テスト(文の正誤を○×で判定しよう) ▶

☐①アメンホテプ(アメンヘテプ)4世は、アトン(アテン)のみを信仰させる改革を行った。(19年追B)

☐②パピルスには、象形文字を簡略にしたインダス文字が書かれた。(20年本B)

Summary 中国・中南米の古代文明と秦漢帝国

Point ❶中国文明（仰韶文化と竜山文化）　❷殷・周の特徴　❸春秋・戦国時代と諸子百家　❹秦・漢の興亡　❺中南米に栄えた先住民文明とその特徴

① 中国文明の発生

前6000年頃まで　黄河流域では雑穀、長江流域では稲を中心とした農耕が開始

仰韶文化	**黄河**中流域に栄えた新石器文化（前５千年紀）、彩文土器（**彩陶**）
	❖河姆渡遺跡：仰韶文化と同時期に栄えた**長江**下流域の**稲作**遺跡
竜山文化	黄河中・下流域を中心に広がった新石器文化（前３千年紀）、**黒陶**、複数の集落の連合体をたばねる首長の出現

② 殷と周

前２千年紀　黄河中・下流域に**邑**（城郭都市）の成立➡邑を従属させる王朝国家が誕生

夏	伝説上の最初の王朝
殷	殷墟の発掘➡**甲骨文字**を刻んだ亀甲・獣骨、王墓や宮殿跡の発見
	殷王…神意を占って国事を決定：占いの記録のために**甲骨文字**を使用
	❖青銅器：祭祀用の酒器や食器として使用
周	殷を倒して華北を支配（前11世紀頃）　都…**鎬京**（**渭水**流域）
	❖易姓革命：有徳者に支配者となる天命が下り政権が交替するという考え
	封建…一族・功臣に封土（領地）を与えて**諸侯**として地方を統治させる
	→卿・大夫・士：王や諸侯の世襲の家臣で農民を支配
	❖宗法：宗族（氏族集団）を維持するための親族関係にもとづいた規範
	遊牧民が鎬京を攻略➡前770　周は洛邑に遷都…春秋時代へ

③ 春秋・戦国時代

春秋時代	**覇者**…周王の権威のもとで「尊王攘夷」を掲げて勢力を争った有力な諸侯
	❖「春秋の五覇」：斉の桓公、晋の文公など５人の覇者の総称
	➡前５世紀後半に大国の分裂などにより諸国間の秩序が崩壊…戦国時代へ
戦国時代	「戦国の七雄」…**斉・楚・秦・燕・韓・魏・趙**：諸侯は王を自称して争う
	鉄器の普及➡**牛耕**とともに農業生産力を向上、森林伐採の効率化
	→耕地の増大、木材が燃料・工業原料に…木簡・竹簡の登場
	商工業の発達➡**青銅貨幣**の流通…刀銭、布銭、円銭、蟻鼻銭など

諸子百家…春秋・戦国時代に登場した多くの思想家や学派			
儒家	孔子…仁による統治（徳治主義）	道家	老子…**無為自然**　荘子
	『**論語**』：孔子の言行録		➡**黄老**の政治思想に影響
	孟子…**性善説**、王道政治の提唱	兵家	孫子・呉子…兵法
	荀子…**性悪説**➡法家に影響	陰陽家	天体運行と人間生活の関係を説く
墨家	墨子…**兼愛**（無差別の愛）、非攻	縦横家	蘇秦…合従 ┐外交策
法家	韓非子・商鞅・李斯…法治主義		張儀…連衡 ┘

文化　『詩経』…最古の詩集、華北の詩歌を集める

　　　　『楚辞』…屈原、中国南部の詩歌を集める

❹ 秦

秦	…戦国時代に新制度を取り入れ強国化➡秦王の**政**が中国統一(前221)　都…咸陽
始皇帝	中央集権…**郡県制**：中央の官吏を派遣、貨幣(半両銭)・度量衡・文字統一
	焚書・坑儒…思想や言論を統制、長城の修築…**匈奴**の侵入を防ぐ
秦の滅亡	急激な統一政策➡各地で反乱が発生…**陳勝・呉広の乱**→秦の滅亡(前206)

❺ 漢(前漢)

項羽と劉邦の抗争➡勝利した劉邦(**高祖**)が**漢(前漢)**を創始(前202)　都…**長安**	
高祖	**郡国制**…郡県制と封建制の併用、**冒頓単于**のもと強大化した匈奴に敗北
呉楚七国の乱(前154)…勢力削減に反発した諸侯の反乱➡実質的に**郡県制**へと移行	
武帝	対外政策…張騫を**大月氏**に派遣：匈奴挟撃をはかる、タリム盆地一帯を支配
	衛氏朝鮮を滅ぼす→**楽浪**など郡を設置、南の**南越国**を滅ぼす
	対外遠征による財政難→**均輸・平準**…物価調整策、**塩・鉄**の専売
	郷挙里選…地方長官の推薦にもとづく官吏任用制度
	儒学の官学化…**董仲舒**が五経博士を設置
	❖五経…儒家の経典：『詩経』『書経』『易経』『春秋』『礼記』
漢の滅亡	**宦官・外戚**の争い激化➡外戚の**王莽**が皇帝を廃位…**新**の建国(後8)
新	**王莽**…周代を理想とする復古主義的な改革➡**赤眉の乱**→新の滅亡

❻ 後漢

後漢	劉秀(**光武帝**)…豪族を率いて漢を再興(後25)　都…洛陽
	倭人の使者に「漢委奴国王」の金印を与える
	対外交流…**班超**：**西域都護**に任命、部下を大秦国(ローマ)へ派遣
	「**大秦王安敦**」(ローマ皇帝マルクス＝アウレリウス＝アントニヌスのこととされる)の使者が日南郡(ベトナム北部)に来航
後漢の	豪族と宦官・外戚との対立➡**党錮の禁**…**宦官**が官僚・学者を弾圧
滅亡	**黄巾の乱**(184)…宗教結社の**太平道**中心の反乱➡後漢の滅亡(220)

漢の文化　歴史書…『**史記**』：前漢の**司馬遷**、黄帝～武帝の時代を**紀伝体**で叙述
　　　　　　　『**漢書**』：後漢の**班固**、前漢の正史
　　　　　儒学…訓詁学：後漢の**鄭玄**が大成、古典の字句解釈
　　　　　製紙法の改良…**蔡倫**(後漢の宦官)

❼ 中南米の先住民文明

特徴　トウモロコシを主食とする農耕文化、金・青銅器を使用するも鉄器はもたず

メソアメリカ…現在のメキシコから中央アメリカ	
オルメカ文明	前1200年頃までにメキシコ湾岸に成立、ジャガー崇拝
マヤ文明	4～9世紀のユカタン半島で繁栄、マヤ文字と二十進法の使用
アステカ王国	14～16世紀のメキシコ中央高原に栄える、首都**テノチティトラン**
南アメリカ…アンデス高地中心	
チャビン文化	前1000年頃にペルー北部に成立
インカ帝国	15～16世紀に首都クスコを中心に繁栄、**キープ**(結縄)による記録

中国・中南米の古代文明と秦漢帝国

Speed
Check!

❶ 中国文明の発生

☐ ①前5千年紀になると**黄河**中流域では、彩文土器(**彩陶**)を特徴とする新石器文化である[¹]がみられた。これとほぼ同時期の**長江**下流域では、河姆渡遺跡に代表される稲作を基盤とした新石器文化が栄えていた。

☐ ②前3千年紀の遼東半島から長江下流域に至る広い範囲では、**黒陶**(黒色磨研土器)を特徴とする新石器文化である[²]がみられた。

❷ 殷と周

☐ ①前2千年紀、黄河中・下流域には[³]という城郭都市が成立した。これらを従属させた王朝国家のうち、伝説上最初の王朝が[⁴]である。

☐ ②現在、実在が確認できる最古の王朝は殷で、その後期の都の遺跡である[⁵]からは、[⁶]を刻んだ多くの亀甲や獣骨のほか、祭祀用の酒器・食器として使われていた[⁷]も出土している。殷王は神意を占って国事を決定し、占いを記録するために[⁶]が用いられた。

☐ ③前11世紀頃、殷を倒した周は、都を渭水流域の[⁸]において華北を支配した。周では、一族・功臣などに封土を与えて**諸侯**として地方をおさめさせる[⁹]をおこない、王や諸侯の家臣にも地位や封土が与えられた。このように宗族を基盤とした周では、[¹⁰]という規範が重視された。

☐ ④周辺民族に鎬京を攻略された周は、前770年に都を[¹¹]に移した。

❸ 春秋・戦国時代

☐ ①[¹²]には、有力諸侯が**覇者**として「尊王攘夷」を掲げて勢力を争った。前5世紀後半には諸国間の秩序が崩壊し、[¹³]が始まった。

☐ ②[¹³]には斉・楚・秦・燕・韓・魏・趙という「[¹⁴]」が天下を争った。各国が富国強兵を実施したため、生まれよりも実力本位の時代となり、[¹⁵]や**牛耕**の普及は農業生産力を向上させた。また商業の発達にともない、刀銭・布銭・円銭・蟻鼻銭などの[¹⁶]も流通するようになった。

☐ ③春秋・戦国時代に登場した思想家や学派は**諸子百家**と総称された。**儒家**の[¹⁷]は仁による統治を理想とし、その言行は『**論語**』にまとめられた。また[¹⁸]は**性善説**を、[¹⁹]は**性悪説**を説いた。こうした儒家の思想を差別的と考え、兼愛を説いたのは墨家の[²⁰]である。

☐ ④**法家**の[²¹]・商鞅・李斯などは法治主義をとなえ、**道家**の[²²]は**無為自然**を説き、君主の公平さ・無欲さを説く黄老の政治思想に影響を与えた。

❹ 秦

☐ ①戦国時代に新制度を取り入れて強国化した秦は、前221年に秦王の**政**のもとで都の[²³]を中心に中国を統一した。[²⁴]は、全国に[²⁵]を実施して中央集権を進めた。また度量衡や文字を統一したほか、秦の貨幣である[²⁶]が広く流通するようになった。

☐ ②始皇帝は[²⁷ ・]という思想統制策を実施したほか、**匈奴**の侵入を防ぐ

ために、戦国時代に築かれていた[28   ]を修築した。しかし始皇帝の急激な統一政策に対する不満は、中国史上最初の農民反乱といわれる[29   ]などの反乱を引きおこし、前206年に秦は滅亡した。

⑤ 漢(前漢)

☐①秦末に始まった**項羽**との抗争に勝利した[30   ](高祖)は、前202年に**漢(前漢)**を創始し、都を渭水流域の[31   ]に定めた。対外的には**冒頓単于**のもとで強大化した匈奴に敗れたため、漢は匈奴に屈服して和平をはかった。

☐②前漢では、当初は郡県制と封建制を併用した[32   ]が実施されたが、前154年の[33   ]をきっかけに実質的に**郡県制**へと移行した。

☐③第7代の[34   ]は、匈奴挟撃をはかる目的で[35   ]を**大月氏**に派遣し、その後タリム盆地一帯まで勢力をのばした。また**衛氏朝鮮**を滅ぼした後、朝鮮半島に**楽浪**など4郡を設置したほか、南の[36   ]も滅ぼした。

☐④こうした対外遠征に起因する財政難を克服するため、[37   ・   ]という経済統制策がとられたほか、**塩・鉄の専売**も実施された。

☐⑤武帝は地方長官の推薦にもとづく官吏任用制度である[38   ]を実施して人材の発掘につとめ、また[39   ]の献言により儒学を官学とした。

☐⑥武帝の死後、**宦官・外戚**の争いが激化するなか、後8年に**外戚**の[40   ]は皇帝を廃位し、**新**を建国した。[40]は周代の政治の復活をめざしたが実情にあわず、豪族たちの反発をまねき、[41   ]などをきっかけに新は滅亡した。

⑥ 後漢

☐①25年に[42   ](光武帝)は豪族を率いて漢を再興し(後漢)、都を[43   ]に定めた。光武帝は倭人の使者に「漢委奴国王」の金印を与えた。

☐②1世紀末に**西域都護**に任命された[44   ]は、部下を大秦国(ローマ)へ派遣した。また2世紀半ばには「[45   ]」の使者が日南郡に来航した。

☐③2世紀後半に後漢の宮廷では、宦官が官僚や学者を弾圧した[46   ]がおこった。こうしたなかで184年に宗教結社の**太平道**の信者を中心とした[47   ]がおこると、後漢の権威は完全に失墜し、220年に後漢は滅亡した。

☐④前漢の[48   ]は**紀伝体**で『**史記**』を、後漢の[49   ]は『**漢書**』を著した。また後漢の宦官の蔡倫は、[50   ]を改良した。

⑦ 中南米の先住民文明

☐①前1200年頃までにメキシコ湾岸地域には、**オルメカ文明**が成立していた。その後4〜9世紀のユカタン半島には[51   ]が、14〜16世紀のメキシコ中央高原には**テノチティトラン**を首都とする[52   ]が栄えた。

☐②アンデス高地には前1000年頃に**チャビン文化**が成立した。この地域に15〜16世紀に繁栄したのが[53   ]で、**キープ**による記録を残したことで知られる。

◆ ステップ・アップ・テスト(文の正誤を○×で判定しよう) ◆

☐①殷代に、鉄製農具が使用された。(19年追B)

☐②王莽は、前王朝では、皇后の親族として権力を握った。(21年第2日程B)

中央ユーラシアと東アジア文化圏の形成

Point ❶騎馬遊牧民の歴史と中国王朝との関係　❷魏晋南北朝時代の諸王朝・諸制度と文化　❸隋・唐の諸制度と隣接諸国　❹唐の衰退・滅亡と五代十国

① 中央ユーラシア

騎馬遊牧民…機動性にすぐれた軍事力で農耕地帯に侵入、「草原の道」の交易で活躍

スキタイ	前7世紀頃　黒海北岸の草原地帯を支配、独自の騎馬文化
匈奴	前3世紀後半　遊牧国家形成➡前3世紀末　**冒頓単于**…**月氏**を攻撃、漢を圧迫 ➡前1世紀半　東西に分裂➡後1世紀半　南北に分裂
五胡	**匈奴・羯・鮮卑・氐・羌**➡4世紀　華北に侵入…**五胡十六国**
柔然	**鮮卑**南下後のモンゴル高原で強大化（5世紀）
突厥	トルコ系、**絹馬貿易**で莫大な利益、遊牧民最初の文字（**突厥文字**）を使用
ウイグル	**安史の乱**鎮圧に貢献➡絹馬貿易で利益、マニ教受容、**キルギス**により滅亡

② 中国の動乱と変容（魏晋南北朝時代）

```
            三国時代                          南北朝時代
     220        265    八王の乱➡五胡の侵入        （北      朝）
  華北…魏   ┌晋（西晋）─ 五胡十六国 ─ 北魏 ──┬─ 西魏 ── 北周
   曹丕   │  司馬炎     （華北は混乱）   鮮卑の拓跋氏  └─ 東魏 ── 北斉
  四川…蜀  │                      都…平城➡華北統一
   劉備   │                      孝文帝…洛陽遷都、漢化政策
          │     280                六鎮の乱をきっかけに分裂
  江南…呉  └───────── 東晋 ── 宋 ── 斉 ── 梁 ── 陳
   孫権  都…建業        司馬睿  都…建康      （南      朝）
```

❖**六朝**：現在の南京（建業、のちに**建康**）に都をおいた呉・東晋・宋・斉・梁・陳

六朝文化…詩：陶淵明（東晋）『**帰去来辞**』／詩文：昭明太子（梁）『**文選**』
　　　　　絵画：**顧愷之**（東晋）「女史箴図」／書道：**王羲之**（東晋）「蘭亭序」

官吏登用法	**九品中正**…**魏**、中正官が地方の人材を推薦➡豪族が高級官僚独占…**貴族**
土地制度	屯田制…魏、土地を農民などに与えて耕作させる
	均田制…**北魏**の孝文帝が実施、北魏では奴婢・耕牛にも口分田を給付

宗教　仏教…**石窟寺院**の造営：敦煌・雲崗（平城近郊）・竜門（洛陽近郊）
　　　　　　　仏図澄・鳩摩羅什（西域僧）：仏教を布教／法顕（東晋）の渡印：『**仏国記**』
　　　　道教…**寇謙之**（北魏）：道教教団を組織、太武帝に重用されて道教を国教化

思想　清談…道家の思想や仏教の影響を受けた、世俗を超越した哲学論議

③ 隋

文帝 （楊堅）	**隋**の建国（581）　都…大興城（長安）➡陳を滅ぼして中国統一（589）
	官吏登用法…**科挙**の開始　均田制・租調庸制・府兵制による中央集権化
煬帝	**大運河**の完成…開発の進んだ江南と華北を結びつける
	高句麗遠征の失敗➡各地で反乱発生➡隋の滅亡（618）

❖拓跋国家：鮮卑の拓跋氏の流れをくむ、北朝から隋・唐に至る諸王朝の総称

④ 唐の成立と発展

李淵(高祖)が**唐**を建国(618)　都…**長安➡太宗**(李世民)…諸制度の整備➡**高宗**	
中央官制	律(刑法)・令(行政法)・格(律令の追加)・式(施行細則)の整備
	三省(**中書・門下・尚書**)・**六部**(行政官庁)・御史台(行政の監察)
農民支配	土地制度…**均田制**:成年男子中心に口分田支給、妻・奴婢には給田なし
	❖高位の官僚:大土地所有を認められる➡貴族は広大な**荘園**を所有
	税制…**租調庸制**:均田農民に租(穀物)・調(絹布など)・庸(中央が課す労役)
	などを課す
	軍制…**府兵制**:均田農民に兵役を課す、都の警備や辺境の守備
隣接諸国	**羈縻政策**…征服地に**都護府**を設置して間接支配➡東アジア文化圏の形成
	チベット…**吐蕃**:**ソンツェン＝ガンポ**が建国、**チベット仏教**を信仰
	雲南…**南詔**:**漢字**を公用化　モンゴル高原…突厥➡ウイグル
	朝鮮半島…三国時代(**高句麗・百済・新羅**)➡新羅の統一(676)
	新羅…都:金城、骨品制(血縁的な身分制度)、**仏国寺**建立
	中国東北地方…**渤海**:**大祚栄**が建国(698)、都…上京竜泉府、日本と通交
	日本…遣唐使の派遣、長安を手本に平城京の建設➡天平文化…国際色豊か
国際交易	**ソグド人**…ソグディアナを拠点に**「オアシスの道」**で活躍した商業民
	ムスリム商人…海上交易で活躍➡揚州・広州などの港町の発展
	┃宗教　仏教…**玄奘**や**義浄**がインドから経典をもち帰る
	景教(**ネストリウス派**)・**祆教**(**ゾロアスター教**)・マニ教が広まる

┃**文化**　儒学…科挙の整備にともない訓詁学が盛ん→孔穎達ら『**五経正義**』
　　　　文学…唐詩:李白・杜甫らの活躍

⑤ 唐の動揺と五代の分裂時代

則天武后	中国史上唯一の女帝、国号を**周**と改める(690〜705)、科挙官僚を重用
玄宗	律令制の再建をはかる
	人口増加や商業の発達➡貧富の差の拡大→均田制・租調庸制・府兵制崩壊
	❖軍制…**募兵制**:傭兵(募兵)を活用➡募兵の指揮官である**節度使**の台頭
安史の乱	節度使の安禄山と武将の史思明の反乱(755〜763)➡唐は**ウイグル**の援軍を
	得て鎮圧➡有力な節度使が地方の行政・財政を握って自立化…**藩鎮**
両税法	租調庸制にかわって実施(780)→唐の財政再建をめざす
	現実に所有している土地に応じて夏・秋2回課税➡大土地所有の公認
黄巣の乱	塩の密売商人の黄巣が率いた農民反乱(875〜884)➡貴族の没落
唐の滅亡	節度使の朱全忠が皇帝を廃位→唐の滅亡(907)
五代十国	朱全忠…後梁を建国　都:**開封**➡華北に5王朝、地方に10余りの国が興亡
	五代…**後梁➡後唐➡後晋➡後漢➡後周**:いずれも節度使が建国
	貴族は荘園を失い没落➡新興地主層の台頭…土地を佃戸(小作人)に貸与

┃**文化**　貴族趣味を離れた個性的技法の追求…山水画:呉道玄／書法:顔真卿
　　　　文学…唐詩:白居易／古文復興運動:韓愈・柳宗元

中央ユーラシアと東アジア文化圏の形成

❶ 中央ユーラシア

☐ ①中央ユーラシアを舞台に活動した騎馬遊牧民のうち、前7世紀頃に黒海北岸の草原地帯を支配した[¹　　　　　]は、独自の騎馬文化をもったことで知られる。

☐ ②前3世紀後半に強大な遊牧国家をつくった[²　　　　　]は、前3世紀末には[³　　　　　]のもとで**月氏**を攻撃し、さらに漢を圧迫したが、その後分裂を繰り返した。

☐ ③4世紀に**匈奴・羯・鮮卑・氐・羌**の[⁴　　　　　]が華北に侵入し、**五胡十六国**の混乱の時代となった。5世紀のモンゴル高原では[⁵　　　　　]が強大化した。

☐ ④柔然を滅ぼした[⁶　　　　　]は、**絹馬貿易**で利益をあげ、遊牧民最初の文字である**突厥文字**を使用した。その後モンゴル高原に台頭した[⁷　　　　　]は**安史の乱**の鎮圧に貢献し、支配層はマニ教を受容したが、9世紀に**キルギス**によって滅ぼされた。

❷ 中国の動乱と変容（魏晋南北朝時代）

☐ ①220年に曹丕が後漢を滅ぼして[⁸　　　　]を建国すると、江南に孫権が[⁹　　　]、四川に劉備が[¹⁰　　　]を次々と建国した。263年に[　⁸　]は[　¹⁰　]を滅ぼしたが、265年に**司馬炎**が国を奪って[¹¹　　　]（**西晋**）を建てた。

☐ ②晋は[　⁹　]を滅ぼして中国を統一したが、[¹²　　　　　]をきっかけに五胡の侵入をまねき、匈奴によって滅ぼされた。317年に**司馬睿**は、江南の[¹³　　　　]を都として晋を再興した。この晋は、西晋に対して[¹⁴　　　　]と呼ばれる。

☐ ③晋の滅亡後、華北では[¹⁵　　　　　]の時代の混乱が続いたが、鮮卑の[¹⁶　　　　　]が建てた**北魏**は華北を統一し、[¹⁷　　　　　]の時代には平城から**洛陽**に遷都して漢化政策を進めた。その後、北魏は分裂し、東魏は北斉に、西魏は北周に倒された。これら5王朝は**北朝**と総称される。

☐ ④[　¹⁴　]につづく**宋・斉・梁・陳**の4王朝は**南朝**と総称される。またこの4王朝に、同じく[　¹³　]（建業）を都とした呉・東晋を加えて**六朝**と呼ぶこともある。

☐ ⑤六朝文化とは江南の貴族を担い手とする文化であり、『**帰去来辞**』で知られる東晋の詩人の[¹⁸　　　　]、『[¹⁹　　　　]』を編纂した梁の昭明太子のほか、画家の**顧愷之**、書家の**王羲之**などが活躍した。

☐ ⑥三国の**魏**は中正官に地方の人材を推薦させる[²⁰　　　　　]を始めたが、豪族が高級官僚を独占し、[²¹　　　　]階層が形成された。また諸王朝は、農民生活の安定と税収の確保をめざし、魏の屯田制、**北魏の孝文帝**が実施した[²²　　　　　]など、積極的な土地政策を打ち出した。

☐ ⑦4世紀、西域出身の[²³　　　　]や[²⁴　　　　]は華北で仏教を布教した。この頃から敦煌・雲崗・竜門で**石窟寺院**の造営も盛んとなった。また東晋僧の[²⁵　　　　]は、インドで仏教をおさめ、『**仏国記**』を著した。さらに仏教の普及に刺激されて[²⁶　　　　]も成立し、北魏の**寇謙之**は教団を組織した。

❸ 隋

☐ ①北周の外戚の楊堅は[²⁷　　　　]となり隋を建国して都を大興城に定め、589年には南朝の陳を倒して中国を統一した。隋は均田制・租調庸制・府兵制を導入したほか、儒

学の試験による[28　　　　]を始めた。

☑②第2代皇帝の[29　　　　]は、**大運河を完成させて江南と華北を結びつけた**が、[30　　　]遠征の失敗をきっかけに各地で反乱がおこり、隋は滅亡した。

❹ 唐の成立と発展

☑①隋末に頭角を現した[31　　　　](高祖)は、618年に唐を建国して都を[32　　　　]に定め、つづく**太宗(李世民)・高宗**の時代に唐は領土を拡大した。唐では律令など法体系が整備され、中央には**中書・門下・尚書**からなる[33　　　　]や行政官庁である**六部**、さらに行政を監察する御史台が設けられた。

☑②唐は、土地制度の[22]を基礎に、均田農民に租・調・庸などを課す**租調庸制**や兵役を課す[34　　　　]を通じて農民を支配した。一方で高位の官僚には大土地所有が認められており、貴族は広大な[35　　　　]を所有していた。

☑③唐は征服した周辺諸国に対し、[36　　　　]を設置して間接支配する**羈縻政策**をとった。チベットでは7世紀に**ソンツェン゠ガンポ**が[37　　　　]を建国し、**チベット仏教**が信仰された。また雲南には[38　　　　]が成立し、**漢字**を公用化した。

☑④**高句麗・百済・**[39　　　　]の三国時代であった朝鮮半島は、676年に唐の援助を受けた[39]によって統一された。この国の都の[40　　　　]には**仏国寺**が造営され、血縁的な身分制度である[41　　　　]がとられた。また中国東北地方に**大祚栄**が建国した[42　　　　]は、日本とも通交した。

☑⑤唐代には国際交易が活発となり、「**オアシスの道**」ではソグディアナを拠点とした[43　　　　]が、また海上交易では**ムスリム商人**が活躍した。これらのルートを使って、唐僧の**玄奘**や**義浄**はインドから経典をもち帰った。また[44　　　　]と呼ばれた**ネストリウス派**や[45　　　　]と呼ばれた**ゾロアスター教**、マニ教も広まった。

☑⑥唐代には訓詁学が盛んで、[46　　　　]らが『**五経正義**』を編纂した。

❺ 唐の動揺と五代の分裂時代

☑①7世紀末に[47　　　　]は中国史上唯一の女帝となって国号を周と改めたが、8世紀初めに[48　　　　]は律令制の再建をはかった。しかし貧富の差の拡大にともない逃亡する農民が増えると、農民に兵役を課す府兵制にかわって[49　　　　]が採用され、軍団の指揮官である[50　　　　]が勢力を広げた。

☑②8世紀半ばにおこった[51　　　　]を、唐は**ウイグル**の援助で鎮圧したが、これを契機に有力な節度使が自立化して藩鎮と呼ばれるようになった。その後、財政再建をめざし、780年には[52　　　　]が実施された。

☑③875年に始まる塩の密売商人に率いられた[53　　　　]は全国に広がり、907年に節度使の[54　　　　]によって唐は滅ぼされ、**開封**を都に[55　　　　]が建国された。華北で[55]から始まる、**後唐・後晋・後漢・後周**の5つの王朝と、地方で興亡した10余りの国を[56　　　　]という。

◆ ステップ・アップ・テスト(文の正誤を○×で判定しよう)

☑①渤海は、骨品制という身分制度を敷いた。(21年第2日程B)

☑②唐の都には、マニ教の寺院が建てられた。(20年本B)

Summary # 南アジア世界と東南アジア世界の展開

Point ❶仏教・ジャイナ教の成立　❷統一国家の成立と発展　❸南インドの諸王朝と「海の道」を通じた交易活動　❹東南アジアにおける国家形成と発展

❶ 新しい宗教の展開

都市国家の誕生(前6世紀頃)…**コーサラ国**と**マガダ国**が有力➡**クシャトリヤ**や**ヴァイシャ**の台頭…バラモン教やヴァルナ制への不満➡新しい思想の誕生

仏教	**ガウタマ=シッダールタ**(ブッダ)が創始
	八正道の実践による苦からの解脱をめざす…クシャトリヤの支持
ジャイナ教	**ヴァルダマーナ**(マハーヴィーラ)が創始
	断食などの苦行を重視、徹底した**不殺生主義**…ヴァイシャの支持

バラモン教の改革運動…内面の思索を重視した**ウパニシャッド哲学**が盛んになる
❖梵我一如：ブラフマン(宇宙の原理)とアートマン(自己の原理)の同一性を悟る
❖輪廻転生：生前の行為により、死後に別の生を受ける過程が繰り返される
　　　→仏教などのインド思想全般に大きな影響を与える

❷ 統一国家の形成

前4世紀　**アレクサンドロス大王**の西北インド進出による混乱➡統一王朝の形成へ

マウリヤ朝	**チャンドラグプタ王**が創始…マガダ国を倒す　首都…**パータリプトラ**
	➡西北インドのギリシア勢力一掃、西南インド・デカン地方を支配
	アショーカ王…**ダルマ(法)**にもとづく政治、各地に勅令を刻む
	仏教を保護：**仏典の結集**、スリランカへの布教
	➡アショーカ王の死後、財政難やバラモンの王家への反発により衰退
クシャーナ朝	イラン系遊牧民が西北インドに建設　首都…**プルシャプラ**
	カニシカ王…中央アジア～ガンジス川中流域を支配、ローマとの交易
	❖**大乗仏教**：**菩薩信仰**による大衆の救済をめざす、のちに**竜樹(ナーガールジュナ)**が理論化→従来の仏教は部派仏教と呼ばれる
	❖仏像の制作が盛ん…**ガンダーラ美術**：ギリシア的要素が強い仏像

❸ インド洋交易と南インドの諸王朝

南インド…ドラヴィダ系の人々が居住→**タミル語**を使用した独自の文芸が発展
　　　　　インド洋を通じてローマ帝国や東南アジア・中国との交易が盛ん
→地中海から中国に至る「海の道」の交易で**綿布**などを香辛料・絹・茶などと交換
❖『**エリュトゥラー海案内記**』：1世紀にギリシア人が「海の道」の交易の様子を著す

サータヴァーハナ朝	マウリヤ朝の衰退後にデカン高原からインド洋沿岸を支配
	季節風を利用した東南アジアやローマとの交易で繁栄
	仏教・ジャイナ教の保護、北インドから多くのバラモンをまねく
チョーラ朝	ドラヴィダ系タミル人、「海の道」の交易で繁栄
	→10世紀には**シュリーヴィジャヤ**に遠征、宋に遣使を送る
パーンディヤ朝	インド半島南端を支配、独自のタミル文化が栄える

④ インド古典文化の黄金期

グプタ朝	チャンドラグプタ1世が創始　首都…**パータリプトラ**
	最盛期…**チャンドラグプタ2世**：北インド全域を支配
	エフタルの進出や地方勢力の台頭により衰退し、滅亡（6世紀半）
	文化　ヒンドゥー教の定着…バラモン教と民間信仰が融合
	…シヴァ神・ヴィシュヌ神などを信仰する多神教
	❖『**マヌ法典**』：ヴァルナの権利・義務を定めた生活規範書
	仏教…**アジャンター石窟寺院**：グプタ様式の壁画
	サンスクリット文学…『**マハーバーラタ**』『**ラーマーヤナ**』
	カーリダーサ『**シャクンタラー**』
	天文学や数学の発達…十進法による表記や**ゼロの概念**の誕生
ヴァルダナ朝	**ハルシャ王**が創始して北インドを支配➡王の死後は衰退
	文化　ナーランダー僧院…ハルシャ王の保護で仏教教学の中心となる
	…7世紀　唐僧の**玄奘**が来印：帰国後に『大唐西域記』を著す
	➡唐僧の義浄が来印…帰国後に『南海寄帰内法伝』を著す
	バクティ運動…仏教・ジャイナ教を攻撃➡仏教は衰退へ
地方王権時代	北インド…**ラージプート**と総称されるヒンドゥー諸勢力が抗争
（8〜10世紀）	❖**パーラ朝**：ナーランダー中心に仏教を復興するも、そののち衰退

⑤ 東南アジアの諸王朝

前4世紀　ドンソン文化…中国の影響を受けた青銅器・鉄器文明、**銅鼓**に特徴	
最古の国家	**扶南**…**メコン川**下流に建国、港オケオからローマの金貨発見
	チャンパー…ベトナム中部にチャム人が建国
4世紀末〜5世紀　インド船の活動盛ん…東南アジア各地で「インド化」が進行	
カンボジア	**クメール人**が建国（6世紀）➡**アンコール朝**（9世紀初）
	❖**アンコール=ワット**：12世紀前半の王の墓として造営
	ヒンドゥー教・仏教の強い影響を受ける
ミャンマー	9世紀まで　ビルマ系の**ピュー人**の国が支配
	パガン朝（11世紀半）…**上座部仏教**が広まる
タイ	**ドヴァーラヴァティー王国**（7〜11世紀頃）…モン人の国家
	スコータイ朝（13世紀半）…タイ人最古の王朝、上座部仏教を信仰
ベトナム	前漢の武帝が**南越国**を征服→ベトナム北部は中国に服属
	李朝（11世紀初）…国号を**大越（ダイベト）**、科挙の実施
	陳朝（13世紀前半）…元の侵入撃退、**チュノム**の制定
諸島部	**シュリーヴィジャヤ**…**スマトラ島**のパレンバン中心に海上交易で繁栄
	（7世紀）　　義浄（唐僧）がインドへの往復途上に滞在
	シャイレンドラ朝（8世紀）…**ジャワ島**に栄えた仏教国家
	❖**ボロブドゥール**：ジャワ島に造営された仏教寺院

❖**港市国家**…交易の中継港や物資の積み出し港として発展した国家
　　　…扶南・チャンパー・シュリーヴィジャヤなど

南アジア世界と東南アジア世界の展開

❶ 新しい宗教の展開

☑ ①南アジアでは前6世紀頃になると都市国家が次々と成立し、**コーサラ国**についで[¹]が有力となった。こうした都市国家で勢力をのばした**クシャトリヤ**(武士)や**ヴァイシャ**(庶民)の不満を背景に、新しい思想が生まれた。

☑ ②前6世紀に[²](ブッダ)が創始した**仏教**は、八正道の実践による苦からの解脱をめざした。また[³](マハーヴィーラ)が開いた**ジャイナ教**は、徹底した**不殺生主義**を説いた。こうしたなかでバラモン教にも改革運動が生まれ、内面の思索を重視する[⁴]が盛んとなった。この哲学にみられた梵我一如や、生前の行為により死後に別の生を受ける過程が繰り返されるとする[⁵]は、仏教などのインド思想全般に大きな影響を与えた。

❷ 統一国家の形成

☑ ①前4世紀、**アレクサンドロス大王**の西北インドへの進出により生まれた混乱をきっかけに、南アジア最初の統一王朝となる[⁶]が成立した。創始者[⁷]は、マガダ国を倒して首都を**パータリプトラ**においた。

☑ ②[⁶]の最盛期を築いた[⁸]は、**ダルマ(法)**による統治をめざすとともに、**仏典の結集**をおこなうなど、仏教を保護した。

☑ ③西北インドに進出したイラン系遊牧民は、1世紀に[⁹]を建て、**プルシャプラ**を首都とした。この王朝は2世紀の[¹⁰]の時代には中央アジアからガンジス川中流域までを支配し、ローマとの交易などで栄えた。

☑ ④[⁹]時代には**菩薩信仰**によって大衆の救済をめざす[¹¹]が広まり、その理論は**竜樹(ナーガールジュナ)**によって理論化された。またヘレニズム文化の影響を受けて仏像制作が盛んとなり、[¹²]が生まれた。

❸ インド洋交易と南インドの諸王朝

☑ ①古くから南インドには[¹³]系の人々が居住しており、**タミル語**を使用した独自の文芸が発展していた。また、この地域は「[¹⁴]」を使って、南インドで産出される綿布を各地の特産物と交換していた。

☑ ②1世紀にギリシア人によって著された『[¹⁵]』には、紅海からインド洋の「[¹⁴]」での交易の様子が記録されている。

☑ ③マウリヤ朝の衰退以後、デカン高原からインド洋沿岸までを支配した[¹⁶]は、**季節風**を利用した東南アジアやローマとの交易で繁栄した。

☑ ④南インドには、「[¹⁴]」の交易で13世紀頃まで栄え、10世紀には**シュリーヴィジャヤ**に遠征したことで知られる[¹⁷]や、インド半島南端を支配し、独自のタミル文化が栄えた**パーンディヤ朝**などが存在した。

❹ インド古典文化の黄金期

☑ ①4世紀にチャンドラグプタ1世は、首都を**パータリプトラ**において[¹⁸]を創始した。この王朝は[¹⁹]の時に北インド全域を支配したが、遊牧民[²⁰]の進出により西方との交易が打撃を受けたことや地方

勢力が台頭したことで衰退し、6世紀半ばに滅亡した。

☑②グプタ朝の時代には、バラモン教と民間信仰が融合した多神教である[21　　　　　　　]が社会に定着し、インド世界の独自性を形成する土台となった。またヴァルナごとの義務や権利を定めた『[22　　　　　　　　]』もまとめられた。

☑③グプタ朝時代には仏教の信仰も盛んで、[23　　　　　　　　　]には多くのグプタ様式の壁画が残っている。またこの時代は、サンスクリット文学の最盛期でもあり、二大叙事詩『マハーバーラタ』・『ラーマーヤナ』が完成したほか、宮廷詩人[24　　　　　　]により『シャクンタラー』がつくられた。さらに天文学や数学なども発達し、十進法による表記や[25　　　　　　　　　]も生み出された。

☑④7世紀初めにハルシャ王は[26　　　　　　　　　　　　]をおこして北インドを支配したが、その死後は急速に衰退した。ハルシャ王に厚遇された玄奘は、[27　　　　　　]で仏教を学んだ。しかし6世紀半ばから仏教やジャイナ教を攻撃する[28　　　　　　]が盛んになったことで、インドでの仏教は衰退に向かった。

☑⑤[26　　]滅亡後のインドは地方王権の時代となり、北インドでは[29　　　　　　　　　]と総称されるヒンドゥー諸勢力が抗争した。一方ベンガル地方のパーラ朝は、ナーランダーを中心に仏教を復興させたが、王朝の衰退とともに仏教も勢力を失った。

⑤ 東南アジアの諸王朝

☑①前4世紀の東南アジアでは、ベトナム北部を中心に中国の影響を受けた[30　　　　　　]が発展し、青銅製の銅鼓など独特の青銅器や鉄器がつくられた。

☑②1世紀末にメコン川下流に建国された[31　　　　　　　]は海上交易で栄えた。また2世紀末のベトナム中部に、のちに[32　　　　　　　　]と呼ばれる国が生まれた。

☑③4世紀末から東南アジアでみられた「インド化」の影響を受けて、6世紀にクメール人がヒンドゥー教の影響の強い[33　　　　　　　]を建国した。9世紀初めにおこったアンコール朝では、12世紀に[34　　　　　　　　]が造営された。

☑④ミャンマーは、9世紀までビルマ系のピュー人の国が支配していたが、11世紀半ばに[35　　　　　　]がおこり、南アジアから伝わった上座部仏教が広まった。

☑⑤チャオプラヤ川下流では7〜11世紀頃にモン人のドヴァーラヴァティー王国が発展していたが、13世紀半ばにはタイ人最古の王朝の[36　　　　　　　　]が成立した。

☑⑥ベトナム北部は、前漢の武帝が[37　　　　　　]を征服してから中国に服属していたが、11世紀初めに[38　　　　]が成立し、国号を大越（ダイベト）と称した。13世紀前半に成立した[39　　　　　]は、民族文字のチュノムを制定した。

☑⑦7世紀には、スマトラ島を中心に[40　　　　　　　　　　]が成立し、海上交易で繁栄した。また8世紀のジャワ島で栄えた[41　　　　　　　　　　]は、仏教寺院[42　　　　　　　　]を造営した。[40　　]のように、交易の中継港や物資の積み出し港として発展した国家を[43　　　　　　]という。

◀ ステップ・アップ・テスト（文の正誤を○×で判定しよう）▶

☑①ジャイナ教は、カビールによって創始された。（22年追B）

☑②チャンドラグプタ2世の治世に、グプタ朝が、北インドの大部分を統一した。（19年追B）

Summary　西アジアの国家形成とギリシア人の都市国家

Point ❶アケメネス朝からササン朝までのイラン文明　❷アテネ・スパルタなどポリスの発展と衰退　❸ヘレニズム時代　❹ギリシア・ヘレニズム文化

① イラン諸国家の興亡とイラン文明

アケメネス朝	前6世紀半　**キュロス2世**が建国、イラン人の王朝
	ダレイオス1世…エーゲ海北岸～インダス川に至る大帝国を完成
	王都ペルセポリスの造営、服属した異民族に対して寛大な統治
	❖中央集権化：各州に**サトラップ**(知事)を派遣→「**王の目**」・「**王の耳**」
	が監視、「**王の道**」(**スサ**～サルデス)を建設
	ペルシア戦争でギリシア世界の征服をねらうが失敗
	アレクサンドロス大王により滅亡➡西アジア…**セレウコス朝**の支配
バクトリア	アム川上流で**セレウコス朝**からギリシア人が独立
パルティア	**アルサケス**…遊牧イラン人の族長、セレウコス朝から自立
	都…クテシフォン、東西交易で繁栄、中国名は**安息**
ササン朝	**アルダシール1世**がパルティアを滅ぼし建国、都…クテシフォン
	シャープール1世…ローマと戦い、皇帝ウァレリアヌスを捕虜に
	ホスロー1世…ビザンツ帝国と抗争、突厥と結び**エフタル**を滅ぼす
	ニハーヴァンドの戦い(642)…イスラーム教徒に敗北→滅亡(651)

文化　宗教…ゾロアスター教：ササン朝の国教、教典『アヴェスター』、最後の審判
　　　　　　　マニ教：ゾロアスター教・キリスト教・仏教を融合した宗教
　　　　工芸…中国を経て飛鳥・奈良時代の日本に影響：法隆寺の獅子狩文錦など

② ポリスの成立と発展

ポリスの成立	前8世紀頃　アクロポリスに**集住**(シノイキスモス)して成立
ポリスの住民	**市民**…貴族と平民に区別➡少数の貴族が支配する貴族政の成立
	奴隷…市民に隷属、借財により市民から転落した人や戦争捕虜など
ギリシア人の	共通の言語・神話、自らを**ヘレネス**、異民族を**バルバロイ**と区別
共通意識	**デルフォイの神託**、4年に一度の**オリンピアの祭典**への参加
植民活動の開始	前8世紀半　地中海や黒海沿岸に植民市を建設➡商工業の発展
	→一部の平民が富裕化して武器を購入…**重装歩兵部隊**への参加

③ アテネとスパルタ

①スパルタ…ドーリア人が先住民を征服して成立、リュクルゴスの国制(軍国主義体制)
❖先住民：ヘイロータイ(奴隷身分の農民)、ペリオイコイ(商工業に従事)として従属
②アテネ…イオニア人のポリス、当初は王政➡前7世紀前半に貴族政へと移行

貴族政	貴族が官職独占➡ドラコンが法律を成文化…貴族の法の独占を破る
財産政治	ソロンの改革(前594)…財産に応じて市民の権利と義務を定める
僭主政治	前6世紀半　**ペイシストラトス**による独裁…農業や商工業を振興
民主政	**クレイステネスの改革**(前508)…デーモス(区)を基盤とした10部族制
	…**陶片追放**(オストラキスモス)の制度の開始→民主政の基礎を築く

④ ペルシア戦争とアテネ民主政

ペルシア戦争	原因	アケメネス朝の支配にミレトスなどギリシア人諸都市が反乱
(前500〜	経過	マラトンの戦い(アテネ勝利)➡**サラミスの海戦**(テミストクレ
前449)		ス が指揮、無産市民の活躍)➡プラタイアの戦い(ギリシアの勝利)
デロス同盟		ペルシアの攻撃に備えてアテネ中心に結成→同盟諸国への支配を強化
ペリクレス		**無産市民**の国政参加実現➡直接民主政の完成、行政官は抽選で選出
時代		❖民会:18歳以上の成年男性市民で構成される最高議決機関

⑤ ペロポネソス戦争とポリスの変容

ペロポネソス	アテネに**ペロポネソス同盟**(盟主スパルタ)が反発➡ペロポネソス戦争
戦争	(前431〜前404)➡**ペリクレスの死**➡ペルシアと結んだスパルタ勝利
	ペルシアのギリシア世界への介入→有力ポリス間の対立継続
マケドニアの	**フィリッポス2世**による軍事力強化➡**カイロネイアの戦い**(前338)で
台頭	テーベ・アテネに勝利➡**コリントス同盟**によりポリスを支配

⑥ ヘレニズム時代

アレクサンドロス大王…フィリッポス2世の子、ペルシア打倒をめざして**東方遠征**
東方遠征出発(前334)➡イッソスの戦い…ダレイオス3世を撃破➡エジプト征服➡
アルベラの戦い➡**アケメネス朝**を滅ぼす➡インド西北部に到達=大帝国の形成
大王の死後…ディアドコイ(後継者)の争いにより帝国は分裂
アンティゴノス朝マケドニア、**セレウコス朝シリア**、**プトレマイオス朝エジプト**
❖ヘレニズム時代:東方遠征から**プトレマイオス朝滅亡**(前30)までの約300年間

⑦ ギリシア文化

叙事詩	**ホメロス**『イリアス』『オデュッセイア』　**ヘシオドス**『労働と日々』	
悲劇作家	**アイスキュロス**　ソフォクレス　エウリピデス	
喜劇作家	**アリストファネス**『女の平和』…ペロポネソス戦争を風刺	
歴史	**ヘロドトス**『歴史』…**ペルシア戦争**を物語風に叙述	
	トゥキディデス『歴史』…**ペロポネソス戦争**を史料批判にもとづいて叙述	
建築	**パルテノン神殿**…ドーリア式、**アテナ女神像**(フェイディアスが制作)	
哲学	イオニア自然哲学	ミレトス中心に発達、万物の根源を探究…タレス:水
	ソフィスト	職業教師、プロタゴラス…「万物の尺度は人間」
	ソクラテス	ソフィストを批判、真理の絶対性を主張、「無知の知」
	プラトン	イデアこそが永遠不変の実在(**イデア論**)、哲人政治
	アリストテレス	「万学の祖」、アレクサンドロスの家庭教師

⑧ ヘレニズム文化

特徴	世界市民主義(コスモポリタニズム)の誕生、コイネー(ギリシア語)が共通語
哲学	**エピクロス派**…エピクロス(精神的快楽)　**ストア派**…ゼノン(禁欲)
自然科学	**エウクレイデス**…平面幾何学を大成　**アルキメデス**…浮体の原理
	エラトステネス…地球の周囲を測定
	❖**ムセイオン**(王立研究所):エジプトの**アレクサンドリア**に建設
美術	「ミロのヴィーナス」「ラオコーン」などの彫刻

西アジアの国家形成とギリシア人の都市国家

❶ イラン諸国家の興亡とイラン文明

☑ ①**キュロス2世**により建国された[¹　　　　　　　　]は、第3代[²
　　　　　　]の時に領土を広げ、王都[³　　　　　　　　　]が造営された。各州には[⁴
　　　　　　](知事)が派遣され、その統治は「**王の目**」・「**王の耳**」が監察した。また都ス
サからサルデスに至る「[⁵　　　　　　　　　]」も建設された。

☑ ②前330年に[　¹　　　　]は、**アレクサンドロス大王**によって滅ぼされた。また大王の死後、
西アジアの領土はギリシア系の[⁶　　　　　　　　]に受け継がれた。

☑ ③前3世紀に[　⁶　]から**ギリシア系のバクトリア**が自立したのにつづき、遊牧イラン人
の族長**アルサケス**のもとで[⁷　　　　　　　　]が自立し、都をクテシフォンにおいた。
この国は「**絹の道**」による東西交易で繁栄し、中国では**安息**と呼ばれた。

☑ ④224年に**アルダシール1世**は、クテシフォンを首都に[⁸　　　　　　　]を建国した。
第2代[⁹　　　　　　　　]はローマ軍を破った。また6世紀半ばに[¹⁰
　　　　　　]はビザンツ帝国と抗争し、また遊牧民**エフタル**を滅ぼした。しかし642年
の**ニハーヴァンドの戦い**でイスラーム軍に敗れると、まもなく滅亡した。

☑ ⑤ササン朝では[¹¹　　　　　　　　]が国教となり教典『**アヴェスター**』が編纂され、
[　¹¹　]・キリスト教・仏教を融合した[¹²　　　　　　　]も信仰された。

❷ ポリスの成立と発展

☑ ①前8世紀頃になると有力貴族の指導のもとに集落が連合し、アクロポリスを中心に[¹³
　　　　　　](シノイキスモス)してポリスを建てた。ポリスの住民は、貴族と平民から
なる[¹⁴　　　　　　]とこれに隷属する[¹⁵　　　　　　]から構成された。

☑ ②ギリシア人は**デルフォイの神託**や**オリンピアの祭典**を通じて同一民族の意識をもち、自
らを[¹⁶　　　　　　]、異民族を[¹⁷　　　　　　　]と呼んで区別した。

☑ ③前8世紀半ばに開始された植民活動により商工業が活発になると、一部の富裕化した平
民は、武器を購入して[¹⁸　　　　　　]部隊に参加するようになった。

❸ アテネとスパルタ

☑ ①**ドーリア人**が建設した**スパルタ**では、少数の市民が先住民を[¹⁹　　　　　　　]
(奴隷身分の農民)や[²⁰　　　　　　](商工業に従事)として支配した。

☑ ②**イオニア人**が建設した**アテネ**は、前7世紀前半に**貴族政**へ移行したが、平民の[　¹⁸　]
が国防の中心になると、平民が参政権を要求するようになった。

☑ ③アテネの政治は、前594年の[²¹　　　　　　]の改革で**財産政治**へと移ったが、前6世
紀半ばには市民の不満を背景に[²²　　　　　　　]が独裁者となり**僭主政治**を
始めた。その後[²³　　　　　　]の改革で、僭主の出現を防止する**陶片追放**
(オストラキスモス)の制度が始まり、**民主政**の基礎が築かれた。

❹ ペルシア戦争とアテネ民主政

☑ ①**アケメネス朝**の支配に対するギリシア人諸都市の反乱から始まった[²⁴
　　　　　　]は、前480年の**サラミスの海戦**で[²⁵　　　　　　　]の指揮するアテネ海軍
が活躍し、翌年の**プラタイアの戦い**でギリシアの勝利に終わった。

☑②戦後アテネは、ペルシアの攻撃に備えて[²⁶   ]を結成し、同盟諸国への
　支配を強化した。そして[²⁷   ]時代には、[²⁸   ]を最高議決機
　関とし、**無産市民の国政参加も実現した直接民主政が完成した。**

⑤ ペロポネソス戦争とポリスの変容

☑①スパルタを盟主とする**ペロポネソス同盟**がアテネに反発したことから、[²⁹
　　　　　　　]が始まった。戦争中に[²⁷]を失ったアテネはスパルタに敗れ、その後
　のギリシアではペルシアの介入によって有力ポリス間の対立が続いた。

☑②ギリシアの北方で台頭した[³⁰   ]は、**フィリッポス2世**のもとで軍事力
　を強化し、前338年の[³¹   ]でテーベ・アテネ連合軍に勝利し
　た。その後[³⁰]は、**コリントス同盟を通じてポリスを支配した。**

⑥ ヘレニズム時代

☑①マケドニアの[³²   ]は**東方遠征**へ出発し、[³³
　　　　]率いるペルシア軍を撃破し、前330年に**アケメネス朝**を滅ぼした。

☑②大王の死後、帝国はアンティゴノス朝マケドニア、[⁶]シリア、[³⁴
　　　　　]エジプトに分裂した。東方遠征から、前30年に[³⁴]が滅亡するまでの約
　300年間を[³⁵   ]という。

⑦ ギリシア文化

☑①詩人[³⁶   ]は『イリアス』や『オデュッセイア』を、また**ヘシオドス**は『労働
　と日々』をうたった。演劇では、悲劇作家の**アイスキュロス・ソフォクレス・エウリピ
　デス**や、喜劇作家の[³⁷   ]が有名である。

☑②歴史では、**ペルシア戦争**を物語風に叙述した[³⁸   ]と、**ペロポネソス戦
　争**を史料批判にもとづいて叙述した[³⁹   ]が名高い。

☑③ギリシア建築の傑作はアテネの[⁴⁰   ]である。このドーリア式神殿
　の本尊は、[⁴¹   ]が制作した**アテナ女神像**であった。

☑④民主政治の全盛期には、弁論・修辞などを教える職業教師である[⁴²   ]
　が現れ、相対主義をとなえた。これを批判した[⁴³   ]は客観的真理の存
　在を説き、弟子の[⁴⁴   ]は**イデア論**をとなえた。また[⁴⁵
　　　　]は「万学の祖」とされ、ギリシア哲学を完成した。

⑧ ヘレニズム文化

☑①ヘレニズム時代の哲学では、精神的快楽を求める[⁴⁶   ]や、禁欲を説
　くゼノンの[⁴⁷   ]が盛んになった。

☑②自然科学は**アレクサンドリア**の[⁴⁸   ](王立研究所)を中心に研究され
　た。[⁴⁹   ]は平面幾何学を大成し、**アルキメデス**は浮体の原理を発
　見した。また[⁵⁰   ]は地球の周囲を測定した。

ステップ・アップ・テスト(文の正誤を○×で判定しよう)

☑①アケメネス朝で、「王の道」と呼ばれる公道が整備された。(20年追B)

☑②ペロポネソス戦争で、スパルタはペルシアの支援を受けた。(19年本B)

Summary　ローマと地中海支配・キリスト教の成立と発展

Point ❶都市国家ローマの建国から共和政ローマの成立と発展　❷ローマ帝国の興亡（元首政～専制君主政）　❸ローマの文化　❹キリスト教の成立と発展

① 共和政ローマ

ラテン人が都市国家ローマ建設➡**エトルリア人**の王を追放…**共和政**(前6世紀末)	
共和政の構造	貴族(パトリキ)が国家の要職を独占 ❖最高機関：**元老院**、最高官職：**コンスル**、非常時に独裁官を設置
身分闘争	平民(プレブス)は**重装歩兵**として国防を担う➡貴族に参政権を要求 **護民官**の設置(前494)…平民の利益を守る官職➡**十二表法**(前450頃)…慣習法を成文化して平民にも公開➡**リキニウス・セクスティウス法**(前367)…コンスルの1名は平民から選出、大土地所有制限➡**ホルテンシウス法**(前287)…平民会の決議が元老院の承認なしで国法になる

② 地中海征服とその影響

前3世紀前半	ローマが全イタリア半島を統一→**分割統治**で被支配民族の団結を防止
ポエニ戦争	**フェニキア人**の植民市**カルタゴ**との西地中海の覇権をめぐる戦争 第1回…ローマは最初の**属州**として**シチリア島**を獲得 第2回…カルタゴの名将**ハンニバル**の活躍➡ローマの**スキピオ**の反撃 第3回…ローマがカルタゴを破壊➡マケドニアやギリシアも征服
共和政の変質	属州の獲得➡安価な穀物の流入┐　中小農民の没落 長年の従軍による疲弊　　　┘➡都市に無産市民として流入 **騎士**階層…属州の徴税請負で蓄財➡ラティフンディアの拡大 ❖貧富の差の拡大➡元老院中心の閥族派と平民が支持する平民派の対立
前2世紀後半	**グラックス兄弟**の改革…**自作農の再建**をめざすも失敗

③ 内乱の1世紀

スラ(**閥族派**)と**マリウス**(**平民派**)の対立➡**同盟市**戦争…ローマは半島内の同盟市に市民権を認める➡スパルタクスの反乱…剣闘士奴隷の反乱	
第1回三頭政治	クラッスス、ポンペイウス、**カエサル**➡カエサルの独裁
第2回三頭政治	**オクタウィアヌス**、アントニウス、レピドゥス ➡**アクティウムの海戦**(前31)…オクタウィアヌスの勝利 　**プトレマイオス朝**滅亡(前30)→ローマの地中海統一完成

④ ローマ帝国の成立

帝政の開始	オクタウィアヌス…元老院から**アウグストゥス**(尊厳者)の称号 →共和政を尊重してプリンケプスと自称…**元首政**(プリンキパトゥス)
五賢帝の時代	ネルヴァ帝➡**トラヤヌス帝**…帝国領土最大➡ハドリアヌス帝➡アントニヌス=ピウス帝➡マルクス=アウレリウス=アントニヌス帝…哲人皇帝 ❖アウグストゥス～五賢帝時代：**「ローマの平和」**(パクス=ロマーナ) ❖季節風貿易：中国・インド・東南アジアから絹・香辛料が流入
市民権の拡大	**カラカラ帝**…帝国の全自由人に**ローマ市民権**を与える

5 ローマ帝国の分裂

3世紀の危機	**軍人皇帝の時代**…地方の軍隊が独自に皇帝を擁立して争う
	東方からは**ササン朝**の攻撃→皇帝ウァレリアヌスが捕虜に
	奴隷供給の減少➡**コロヌス**（小作人）を用いた**コロナトゥス**の拡大
ディオクレティアヌス帝	**四帝分治制**（テトラルキア）…２人の正帝と副帝で統治
	専制君主政（ドミナトゥス）…皇帝を神として礼拝させる
コンスタンティヌス帝	ビザンティウムへ遷都→**コンスタンティノープル**と改称
	身分・職業の固定化、ソリドゥス金貨の発行
	ゲルマン人の大移動の開始（375）→帝国内部の混乱
テオドシウス帝	帝国を**東西に分割**（395）➡**東ローマ帝国**は1453年まで存続するが、**西ローマ帝国**は476年に**オドアケル**により滅亡

6 ローマの文化

特徴	土木・建築・法律などの実用面にすぐれた文化
法律	市民法…ローマ市民に適用➡万民法…帝国のすべての住民に適用
建築	**コロッセウム**…円形闘技場　**アッピア街道**…ローマ最古の軍道
	ガール水道橋…南仏の石造水道橋　浴場…カラカラ帝建造のものが有名
文学	**ウェルギリウス**『**アエネイス**』…ローマ建国の叙事詩　ホラティウス
哲学	**キケロ**…弁論家、『国家論』　**セネカ**…ストア派、ネロの師
	マルクス＝アウレリウス＝アントニヌス…ストア派の哲人皇帝、『自省録』
歴史・地理	**リウィウス**『ローマ建国史』　**プルタルコス**『対比列伝』
	ポリビオス『歴史』…政体循環史観　ストラボン『地理誌』
	カエサル『**ガリア戦記**』── 移動前のゲルマン社会研究の重要史料
	タキトゥス『**ゲルマニア**』──
自然科学	プリニウス『博物誌』　プトレマイオス…天動説

7 キリスト教の成立と発展

イエスの誕生（前7頃／前4頃）…ユダヤ教の形式主義を批判、神の絶対愛・隣人愛を説く➡イエスの処刑…イエスが**復活**したという信仰の誕生➡**キリスト教**の成立	
使徒による伝道	ペテロ・**パウロ**らによる伝道➡ローマ帝国にキリスト教が広まる
ローマによる迫害	キリスト教が皇帝崇拝拒否➡ネロ帝やディオクレティアヌス帝による迫害
	➡信者は**カタコンベ**（地下墓室）で信仰を守り抜く
	❖『新約聖書』の成立：ギリシア語のコイネーで書かれる
キリスト教公認	**コンスタンティヌス帝**…**ミラノ勅令**（313）でキリスト教を公認
	ニケーア公会議（325）┌**アタナシウス派**を正統➡三位一体説へ └**アリウス派**は異端➡ゲルマン人に広まる
	ユリアヌス帝…「背教者」、**多神教の復興**を企てるも失敗
キリスト教国教化	**テオドシウス帝**…キリスト教を**国教**として異教を禁止（392）
	エフェソス公会議（431）…**ネストリウス派**を異端➡西アジアへ

❖教父…正統教義の確立に貢献：アウグスティヌス『告白録』『神の国』

ローマと地中海支配・キリスト教の成立と発展

① 共和政ローマ

☐ ①イタリア半島に南下してきた**ラテン人**の一派により建設された都市国家ローマは、前6世紀末に[¹　　　　　　　]の王を追放して**共和政**となった。

☐ ②ローマでは、貴族（パトリキ）が国政の最高機関である[²　　　　　　　]や、最高官職である[³　　　　　　　]など要職を独占していた。しかし**重装歩兵**として国防を担うようになった平民（プレブス）は、貴族と身分闘争をおこした。

☐ ③前5世紀、平民の利益を守る[⁴　　　　　　　]と平民会が設置され、つづいて慣習法を成文化した[⁵　　　　　　　]が公開された。さらに前367年には[⁶　　　　　　　]によりコンスルの1名が平民から選ばれるようになり、前287年の[⁷　　　　　　　]で貴族と平民の法的平等が実現した。

② 地中海征服とその影響

☐ ①ローマは他の都市を次々と征服し、前3世紀前半に全イタリア半島を統一した。征服された民族の団結と反乱を予防するため、[⁸　　　　　　　]がおこなわれた。

☐ ②前3世紀半ばにローマは、**フェニキア人**の植民市[⁹　　　　　　　]と西地中海の覇権をめぐる[¹⁰　　　　　　　]を開始した。第1回戦争の勝利で、ローマは**シチリア島**を最初の[¹¹　　　　　　　]とした。また第2回戦争では、カルタゴの[¹²　　　　　　　]に苦しめられたが、**スキピオ**の活躍で挽回して勝利をおさめた。

☐ ③長年の戦争に従軍した中小農民は、安価な穀物の流入も影響して没落した。一方、農民が手放した土地を**騎士**などが買い集め、[¹³　　　　　　　]（大土地所有制）が広がった。貧富の差の拡大を背景に政治家は閥族派と平民派にわかれて対立した。

☐ ④前2世紀後半に[¹⁴　　　　　　　]は、**自作農の再建**をめざし、大土地所有者から土地を没収して無産市民に分配しようとしたが、大地主の反対で失敗した。

③ 内乱の1世紀

☐ ①前1世紀には**閥族派**の[¹⁵　　　　　　　]と**平民派**の[¹⁶　　　　　　　]の抗争が激化した。また市民権を求める[¹⁷　　　　　　　]との戦争や剣闘士奴隷が中心となった[¹⁸　　　　　　　]がおこるなど、内乱は頂点に達した。

☐ ②前60年に[¹⁹　　　　　　　]はクラッスス、ポンペイウスとともに元老院をおさえて実力で支配する[²⁰　　　　　　　]を始めた。ポンペイウスを破った[　¹⁹　]は事実上の独裁者となったが、共和派に暗殺された。

☐ ③カエサルの養子[²¹　　　　　　　]は、アントニウスらとともに[²²　　　　　　　]を始めた。前31年の[²³　　　　　　　]で[　²¹　]はアントニウスを破り、翌年**プトレマイオス朝**を滅ぼした。

④ ローマ帝国の成立

☐ ①前27年に元老院から[²⁴　　　　　　　]（尊厳者）の称号を与えられたオクタウィアヌスは、共和政の伝統を尊重してプリンケプスを自称した。この政治を[²⁵　　　　　　　]（プリンキパトゥス）といい、ここから帝政が始まった。

☐ ②アウグストゥスから[²⁶　　　　　　　]に至る時代は帝国の最盛期で、「**ローマの平和**」

（パクス＝ロマーナ）と呼ばれた。[27　　　　　　　　　　　]時代に帝国領土は最大となり、

[28　　　　　　　　　　]を通してアジアから絹や香辛料がもたらされた。

☑③3世紀に[29　　　　　　　　　]は、帝国の全自由人に**ローマ市民権**を与えた。

⑤ ローマ帝国の分裂

☑①3世紀になると地方の軍隊が独自に皇帝を立てて争う[30　　　　　　　　　　]の時代となっ
た。東方からは[31　　　　　　　　]が国境を脅かし、国内にはラティフンディアにかわ
り、[32　　　　　　　]（小作人）を用いた**コロナトゥス**が広がった。

☑②[33　　　　　　　　　　　　　　]は**四帝分治制**（テトラルキア）によって政治的秩序の
回復をはかり、[34　　　　　　　　　]（ドミナトゥス）へと移行した。つづく[35
　　　　　　　　]は、ビザンティウムに遷都して[36
]と改称し、身分と職業の固定化をはかった。

☑③375年に始まる**ゲルマン人の大移動**で帝国内部は混乱したため、395年に[37
]は帝国を**東西**に分割した。このうち**東ローマ帝国**は1453年まで続いたが、
西ローマ帝国は476年にゲルマン人傭兵隊長の[38　　　　　　　　　　]により滅ぼされた。

⑥ ローマの文化

☑①ローマは法律や建築など実用的な文化にすぐれていた。おもな建築として[39
]（円形闘技場）や最古の軍用道である[40　　　　　　　　　]がある。

☑②文学ではローマ建国の叙事詩『**アエネイス**』をつくった[41　　　　　　　　　]が有名
である。またギリシア以来の弁論術を受け継ぎ、弁論家として知られる[42
]が活躍した。さらに哲学ではストア派が盛んで、ネロの師である**セネカ**や哲人皇帝
[43　　　　　　　　　　　　　　　]が登場した。

☑③歴史の分野では『**ローマ建国史**』を著した[44　　　　　　　　　]が有名であるが、政体循
環史観で知られる**ポリビオス**や『**対比列伝**』を著した[45　　　　　　　　　]などのギリ
シア人も活躍した。また[19]の『**ガリア戦記**』や[46　　　　　　　　]の『**ゲルマニア**』
は、ゲルマン研究の史料としても重要である。

⑦ キリスト教の成立と発展

☑①[47　　　　　　　]はユダヤ教を批判して神の絶対愛と隣人愛を説いたが、十字架刑にさ
れた。その後、イエスは**復活**したとの信仰が生まれ、**キリスト教**が成立した。

☑②キリスト教は[48　　　　　　　]や**パウロ**の伝道により広まったが、ローマ帝国から迫害
された。しかし信者は[49　　　　　　　　]（地下墓室）で信仰を守った。

☑③**コンスタンティヌス帝**は313年の[50　　　　　　　　　]でキリスト教を公認し、325年
には[51　　　　　　　　]を開いて**アタナシウス派**を正統とし、**アリウス派**を異端
とした。4世紀後半には一時[52　　　　　　　　]により**多神教の復興**が企てられた
が、392年に**テオドシウス帝**はキリスト教を**国教**として異教の信仰を禁止した。

☑④431年の[53　　　　　　　　　]では**ネストリウス派**が異端とされた。

◀ ステップ・アップ・テスト（文の正誤を○×で判定しよう）**▶**

☑①グラックス兄弟の改革は、中小農民の反対で失敗した。（19年追B）

☑②タキトゥスは、『世界史序説』（『歴史序説』）を著した。（22年追B）

Point ❶イスラーム教の成立　❷正統カリフ時代〜アッバース朝期の発展　❸ゲルマン人の大移動とビザンツ帝国の繁栄　❹フランク王国の盛衰と封建社会の成立

① イスラーム教の成立

サ サ ン 朝 と ビ ザ ン ツ 帝 国 の 抗 争 ➡ ア ラ ビ ア 半 島 西 部 の 交 易 が 活 発 化 → **メッカ** の 繁 栄	
ムハンマド	唯一神アッラーの啓示(610頃)➡預言者として**イスラーム教**を創始
	➡メッカからメディナへ移住(622)…**ヒジュラ**(聖遷)→**ウンマ**の形成
	➡メッカの征服(630)→**カーバ聖殿**はイスラーム教の聖殿に
	❖イスラーム教…聖典『コーラン』、六信五行：信仰と生活の基本
	偶像崇拝厳禁、ユダヤ・キリスト教徒：「啓典の民」
正統カリフ 時代	ムハンマドの死(632)➡選挙で**カリフ**(**ムハンマドの後継者**)を選出
	サ サ ン 朝 を ニ ハ ー ヴ ァ ン ド の 戦 い(642)で 撃 破 → サ サ ン 朝 滅 亡(651)
	ビザンツ帝国からシリア・エジプトを奪う
	第4代カリフの**アリー**が暗殺される→シーア派成立のきっかけとなる
	❖シーア派：ウマイヤ朝以降のカリフを認めずスンナ派と対立
ウマイヤ朝	建国者…**ムアーウィヤ**　首都…**ダマスクス**→ウマイヤ＝モスクの建設
	西ゴート王国征服➡トゥール・ポワティエ間の戦い…フランクに敗北
	征服地の住民に**ジズヤ**(**人頭税**)・**ハラージュ**(**土地税**)を課税
	→イスラーム教に改宗しても免税されず➡アッバース家の革命運動
アッバース朝	アッバース家が建国　首都…**バグダード**→第2代マンスールが建設
	民族による差別廃止➡**イスラーム法**(シャリーア)にもとづく政治
	最盛期…**ハールーン＝アッラシード**時代(8世紀後半)
	❖タラス河畔の戦い(751)：唐軍に勝利→製紙法の西伝のきっかけ
	┃文化┃ バグダードの「**知恵の館**」…ギリシア語文献をアラビア語に翻訳
	数学…**フワーリズミー**　医学…**イブン＝シーナー**　歴史…**タバリー**
	『千夜一夜物語』(『アラビアン＝ナイト』)…各地の説話をまとめる
イスラーム 政権の多極化	**後ウマイヤ朝**…イベリア半島に建国(756)　首都…**コルドバ**
	ファーティマ朝…北アフリカを支配した**シーア派**政権　首都…**カイロ**
	ブワイフ朝…イラン系**シーア派**の軍事政権➡**バグダード入城**(946)
	❖イクター制：軍人・官僚に土地の徴税権➡イスラーム圏に広まる

② 東西ヨーロッパ世界の形成

①**ゲルマン人**の大移動(375〜)…フン人の西進→西ゴート人がローマ領内へ

フン人…アッティラ王がパンノニアに大帝国➡**カタラウヌムの戦い**で敗北(451)	
西ローマ帝国滅亡(476)…傭兵隊長**オドアケル**が皇帝を廃位➡ゲルマンの侵入盛んに	

西ゴート	イベリア半島に建国	東ゴート	イタリアに建国
ヴァンダル	北アフリカに建国	ランゴバルド	遅れて北イタリアに建国
ブルグンド	フランス東南部に建国	アングロ＝	大ブリテン島に**七王国**を建国
フランク	北フランスに建国	サクソン	➡エグバートが統一

❖**ウマイヤ朝**：イベリア半島にわたって**西ゴート**王国を滅ぼす(711)

②ビザンツ帝国…東欧でギリシア正教とギリシア文化を融合した独自の文化を形成

→首都…**コンスタンティノープル**：ヨーロッパ最大の貿易都市として繁栄

ユスティニアヌス 大帝	**ヴァンダル王国・東ゴート王国**を滅ぼす→地中海帝国の復興
	『**ローマ法大全**』、ハギア＝ソフィア聖堂、絹織物産業の育成

③ フランク王国の発展

①**フランク王国**…ゲルマン諸国家中の最有力国として領土を拡大

クローヴィス	メロヴィング朝を創始(481)、**アタナシウス派**に改宗
カール＝マルテル	**宮宰**、ウマイヤ朝軍を**トゥール・ポワティエ間の戦い**(732)で撃退
ピピン	**カロリング朝**を創始(751)、**ラヴェンナ地方**を教皇に寄進(756)

❖**教皇**：ローマ＝カトリック教会の司教、ペテロの後継者を自任

　　　　教皇グレゴリウス１世…ゲルマン人への布教により、教皇の権威を高める

❖ビザンツ皇帝**レオン３世**…聖像禁止令の発布(726)→教皇がフランク王国へ接近

カール大帝	**アヴァール人**などを撃退、地方を伯に統治させて**巡察使**が監察
	アルクインをまねきラテン語で文芸復興…**カロリング＝ルネサンス**
	レオ３世がカールに帝冠を与える(800)…**「西ローマ帝国」の復活**

②カールの死後…**ヴェルダン条約**(843)・**メルセン条約**(870)により王国は３つに分裂

東フランク	**オットー１世**が**マジャール人**などを撃退➡**神聖ローマ帝国**の成立(962)
西フランク	パリ伯**ユーグ＝カペー**が**ノルマン人**を撃退➡**カペー朝**の成立(987)
イタリア	外敵の侵入➡ヴェネツィア・ジェノヴァなど都市国家の成立

④ 外部勢力の侵入と封建社会の成立

①外部勢力…８～10世紀に西欧世界へ侵入を繰り返す

❖スラヴ人、イスラーム勢力、アヴァール人、マジャール人などの侵入

❖**ノルマン人**…原住地は北欧：ヴァイキングとしておそれられる

　　　　　　→北欧にはデンマーク・スウェーデン・ノルウェーを建国

北フランス	**ノルマンディー公国**…□□が建国(10世紀初)
南イタリア	**両シチリア王国**…南イタリアとシチリア島を支配
イングランド	アルフレッド大王がノルマン人を撃退➡デーン人のクヌートの征服
	➡**ノルマンディー公ウィリアム**の征服…**ノルマン朝**の成立
ロシア	**ノヴゴロド国**…ルーシの首領**リューリク**➡キエフ公国(ロシアの起源)
北アメリカ	別の一派はアイスランドから**グリーンランド**へ移住➡北米大陸へ到達

②封建社会…外部勢力の侵入から生命・財産を守る目的で西欧世界に成立

　　　　→封建的主従関係と荘園制のうえに成立した社会

封建的主従関係	起源…恩貸地制度(ローマ)と従士制(ゲルマン)
	主君と家臣が互いに契約を守る義務をもつ双務的契約
荘園制	**荘園**…領主直営地・農民保有地・共同利用地で構成
	領主…**不輸不入権**をもち、領主裁判権により農民を自由に支配
	農民(**農奴**)…領主には**賦役**と**貢納**を、教会には**十分の一税**を納入

イスラーム教の成立とヨーロッパ世界の形成

❶ イスラーム教の成立

☐ ①610年頃、**メッカの商人**[¹　　　　　　]は、唯一神[²　　　　　　　　]の啓示を受けた預言者として**イスラーム教**を創始した。メッカで迫害を受けた[　¹　]は、622年に信者を率いて[³　　　　　　]に移住し、イスラーム教徒の共同体である[⁴　　　　　　]を築いた。このできごとを**ヒジュラ(聖遷)**という。

☐ ②630年のメッカ征服後、[⁵　　　　　　　　]はイスラーム教の聖殿となった。

☐ ③632年のムハンマドの死後、信徒たちは**ムハンマドの後継者**である[⁶　　　　　]を選出し、[⁷　　　　　　　　]が始まった。この時代にイスラーム教徒はササン朝軍に勝利し、さらに[⁸　　　　　　　　]からエジプトとシリアを奪った。

☐ ④第4代カリフの[⁹　　　　　　]の暗殺後、661年に[¹⁰　　　　　　　　]は**ダマスクス**を首都として[¹¹　　　　　　　]を創始した。

☐ ⑤[　¹¹　]は征服地の住民に[¹²　　　　　　](人頭税)と[¹³　　　　　　　](土地税)を課したが、彼らはイスラーム教に改宗しても免税されなかった。こうした不満を利用した革命運動により、750年に[¹⁴　　　　　　　　]が成立し、第2代マンスールの時代には、新都[¹⁵　　　　　　]が造営された。

☐ ⑥アッバース朝は民族による差別を廃止して**イスラーム法**(シャリーア)にもとづく統治をおこない、8世紀後半の[¹⁶　　　　　　　　　　　　　]時代に最盛期を迎えた。

☐ ⑦アッバース朝時代には、バグダードの「知恵の館」でギリシア語の文献がアラビア語へ盛んに翻訳され、数学では**フワーリズミー**、医学では[¹⁷　　　　　　　]らが活躍した。また歴史家の**タバリー**は『預言者たちと諸王の歴史』を編纂した。

☐ ⑧756年にウマイヤ朝の一族は、イベリア半島に[¹⁸　　　　　　　]を建て、首都**コルドバ**を中心に繁栄した。また10世紀に北アフリカにおこった**シーア派**の政権である[¹⁹　　　　　　　　]は、エジプトに新首都**カイロ**を建設した。またイラン系の**シーア派軍事政権**である[²⁰　　　　　　　　]は、946年に**バグダード入城**を果たし、大アミールに任じられた。この王朝に始まる、軍人・官僚に土地の徴税権を認めた[²¹　　　　　　]は、イスラーム圏に広まった。

❷ 東西ヨーロッパ世界の形成

☐ ①**ゲルマン人**は、アルプス以北の先住民であるケルト人を追って勢力を拡大していたが、[²²　　　　　　]に圧迫されてローマ領内に大移動を開始した。

☐ ②[²³　　　　　　　]に率いられた[　²²　]はパンノニアに大帝国を築いたが、451年の**カタラウヌムの戦い**で西ローマ帝国とゲルマンの連合軍に敗れて崩壊した。この混乱のなか、476年にゲルマン人傭兵隊長[²⁴　　　　　　]が**西ローマ帝国を滅ぼした**。

☐ ③ゲルマン人の移動により、イベリア半島には[²⁵　　　　　]王国、北アフリカには[²⁶　　　　　]王国、フランス東南部には[²⁷　　　　　　]王国、北フランスには[²⁸　　　　　]王国が成立した。またイタリアには[²⁹　　　　　　]王国、その後6世紀には[³⁰　　　　　　]王国が成立した。このうち[　²⁵　]は、イベリア半島に侵入した[　¹¹　]に滅ぼされた。

☑④大ブリテン島に[³¹   ]人が建国した**七王国**は、9世紀前半にエグバートにより統一され、イングランド王国の基礎が生まれた。

☑⑤ローマ帝国の分裂後、東ヨーロッパを支配したビザンツ帝国では、6世紀に[³²   ]が**ヴァンダル王国**や**東ゴート王国**を滅ぼして地中海帝国を復興させた。この時代にはローマ法の集大成である『[³³   ]』が編纂された。首都[³⁴   ]にはビザンツ様式を代表する[³⁵   ]が建てられ、絹織物産業も発展した。

❸ フランク王国の発展

☑①**フランク王国**は、[³⁶   ]を創始した[³⁷   ]が、ア
タナシウス派に改宗したことでローマ教会と結びつき、勢力を拡大した。

☑②フランク王国の**宮宰**[³⁸   ]は、732年の[³⁹   ]でウマイヤ朝軍を撃退し、キリスト教世界を守った。

☑③この頃西ヨーロッパでは、ローマ＝カトリック教会の司教である**教皇**がその権威を高めていた。ビザンツ皇帝**レオン3世**が発布した[⁴⁰   ]に反発していた教皇は、フランク王国に接近し、[⁴¹   ]による[⁴²   ]樹立を承認した。その返礼として教皇は[⁴¹]から**ラヴェンナ地方**を寄進された。

☑④ピピンの子[⁴³   ]は、**アヴァール人**など外敵を撃退して西ヨーロッパの主要部分を統一し、地方を[⁴⁴   ]に統治させて巡察使に監督させた。

☑⑤800年に教皇[⁴⁵   ]は、カールにローマ皇帝の帝冠を与え、「**西ローマ帝国**」の復活が宣言された。しかしカールの死後、フランク王国は843年の[⁴⁶   ]と870年の[⁴⁷   ]によって3分された。

☑⑥東フランクでは、**マジャール人**などを撃退した[⁴⁸   ]がローマ皇帝位を与えられ、[⁴⁹   ]が成立した。また西フランクでは、**ノルマン人**を撃退した[⁵⁰   ]によって**カペー朝**が創始された。

❹ 外部勢力の侵入と封建社会の成立

☑①ヴァイキングとしておそれられた**ノルマン人**のうち、**ロロ**に率いられた一派は北フランスに[⁵¹   ]を建てた。その一部は地中海に進出し、南イタリアとシチリア島に[⁵²   ]を建国した。またイングランドには、1066年に[⁵³   ]が**ノルマン朝**を開いた。

☑②862年、**リューリク**率いるルーシは[⁵⁴   ]を建設した。また別のノルマン人の一派は、アイスランドから**グリーンランド**へ移住し、北米大陸にも到達した。

☑③封建社会にみられた**封建的主従関係**は、ローマの[⁵⁵   ]とゲルマンの[⁵⁶   ]を基礎として成立した双務的関係であった。

☑④こうした有力者の生活基盤は[⁵⁷   ]で、領主は国王の役人の立ち入りや課税を拒否できる[⁵⁸   ]をもっていた。また農民の多くは**農奴**という不自由身分で、領主には**賦役と貢納**、教会には[⁵⁹   ]を納入していた。

◀ ステップ・アップ・テスト(文の正誤を○×で判定しよう) ▶

☑①イェルサレムにカーバ神殿(聖殿)が建設された。(21年第2日程B)

☑②カール大帝は、アルクインらを集め、学芸を奨励した。(22年本B)

Summary　イスラーム教の伝播と西ヨーロッパ封建社会の展開

Point ❶イスラーム教の諸地域への拡大　❷西アジア・エジプト・北アフリカのイスラーム王朝　❸教皇権の拡大と十字軍　❹主要な商業圏と中世都市の特徴

❶ イスラーム教の諸地域への伝播

中央アジア	サーマーン朝(イラン系)…マムルーク(奴隷軍人)をカリフに供給
	カラハン朝…最初のトルコ系イスラーム政権→**トルキスタン**の形成
南アジア	**ガズナ朝** ┓ **アフガニスタン**に建国されたイスラーム王朝
	ゴール朝 ┛➡10～12世紀に北インド侵入を繰り返す
	奴隷王朝…建国者：**アイバク**、インド最初のイスラーム王朝
	➡以後、デリーに首都をおく5つの王朝が成立…**デリー＝スルタン朝**
	❖クトゥブ＝ミナール：アイバクが建設を始めたインド最古のモスクの塔
東南アジア	**ムスリム商人**が東南アジアから中国沿岸まで進出(8世紀頃)
	❖ジャンク船を使った中国商人が各地に進出(10世紀)
	元を退けたジャワにマジャパヒト王国(ヒンドゥー系)成立(13世紀末)
	マラッカ王国…鄭和の拠点として発展、イスラーム化が進行(15世紀)
	➡イスラーム国家…スマトラに**アチェ王国**、ジャワに**マタラム王国**
アフリカ	ナイル川上流…クシュ王国の成立(前10世紀)　都…メロエ：製鉄工場
	➡アクスム王国が滅ぼす(4世紀)…キリスト教を受容
	ガーナ王国…**サハラ縦断交易**で繁栄：サハラの岩塩と自国の金の交換
	➡ムラービト朝の攻撃で衰退(11世紀後半)→西アフリカのイスラーム化
	マリ王国・ソンガイ王国…ニジェール川流域、**トンブクトゥ**の繁栄
	東海岸…ダウ船を操るムスリム商人が**マリンディ・キルワ**などに進出
	❖スワヒリ語：アラビア語の影響を受け成立した東アフリカの共通語
	モノモタパ王国…インド洋交易で繁栄(15世紀～)、**大ジンバブエ遺跡**

❷ 西アジアの動向

①西アジアとエジプト…トルコ人・モンゴル人の活躍

セルジューク朝	トゥグリル＝ベク…バグダード入城(1055)→**スルタン**の称号獲得
	宰相ニザーム＝アルムルク…**マドラサ**(学院)を建設、学問を奨励
	文化　ガザーリー…神学者、神秘主義(スーフィズム)を体系化
	ウマル＝ハイヤーム…『**ルバイヤート**』(四行詩集)、天文学
十字軍の襲来…セルジューク朝は有効に対処できず➡西アジアに十字軍国家が成立	
アイユーブ朝 (エジプト)	**サラーフ＝アッディーン**(クルド人)…ファーティマ朝を倒してエジプトを支配➡十字軍を撃破して**イェルサレム**奪回(1187)
フレグの率いるモンゴル軍がバグダード占領→アッバース朝滅亡(1258)	
イル＝ハン国	**フレグ**が建国した**モンゴル政権**　首都…タブリーズ
	ガザン＝ハン…イスラーム教改宗　**ラシード＝アッディーン**『集史』
マムルーク朝 (エジプト)	マムルークがアイユーブ朝を倒して建国(1250)、首都**カイロ**の繁栄
	バイバルス…十字軍を破り十字軍国家消滅、モンゴル軍の西進を阻止

| 文化 | イブン＝ハルドゥーン…『世界史序説』で為政者の腐敗を批判 |

❖**カーリミー商人**：アイユーブ朝・マムルーク朝の保護を受け香辛料を扱う交易に従事

②北アフリカ(マグリブ地方)・イベリア半島

ムラービト朝	**ベルベル人**が建国したイスラーム王朝　首都…マラケシュ
ムワッヒド朝	**レコンキスタ(国土回復運動)** に対抗してイベリア半島進出
ナスル朝	首都…**グラナダ→アルハンブラ宮殿**造営➡スペインにより滅亡(1492)

| 文化 | イブン＝ルシュド…アリストテレスの注釈　イブン＝バットゥータ『大旅行記』 |

①**ローマ＝カトリック教会**…西欧全体の普遍的権威、教皇を頂点に階層制組織を形成

クリュニー修道院	10世紀　聖職売買の禁止などを中心とした改革運動を推進
グレゴリウス7世	クリュニー改革推進➡**叙任権闘争**で皇帝**ハインリヒ4世**と対立
	➡皇帝を破門➡**カノッサの屈辱**(1077)…ハインリヒ4世の屈服
ヴォルムス協約(1122)…教皇と皇帝の妥協が成立→叙任権闘争の終結	
インノケンティウス	イギリス王ジョンやフランス王フィリップ2世らを破門
3世	→教皇権の絶頂…「教皇は太陽であり、皇帝は月である」

②十字軍の遠征とその影響

十字軍…イスラーム教徒の支配下にあった**イェルサレム**奪回をめざす軍事遠征	
背景	**三圃制**の普及などによる農業生産増大と人口増加➡ヨーロッパ拡大の動き
原因	**セルジューク朝**のアナトリア進出→ビザンツ皇帝が教皇に救援要請
	➡教皇**ウルバヌス2世**…**クレルモン宗教会議**で**十字軍派遣**を提唱(1095)
第1回	1096年に出発➡聖地を奪回して**イェルサレム王国**を建国(1099)
第3回	英王**リチャード1世**…サラーフ＝アッディーンと戦う→聖地回復失敗
第4回	**ヴェネツィア商人**が主導…**コンスタンティノープル**占領→ラテン帝国建国
第5回	神聖ローマ皇帝**フリードリヒ2世**…外交交渉によりイェルサレムを回復
第6・7回	仏王**ルイ9世**が主導…北アフリカ攻撃➡**アッコン陥落**(1291)＝十字軍終了

影響…教皇権の衰退、王権の伸長、東方貿易の繁栄、イスラーム文化の流入

③遠隔地貿易の発達➡2大商業圏の成立と都市の出現

北ヨーロッパ 商業圏	北ドイツ…**リューベック・ハンブルク**	海産物など(生活必需品)
	フランドル地方…ガン・ブリュージュ	**毛織物生産**
	イギリス…ロンドン	羊毛(フランドルへ輸出)
	シャンパーニュ地方…2つの商業圏を結び**定期市**で繁栄	
地中海商業圏	港市…**ヴェネツィア・ジェノヴァ**など	**香辛料**(奢侈品)←東方貿易
	内陸都市…ミラノ・フィレンツェ	**毛織物産業**・金融業

④中世都市…皇帝や国王から**特許状**を得て**自治権**を獲得

ギルド	自治運営の基礎となった同業組合→商人ギルド、**同職ギルド**(手工業者)
	同職ギルドに加入できたのは親方のみ→厳格な身分序列の存在
都市同盟	北イタリア…**ロンバルディア同盟**：神聖ローマ皇帝の南下に対抗
	北ドイツ…**ハンザ同盟**：**リューベック**を盟主に北ヨーロッパ商業圏支配
富豪の出現	**フィレンツェ**…メディチ家の支配　**アウクスブルク**…フッガー家の支配

Speed Check! ✓ イスラーム教の伝播と西ヨーロッパ封建社会の展開

❶ イスラーム教の諸地域への伝播

☑ ①10世紀半ば、中央アジアに成立した[¹　　　　　]は、最初のトルコ系イスラーム政権で、トルコ人のイスラーム化をうながし、**トルキスタン**が形成された。

☑ ②**アフガニスタン**に10世紀に建国された[²　　　　　]と、12世紀に建国された[³　　　　　]は、北インドへの侵入を繰り返した。インド最初のイスラーム政権は、1206年に[⁴　　　　　]が創始した[⁵　　　　　]である。この王朝以降、デリーを本拠地として北インドに興亡した5王朝を[⁶　　　　　]という。

☑ ③東南アジアは**ムスリム商人**の活動でイスラーム化が進行し、15世紀の鄭和遠征の拠点として発展した[⁷　　　　　]もイスラーム教を受容した。また16世紀までに、スマトラに**アチェ王国**、ジャワに**マタラム王国**というイスラーム国家が成立した。

☑ ④西アフリカの[⁸　　　　　]は、**サハラ縦断交易**で栄えたが、[⁹　　　　　]の攻撃によって衰退した。これをきっかけに西アフリカのイスラーム化が進み、13世紀に[¹⁰　　　　　]、15世紀には[¹¹　　　　　]が成立し、ニジェール川流域の**トンブクトゥ**は学問の中心として繁栄した。

☑ ⑤アフリカ東岸の**マリンディ・キルワ**などには、10世紀頃からムスリム商人が居住するようになり、アラビア語の影響を受けた[¹²　　　　　]が成立した。またインド洋交易で栄えた[¹³　　　　　]は、**大ジンバブエ遺跡**を残した。

❷ 西アジアの動向

☑ ①11世紀前半に[¹⁴　　　　　]を創始した[¹⁵　　　　　]はバグダード入城を果たし、カリフから**スルタン**の称号を授けられた。

☑ ②[¹⁴　]では各地に[¹⁶　　　　　](学院)が建設され、学問が奨励された。この王朝では、イスラーム神秘主義を体系化した神学者の**ガザーリー**や、『ルバイヤート』を著した科学者で詩人の[¹⁷　　　　　]などが活躍した。

☑ ③1169年、クルド系軍人[¹⁸　　　　　]はエジプトに[¹⁹　　　　　]を建てた。[¹⁸　]は十字軍を撃破し、**イェルサレム**を奪回した。

☑ ④1258年、**モンゴル人**[²⁰　　　　　]はバグダードを攻めてアッバース朝を滅ぼし、[²¹　　　　　]を建てた。第7代[²²　　　　　]はイスラーム教に改宗し、宰相**ラシード＝アッディーン**が『集史』を著した。

☑ ⑤1250年にアイユーブ朝の奴隷軍団が自立して[²³　　　　　]を建国した。第5代**バイバルス**は十字軍を撃退し、モンゴル勢力の西進も阻止した。首都**カイロ**は経済的に繁栄し、王朝に保護された[²⁴　　　　　]が交易で活躍した。都市的な文化も花開き、[²⁵　　　　　]は『世界史序説』を著した。

☑ ⑥マグリブ地方のベルベル人は、11世紀半ばに[⁹　]、12世紀前半には[²⁶　　　　　]を建国し、**レコンキスタ(国土回復運動)**に対抗してイベリア半島に進出した。[²⁶　]の時代には、アリストテレスの著作への注釈で知られる[²⁷　　　　　]が活躍した。

☑ ⑦13世紀前半に建国された[²⁸　　　　　]は、首都**グラナダ**に[²⁹

]を造営した。この王朝は、1492年にスペインによって滅ぼされた。

❸ 西ヨーロッパの封建社会とその展開

☐ ①世俗権力の影響を受けた**ローマ＝カトリック教会**では、聖職売買などの弊害がみられたため、10世紀以降〔30　　　　　　　　　　　〕を中心に改革運動がおこった。

☐ ②11世紀に教皇〔31　　　　　　　　　〕は教会改革を推進すると同時に、皇帝と**叙任権闘争**を展開し、1077年には〔32　　　　　　　　　　　〕で**ハインリヒ4世**を屈服させた。この闘争は、1122年の〔33　　　　　　　　　　〕で終結した。

☐ ③教皇権は、13世紀初め〔34　　　　　　　　　　　　　　　〕時代に絶頂に達した。

☐ ④十字軍とは聖地〔35　　　　　　　　〕の奪回をめざす運動で、その背景には西欧における〔36　　　　　　　　〕の普及などによる農業生産増大と人口増加があった。

☐ ⑤11世紀、〔 14 〕のアナトリア進出に脅かされていたビザンツ皇帝からの援助要請を受けた教皇〔37　　　　　　　　　　　〕は、1095年に〔38　　　　　　　　　　　〕を開き、聖地イェルサレム奪回のための**十字軍派遣**を提唱した。

☐ ⑥第1回十字軍は聖地奪回に成功し、1099年に〔39　　　　　　　　　　　　　〕を建てたが、その後イスラーム勢力の反撃にあった。そこで第3回十字軍が派遣されたが、**リチャード1世**がアイユーブ朝の〔 18 〕に敗れ、聖地回復に失敗した。

☐ ⑦第4回十字軍は、〔40　　　　　　　　〕商人に主導され、**コンスタンティノープル**を占領して〔41　　　　　　　　　〕を建設した。その後、第5回十字軍を率いた**フリードリヒ2世**は、外交交渉により一時イェルサレムを回復した。

☐ ⑧**ルイ9世**が率いた第6・7回十字軍も聖地回復に至らず、1291年にマムルーク朝の攻撃により最後の拠点〔42　　　　　　　　〕が陥落して、十字軍は終了した。

☐ ⑨十字軍の影響で交通路が発達すると、〔43　　　　　　　〕で栄える都市も現れた。この貿易は、まず地中海商業圏で発達し、〔 40 〕・**ジェノヴァ**などの港市は東方貿易で運ばれた〔44　　　　　　　〕などの取引で、また**ミラノ**・〔45　　　　　　　　　〕などの内陸都市は**毛織物産業**や**金融業**で栄えた。

☐ ⑩北ヨーロッパ商業圏では、海産物などの取引で北ドイツの〔46　　　　　　　　　　〕や**ハンブルク**などが、また**毛織物生産**で〔47　　　　　　　　　　〕のガン・ブリュージュなどが栄えた。さらに地中海・北ヨーロッパの2つの商業圏を結ぶ〔48　　　　　　　　　〕には多くの商人が集まり、大規模な**定期市**が開催された。

☐ ⑪中世都市は皇帝・国王から**特許状**を得て〔49　　　　　　　〕を獲得し、封建領主の支配から自立した。都市内部では11世紀頃より同業組合である〔50　　　　　　　　〕が成立し、自治運営の基礎となった。商人は商人ギルド、手工業者は**同職ギルド**を結成した。

☐ ⑫中世都市は、北イタリアで結成された〔51　　　　　　　　　　　　〕や、北ドイツ諸都市が**リューベック**を盟主に結成した〔52　　　　　　　　　　〕などの都市同盟を結成した。また中世後期には、**フィレンツェ**の〔53　　　　　　　　　　〕や**アウクスブルク**の〔54　　　　　　　　　　　〕のような富豪により支配される都市もみられた。

◆ ステップ・アップ・テスト（文の正誤を○×で判定しよう）

☐ ①アルハンブラ宮殿は、セルジューク朝によって建てられた。（19年本B）

☐ ②イェルサレムは、第4回十字軍によって占領された。（18年本B）

東ヨーロッパ世界の展開と西ヨーロッパ世界の変容

Point ❶ビザンツ帝国の展開とスラヴ人の国家　❷封建社会と教皇権の衰退　❸英仏を中心とした西ヨーロッパ各国の動き　❹中世のキリスト教文化

① 東ヨーロッパ世界の展開

①ビザンツ帝国の統治と衰退

6〜7世紀	**ランゴバルド**の侵入、東方はイスラーム教徒の攻撃…帝国の支配圏縮小
ヘラクレイオス1世	**テマ制**（軍管区制）…地方の体制整備、**屯田兵制**➡自作農増加
	ラテン語にかわり**ギリシア語**を公用語とする
プロノイア制（11世紀）…軍役の見返りに貴族に土地を与える➡貴族の大土地所有拡大	
第4回十字軍	コンスタンティノープル占領➡**ラテン帝国建設**(1204)
ビザンツ帝国滅亡	**オスマン帝国**の攻撃➡コンスタンティノープル陥落(1453)

②スラヴ人の活動…原住地：カルパティア山脈北方➡東・南・西スラヴにわかれて移動

東スラヴ（ロシア）	**キエフ公国**…**ウラディミル1世**：**ギリシア正教**に改宗(10世紀)
	➡**モンゴル**による支配…バトゥ：キプチャク＝ハン国の建設
	➡**モスクワ大公国**…**イヴァン3世**：モンゴルから自立、**ツァーリ**の称号
南スラヴ	**セルビア人**…ギリシア正教を受容、バルカン半島北部を支配(14世紀前半)
	クロアティア人・スロヴェニア人…カトリックを受容
西スラヴ	**ポーランド人**…カトリックを受容、カジミェシュ大王のもとで繁栄
	➡ヤゲウォ朝リトアニア＝ポーランド王国の形成(14世紀)
	チェック人…ベーメン王国形成(10世紀)➡神聖ローマ帝国に編入(11世紀)

❖非スラヴ系…**ブルガール人**：ブルガリア帝国(7世紀)➡ギリシア正教に改宗

　　　　　　マジャール人：ハンガリー王国(10世紀末)➡カトリックを受容

② 西ヨーロッパ世界の変容

①封建社会と教皇権の衰退

農奴解放	貨幣経済の普及と**黒死病**流行➡農民の地位向上➡**農奴解放**＝荘園制崩壊
封建反動	領主による自立した農民に対する支配の再強化→農民一揆の原因となる
	…ジャックリーの乱（フランス）、**ワット＝タイラーの乱**（イギリス）
騎士の没落	戦術の変化…火砲の発明➡騎士の地位を弱め、没落をうながす
教皇権の衰退	仏王フィリップ4世…聖職者への課税で**ボニファティウス8世**と対立
	➡**アナーニ事件**(1303)…教皇ボニファティウス8世が捕らえられる
	➡教皇庁をアヴィニョンに移転…**「教皇のバビロン捕囚」**(1309〜77)
	➡**教会大分裂（大シスマ）**　❖**ウィクリフ・フス**による教会批判
	➡**コンスタンツ公会議**(1414〜18)…**教会大分裂の解消、フスの処刑決定**

②イギリス…ウィリアム1世がノルマン朝創始(1066)：例外的に王権が強い

ヘンリ2世	**プランタジネット朝**を創始(1154)…フランス西半部を領有
ジョン王	仏王**フィリップ2世**に敗北➡**マグナ＝カルタ**(大憲章)承認(1215)
ヘンリ3世	大憲章を無視➡**シモン＝ド＝モンフォールの乱**→国政を協議
エドワード1世	**模範議会**の招集(1295)…議会は14世紀半ばに上院と下院にわかれる

③フランス…カペー朝は北フランスの一部を領有するのみ：大諸侯の勢力が強い

フィリップ2世	**ジョン王**と戦い国内のイギリス領の大半を奪う
ルイ9世	南フランスの異端**アルビジョワ派**(カタリ派)を征服
フィリップ4世	教皇ボニファティウス8世と対立→全国三部会の招集(1302)

④**百年戦争**(1339~1453)…イギリスとフランスの領土とフランス王位をめぐる戦争

原因	**フランドル地方**(毛織物産地)と**ギエンヌ地方**をめぐる対立
	フランスに**ヴァロワ朝**成立➡英王**エドワード3世**がフランス王位継承権を主張
経過	イギリスの優勢…エドワード黒太子の活躍➡フランスが形勢逆転➡**ジャンヌ＝ダルク**の登場➡フランスの勝利(1453)…イギリスの大陸領は**カレー**のみが残る
戦後	フランス…国王**シャルル7世**による財政再建➡中央集権化が急速に進行
	イギリス…**バラ戦争**(1455~85)：ランカスター・ヨーク両家の王位継承の内乱
	➡**ヘンリ7世**の即位：テューダー朝の成立

⑤イベリア半島・ドイツ・イタリア・北ヨーロッパ

イベリア半島	**レコンキスタ**(国土回復運動)➡**スペイン王国**成立(1479)
	ポルトガル…ジョアン2世のもとで大航海時代の幕開けを準備
ドイツ	「**大空位時代**」(1256~73)➡「**金印勅書**」の発布…**カール4世**(皇帝選出権を七選帝侯に認める)➡**ハプスブルク家**が皇帝位を独占
北イタリア	神聖ローマ帝国の介入→**教皇党**(ゲルフ)と**皇帝党**(ギベリン)の対立
北欧3国	**カルマル同盟**結成(1397)…**デンマーク**の摂政マルグレーテが主導

３ 中世西ヨーロッパ文化

| **特徴** | キリスト教文化…最高の学問：**神学**／国際的共通語：**ラテン語** |

| 修道院…聖職者の世俗を離れた修行の場➡学問・教育・農業技術の発展に貢献 |

ベネディクト修道会	**ベネディクトゥス**がイタリアのモンテ＝カシノに設立(6世紀)
	→戒律…清貧・純潔・服従、「祈り、働け」の実践
シトー修道会	12~13世紀の耕地拡大(**大開墾時代**)の先頭に立つ
托鉢修道会	**フランチェスコ修道会**や**ドミニコ修道会**
	…民衆のなかに入って活動し、布教・外交・教育などで活躍
スコラ学	普遍論争…**実在論**(アンセルムス)と**唯名論**(アベラール)の対立
	❖12世紀ルネサンス…イスラーム圏などからギリシア古典が流入
	→**トマス＝アクィナス**…スコラ学を大成、『神学大全』『哲学大全』
	ロジャー＝ベーコン…実験を重視して近代科学への道を開く
大学	特許状により学問の自由を認められた一種のギルド
	ボローニャ大学…法学 **パリ大学**…神学 **サレルノ大学**…医学
	オクスフォード大学・ケンブリッジ大学…学寮(コレッジ)制をもとに発達
教会建築	**ロマネスク様式**…厚い石壁と小さな窓：**ピサ大聖堂**など
	ゴシック様式…尖頭アーチと高い塔、ステンドグラス：**ケルン大聖堂**など
文学	騎士道物語…『**ローランの歌**』『**ニーベルンゲンの歌**』『**アーサー王物語**』
	吟遊詩人…宮廷をめぐり歩いて騎士の恋愛などを叙情詩にうたう

Speed Check! ✓ 東ヨーロッパ世界の展開と西ヨーロッパ世界の変容

❶ 東ヨーロッパ世界の展開

☐ ①6～7世紀のビザンツ帝国では、**ランゴバルド**の侵入や東方からのイスラーム教徒の攻撃を前に〔¹   〕（軍管区制）が導入され、**屯田兵制**による帝国の基盤となる自作農の創設がはかられた。この頃帝国では〔²   〕が公用語とされた。

☐ ②11世紀以降、ビザンツ帝国では中央集権を維持するため、貴族に軍役の見返りとして土地を与える〔³   〕が導入された。しかし13世紀初めに**第4回十字軍**が都を奪って〔⁴   〕を建設するなど混乱は続き、ついに1453年、〔⁵   〕によってコンスタンティノープルが陥落し、帝国は滅亡した。

☐ ③東スラヴ人が住むロシアに建てられた**キエフ公国**は、**ギリシア正教**に改宗した〔⁶   〕の治世に最盛期を迎えた。ロシアは13世紀以降は**モンゴル**に支配されたが、15世紀に台頭した〔⁷   〕の**イヴァン3世**はモンゴルの支配から脱し、ローマ皇帝の後継者を自任して**ツァーリ**の称号を用いた。

☐ ④南スラヴ人のうち、〔⁸   〕はギリシア正教を受容し、バルカン半島北部を支配した。一方、**クロアティア人**や**スロヴェニア人**はカトリックを受容した。

☐ ⑤西スラヴ人のうち、**ポーランド人**は〔⁹   〕を受容し、14世紀には〔¹⁰   〕リトアニア＝ポーランド王国を形成した。また**チェック人**がつくった〔¹¹   〕は、11世紀には神聖ローマ帝国に編入された。

☐ ⑥非スラヴ系諸民族のうち、ブルガリア帝国を建てた**ブルガール人**はギリシア正教に改宗し、ハンガリー王国を建てた〔¹²   〕は〔 ⁹ 〕を受容した。

❷ 西ヨーロッパ世界の変容

☐ ①貨幣経済の進展や〔¹³   〕の流行を背景に農民の地位は向上し、〔¹⁴   〕が進んで荘園制は解体へと向かった。一方、困窮した領主のなかには農民への支配を強化する者もあり、これがフランスの〔¹⁵   〕やイギリスの〔¹⁶   〕などの農民一揆の原因となった。

☐ ②フランス王〔¹⁷   〕と聖職者への課税をめぐって争った教皇〔¹⁸   〕は、**アナーニ事件**で捕らえられた。その後、1309年に教皇庁は〔¹⁹   〕に移され、「**教皇のバビロン捕囚**」が始まった。

☐ ③1378年以降〔 ¹⁹ 〕とローマに教皇が立ち、〔²⁰   〕（大シスマ）となった。この頃**ウィクリフ**や〔²¹   〕による教会批判も激しくなったため、1414年から〔²²   〕が開かれ、〔 ²⁰ 〕の解消と〔 ²¹ 〕の処刑が決定された。

☐ ④イギリスでは、ノルマン朝の断絶後、**ヘンリ2世**が〔²³   〕を創始した。この時イギリスはフランス西半部に広大な領土を獲得したが、〔²⁴   〕は**フィリップ2世**との戦いに敗れ、多くの領土を失った。1215年に貴族たちは、失政を重ねる国王に〔²⁵   〕（大憲章）を認めさせた。

☐ ⑤ジョン王の子〔²⁶   〕は大憲章を無視したため、貴族たちは〔²⁷   〕を中心に反乱をおこし、1265年に国政を協議した。その後95年に**エドワード1世**は**模範議会**を招集した。

☑ ⑥フランスでは[²⁸   ]が**ジョン王**を破って領土の大半を奪回し、[²⁹   ]は**アルビジョワ派**(カタリ派)を征服して領地の拡大を果たした。

☑ ⑦カペー朝断絶後、フランスに[³⁰   ]が成立すると、イギリス王[³¹   ]はフランス王位継承権を主張した。また毛織物の産地である[³²   ]をめぐる対立などを原因として、**百年戦争**が始まった。最初はフランスが劣勢であったが、[³³   ]の登場を契機にフランスが形勢を逆転し、イギリスは[³⁴   ]以外の大陸領をすべて失った。

☑ ⑧百年戦争後のフランスでは、国王[³⁵   ]が財政再建を進めた。一方イギリスでは、ランカスター・ヨーク両家の王位継承をめぐる内乱である[³⁶   ]を経て、1485年に**ヘンリ７世が**[³⁷   ]を開いた。

☑ ⑨イベリア半島では８世紀以降、キリスト教徒が[³⁸   ](国土回復運動)を進め、1479年には**スペイン王国**が成立した。またポルトガルでは、15世紀後半に国王[³⁹   ]のもとで大航海時代の幕開けへの準備が進んだ。

☑ ⑩神聖ローマ帝国では13世紀半ばに「[⁴⁰   ]」が続いたため、1356年に**カール４世**が「[⁴¹   ]」を発布し、皇帝選出権を七選帝侯に認めた。こののち15世紀前半からは、[⁴²   ]が皇帝位を独占した。また北イタリア諸都市では、イタリア政策を進める神聖ローマ皇帝の介入を背景に、[⁴³   ](ゲルフ)と[⁴⁴   ](ギベリン)の対立が続いた。

☑ ⑪デンマーク・ノルウェー・スウェーデンの北欧３国は、1397年に**デンマーク**の摂政マルグレーテの主導で[⁴⁵   ]を結成し、ハンザ同盟に対抗した。

❸ 中世西ヨーロッパ文化

☑ ①中世西欧世界では**神学**が最高の学問で、[⁴⁶   ]が国際的な共通語であった。こうした文化の発展に貢献したのが修道院で、６世紀に**ベネディクトゥス**がモンテ＝カシノに開いた[⁴⁷   ]に始まる。また12世紀以降の**大開墾時代**の先頭に立ったのも、[⁴⁸   ]などの修道院であった。

☑ ②13世紀は**フランチェスコ修道会**や**ドミニコ修道会**など、都市に活動基盤をおいた[⁴⁹   ]が布教・外交・教育で活躍した時代であった。

☑ ③中世の神学は[⁵⁰   ]に発展し、アンセルムスの**実在論**とアベラールの**唯名論**が対立した普遍論争を経て、12世紀ルネサンスでギリシア古典が流入したことを背景に、[⁵¹   ]がスコラ学を大成した。

☑ ④中世の大学には、法学で有名なイタリアの[⁵²   ]のほか、医学で有名な[⁵³   ]や神学で有名なフランスの**パリ大学**などがある。

☑ ⑤教会建築は**ピサ大聖堂**に代表される[⁵⁴   ]から、**ケルン大聖堂**に代表される[⁵⁵   ]へ変化した。文学では『**ローランの歌**』・『**ニーベルンゲンの歌**』・『**アーサー王物語**』などの[⁵⁶   ]が成立した。

◀ ステップ・アップ・テスト(文の正誤を○×で判定しよう) ▶

☑ ①ビザンツ帝国で、公用語としてアラビア語が採用された。(20年本B)

☑ ②ウィリアム１世が、フランス王位継承権を主張して百年戦争を始めた。(20年本B)

Summary　東アジア諸地域の自立化とモンゴル帝国

Point ❶唐末～五代の東アジアの勢力交替　❷宋代の政治・社会・文化　❸モンゴル帝国と元の中国支配　❹モンゴル帝国と東西交流　❺ティムール朝の興亡

① 東アジアの勢力交替

	唐末～五代…中国の支配が緩み、東アジアの諸政権がいっせいに交替
キタイ （契丹・遼）	耶律阿保機による建国、**渤海**を征服➡後晋の建国援助…**燕雲十六州**を獲得 ➡**澶淵の盟**(1004)…宋から絹・銀を贈られる➡宋と金により滅亡(1125) ❖**二重統治体制**…遊牧社会：**部族制**／農耕社会：**州県制**　契丹文字の作成
西夏	**タングート**の王朝、中国西部で**中継貿易**による繁栄、**西夏文字**の作成
朝鮮半島	新羅➡**高麗**…**王建**が建国、都…**開城**、『**大蔵経**』、高麗青磁、金属活字
雲南	南詔➡**大理**…仏教文化を継承して発展させる
ベトナム	10世紀に中国の支配から独立➡**大越**(**李朝**)(11世紀)…首都：ハノイ
日本	遣唐使が停止(894)➡国風文化…仮名文字・大和絵

② 宋と金

宋(北宋)	…趙匡胤(太祖)による建国　都…**開封**➡太宗…中国の主要部分を統一	
文治主義	節度使を廃止して武断政治の風潮をおさえる→皇帝の親衛軍を強化	
新法	**科挙**の整備…殿試の創設：皇帝自らが試験官となる科挙の最終試験	
	❖**形勢戸**…新興地主層、科挙を通じて勢力を伸張→佃戸(小作人)を支配	
	キタイ・西夏などの圧迫による防衛費の増大➡国家財政の窮乏	
	➡神宗…宰相に**王安石**を登用：**新法**(政治改革)を断行(11世紀後半)	

青苗法	農民へ低利で融資	市易法	中小商人へ低利で融資
均輸法	物価と流通の安定をめざす	募役法	免役銭を徴収し希望者を雇用
保甲法	兵農一致の強兵策	保馬法	軍馬の確保と飼育費の軽減

	新法党と**旧法党**(中心…**司馬光**)の対立→宋の政治は混乱
金	ツングース系**女真**の王朝、建国者…**完顔阿骨打**➡宋と結んでキタイを滅ぼす
	➡華北に侵入して開封を占領、北宋を滅ぼす…**靖康の変**(1126～27)
	猛安・謀克…女真やキタイに適用された軍事・社会制度　女真文字の作成
南宋	江南に逃れた**高宗**が宋を再興　都…**臨安**
	主戦派の岳飛と**和平派**の秦檜の対立➡和平派勝利…金との国境を**淮河**に

③ 宋代の社会・経済と文化

①社会・経済…商業に対する規制緩和➡黄河と大運河を結ぶ開封を中心に商業網発達

商業の発展…開封などの商業都市の誕生(「**清明上河図**」…開封の商業的繁栄を描く)
　　　　　→**行**(商人)・**作**(手工業者)などの同業組合、城壁外にも**草市**・**鎮**が誕生
❖紙幣(**交子**・**会子**)・銅銭の流通　❖広州・泉州などの港の繁栄…**市舶司**の設置
江南の開発…長江下流域が穀倉地帯に成長：「**蘇湖熟すれば天下足る**」、**占城稲**導入
②宋代の文化…**士大夫**が担う：儒学の教養を身につけた知識層

儒学	**宋学**…周敦頤(北宋)➡**朱熹**(南宋)…**朱子学**：四書の重視、大義名分論
	❖四書：『大学』『中庸』『論語』『孟子』　❖陸九淵…朱熹を批判➡陽明学へ

歴史学	司馬光『**資治通鑑**』…編年体	文学	欧陽脩・蘇軾…詩文　詞・雑劇の流行
技術	三大発明…**火薬・羅針盤・印刷術**(木版印刷の普及)　陶磁器…青磁・白磁		

宗教　仏教…**禅宗**　道教…**全真教**：王重陽が開く(金支配下の華北で流行)

４ モンゴルの大帝国

①モンゴル帝国の形成と元の中国支配

キタイの滅亡➡中央アジアにカラキタイ(西遼)建国→遊牧諸勢力が再編の動き	
大モンゴル	**テムジン**…**クリルタイ**でカンに即位：**チンギス＝カン**(1206)
国の成立	➡**ホラズム＝シャー朝**、**西夏**征服　❖軍事・行政組織…**千戸制**
征服活動	第2代オゴデイ…**金**の征服(1234)、**カラコルム**に都を建設
↓	**バトゥ**…**ワールシュタットの戦い**に勝利➡**キプチャク＝ハン国**を建設
モンゴル	**フレグ**…バグダード占領し**アッバース朝**を滅ぼす→**イル＝ハン国**を建設
帝国	中央アジアには**チャガタイ＝ハン国**を建設
元の成立	第5代**クビライ**…**大都**(北京)に遷都➡国号…中国風に**元**と改称(1271)
	➡**南宋**を滅ぼして中国全土を支配
元の遠征	高麗を服属➡**日本への遠征**(1274・81)→失敗
	東南アジア…ビルマ遠征→**パガン朝滅亡**　ベトナム遠征→**陳朝**が撃退
	ジャワ遠征→ジャワ勢力が排除→**マジャパヒト王国**成立
	➡軍事遠征終了後も東南アジアなどで中国商人やムスリム商人と交易
元の統治	支配階級…**モンゴル人**：西域出身の**色目人**を財務官僚として登用
	被支配階級…**漢人**(旧金支配下の人々)、**南人**(旧南宋支配下の人々)
	銀経済を紙幣(**交鈔**)で補完、チベット仏教の流行、パクパ文字の作成
	文化　元曲(戯曲)　イスラームの天文学の影響➡**郭守敬**が授時暦作成
	景徳鎮で**染付**(西方由来のコバルトを用いた陶磁器)が誕生
元の滅亡	元…交鈔の濫発➡**紅巾の乱**(1351〜66)→モンゴル高原に後退

②モンゴル支配下のユーラシア…陸と海のネットワークの結合→東西交流が盛ん

駅伝制の整備…ムスリム商人がアジア〜ヨーロッパの陸路貿易で活躍	
大運河の補修と新運河建設、海運の発達…大都〜江南への交通路の整備	
プラノ＝カルピニ	教皇の使節としてカラコルムを訪問
ルブルック	フランス王ルイ9世の使節としてカラコルムを訪問
モンテ＝コルヴィノ	大都の大司教となり、中国にはじめて**カトリック**を布教
マルコ＝ポーロ	ヴェネツィア商人、大都でクビライに仕える、『**世界の記述**』
イブン＝バットゥータ	イスラーム教徒の旅行家、『**大旅行記**』(『三大陸周遊記』)

５ ティムール朝の興亡

ティムール	西チャガタイ＝ハン国出身➡**ティムール朝**を創始(1370)
	首都…**サマルカンド**　中央アジアから領土を広げ、イラン・イラクを併合
	アンカラの戦い(1402)…オスマン軍を撃破し、バヤジット1世を捕虜に
	明の討伐をめざして東方遠征へ出発➡ティムールの病死
滅亡	ティムール朝の分裂➡トルコ系の**遊牧ウズベク**により滅亡

文化　**ウルグ＝ベク**…天文台の建設：天文学や暦法の発達

Speed Check! 東アジア諸地域の自立化とモンゴル帝国

❶ 東アジアの勢力交替

☑ ①唐末から五代にかけて東アジアでは諸政権がいっせいに交替した。モンゴル高原では[¹　　　]がキタイ（契丹、遼）を統一し、926年には渤海を滅ぼした。その後936年に燕雲十六州を獲得し、1004年には宋と[²　　　]を結んだ。

☑ ②キタイは、遊牧社会には部族制、農耕社会には州県制を採用する[³　　　]をしき、また[⁴　　　]をつくって民族の独自性を保った。

☑ ③中国西北部では、チベット系タングートが西夏を建国した。西夏は中継貿易で繁栄し、漢字の構造をまねた[⁵　　　]をつくり、仏典などを翻訳した。

☑ ④朝鮮半島には新羅にかわって王建が[⁶　　　]を建国し、都を開城に定めた。雲南には南詔にかわって[⁷　　　]が成立した。また10世紀に中国の支配を脱したベトナムは、11世紀に李朝のもとで[⁸　　　]と称した。

❷ 宋と金

☑ ①960年、後周の武将[⁹　　　]（太祖）が都を[¹⁰　　　]において宋（北宋）を建国し、次の太宗が中国の主要部を統一した。太祖は武断政治を[¹¹　　　]に改め、節度使を廃止して皇帝の親衛軍を強化した。また科挙に皇帝自らが審査する[¹²　　　]を加えるなど、皇帝専制政治の確立につとめた。

☑ ②キタイや西夏の侵入に苦しんだ宋では、宰相となった[¹³　　　]が財政再建と富国強兵をめざして新法を断行した。この改革は地主や大商人の既得権を侵害したため、北宋末まで新法党と[¹⁴　　　]などの旧法党との争いが続いた。

☑ ③遼の支配下にあったツングース系女真は、12世紀初めに[¹⁵　　　]のもとで金を建国した。金は宋と協力してキタイを滅ぼした後、開封を占領して皇帝の欽宗らを捕虜とした。これが[¹⁶　　　]である。金は女真を[¹⁷　　　・　　　]という軍事・社会制度によりおさめ、民族固有の[¹⁸　　　]を作成した。

☑ ④北宋の滅亡後、江南に逃れた高宗は[¹⁹　　　]を都に宋を再興した。南宋では金への対応をめぐり[²⁰　　　]らの主戦派と[²¹　　　]らの和平派が対立したが、金に臣下の礼をとって和議を結び、[²²　　　]を国境とした。

❸ 宋代の社会・経済と文化

☑ ①北宋の都の開封は「[²³　　　]」にも描かれた商業都市であった。

☑ ②宋代には商業の発展がめざましく、城壁外や交通の要地には商業の中心地となる[²⁴　　　・　　　]が誕生した。都市では商人が行、手工業者が作という同業組合をつくり、[²⁵　　　・　　　]という紙幣も流通した。また民間の貿易も発展し、広州・泉州などの港には[²⁶　　　]が設置され、海上貿易を管理した。

☑ ③宋代には江南の開発が進み、長江下流域に日照りに強い占城稲も導入された結果、この地は「[²⁷　　　]」といわれる一大穀倉地帯となった。

☑ ④宋の文化の担い手は[²⁸　　　]と呼ばれる儒学の教養を身につけた知識層であった。宋代の儒学である宋学は、南宋の[²⁹　　　]によって大成されたため朱子学とも呼ばれる。これを批判した陸九淵の思想は、のちに陽明学へと発展した。

☑ ⑤歴史学では[¹⁴]が最初の編年体通史である『資治通鑑』を著した。また[³⁰   ・

・   ]の三大発明は、後世に大きな影響を与えた。

☑ ⑥宋代の仏教では、内面をきびしくかえりみる禅宗が[²⁸]層を中心に支持された。また金統治下の華北で、王重陽が道教の一派である[³¹   ]を開いた。

❹ モンゴルの大帝国

☑ ①12世紀初めにモンゴル高原で台頭したテムジンは、1206年に[³²   ]でカン位について[³³   ]となった。この時代、モンゴル軍は[³⁴   ]を滅ぼし、西夏を征服した。

☑ ②第2代[³⁵   ]は、1234年に金を征服し、モンゴル高原のカラコルムを都に定めた。この時代に[³⁶   ]はワールシュタットの戦いで勝利し、中央ユーラシア西部に[³⁷   ]を建てた。

☑ ③1258年に[³⁸   ]は、バグダードを占領してアッバース朝を滅ぼし、[³⁹   ]を建てた。これらに中央アジアの[⁴⁰   ]や中国の元を加え、ユーラシアにまたがるモンゴル帝国が形成された。

☑ ④第5代[⁴¹   ]は、[⁴²   ]に都を移し、国号を中国風に元と改めた。その後、元は[⁴³   ]を滅ぼし、中国全土を統一した。

☑ ⑤元は朝鮮半島の[⁶]を足場に日本に遠征したが、失敗した。またビルマ遠征後に[⁴⁴   ]は滅亡したが、ベトナム遠征は[⁴⁵   ]に撃退され、ジャワ遠征にも失敗した。これらの遠征終了後も、元は各地で交易を続けた。

☑ ⑥元の支配階級はモンゴル人で、西域出身の[⁴⁶   ]は財務官僚として重用された。また旧金支配下の人々は漢人、旧南宋支配下の人々は南人と呼ばれた。元代の中国には銀経済が広まり、不足を[⁴⁷   ]と呼ばれる紙幣が補完した。

☑ ⑦元代にイスラームの天文学の影響を受けた郭守敬によって授時暦が作成された。また景徳鎮では、西方由来のコバルトを用いた[⁴⁸   ]が誕生した。

☑ ⑧14世紀半ば[⁴⁹   ]などの反乱により、元はモンゴル高原に退いた。

☑ ⑨モンゴル支配下のユーラシアでは、陸上交通路で[⁵⁰   ]が整備されたことなどにより、東西交流が盛んとなった。[⁵¹   ]は中国ではじめてカトリックを布教し、『世界の記述』を口述した[⁵²   ]や『大旅行記』（『三大陸周遊記』）を著した[⁵³   ]も元を訪れた。

❺ ティムール朝の興亡

☑ ①1370年に西チャガタイ＝ハン国出身の[⁵⁴   ]はティムール朝を建国し、[⁵⁵   ]を都とした。その後、イラン・イラクを併合した[⁵⁴]は、1402年の[⁵⁶   ]でオスマン帝国を破った。彼の死後、王朝は分裂し、16世紀初め[⁵⁷   ]によって滅ぼされた。

☑ ②15世紀半ば、君主の[⁵⁸   ]が建設した天文台を中心に天文学が発達した。

◆ ステップ・アップ・テスト（文の正誤を○×で判定しよう）

☑ ①女真は、猛安・謀克という軍事・社会制度を用いた。（22年本B）

☑ ②ジャワは、チンギス＝ハン（カン）が送った軍の遠征を受けた。（20年追B）

Summary > アジア交易世界の興隆とヨーロッパの海洋進出

Point ❶洪武帝と永楽帝のおもな業績　❷明の朝貢世界と明の滅亡　❸東南アジア諸地域の動向　❹ヨーロッパの海洋進出（大航海時代）　❺世界の一体化

❶ アジア交易世界の興隆

①明初の政治

洪武帝	**紅巾の乱**で頭角を現す➡**明**を建国（1368）　都…**南京**
（朱元璋）	**皇帝独裁の強化**…一世一元、**中書省**の廃止
	農民支配…**里甲制**、賦役黄冊（租税台帳）・魚鱗図冊（土地台帳）、六諭
	軍制…衛所制：民戸と軍戸に戸籍を区分　朱子学の官学化
建文帝が諸王の勢力削減➡**靖難の役**（1399～1402）…**永楽帝**の即位	
永楽帝	対モンゴル政策…**北京**への遷都、モンゴルへ遠征
	鄭和の南海遠征…マラッカを拠点にアフリカ東岸の**マリンディ**に到達

②明の朝貢世界とその滅亡

明の交易…**海禁**（民間の海上交易を許さず）→政府の管理する**朝貢貿易**を推進	
琉球	**中山王**による統一（15世紀初）➡東シナ海と南シナ海を結ぶ貿易の要に
マラッカ	鄭和の遠征をきっかけに発展➡東南アジア最大の貿易拠点に成長
朝鮮	**李成桂**（倭寇討伐に活躍）による建国（1392）、都…**漢城**（現在のソウル）
	科挙の採用➡両班の台頭、第4代**世宗**…**訓民正音**（ハングル）の制定
日本	15世紀　足利義満…明と勘合貿易開始
ベトナム	明の永楽帝が一時併合➡黎朝（15世紀）…明の制度を導入、朱子学を振興
北虜南倭…北からモンゴル勢力、沿岸部は倭寇が交易を求めて侵入（15世紀半～）	
モンゴル	**オイラト**…**土木の変**（1449）➡タタール…**アルタン＝ハーン**が北京包囲（1550）
倭寇	16世紀　倭寇の活動激化…王直らの活動➡明は**海禁政策**を緩和
明の滅亡	豊臣秀吉の朝鮮侵攻…明は援軍を派遣、中国東北部での**女真**の台頭
	➡軍事費の増大による財政難➡**万暦帝**時代…張居正が財政再建をはかる
	➡官僚たちの反発→東林派と非東林派の党争による政治混乱
	李自成を指導者とした農民反乱→明の滅亡（1644）
社会	長江下流域…家内制手工業（**綿織物**、**生糸**）の発達➡**綿花**、**桑**の栽培が盛んに
	➡穀倉地帯…長江中流域に移動：「**湖広熟すれば天下足る**」
	陶磁器…赤絵・染付：景徳鎮での生産→生糸と並んで重要な輸出品となる
	特権商人の活躍…**山西商人**・**徽州商人**　都市には**会館**・**公所**の設立
	日本銀・メキシコ銀の流入➡税制…**一条鞭法**：税や労役を銀に一本化して納入
	❖郷紳：地方の名士として勢力をもった科挙の合格者や官僚経験者
文化	儒学…朱子学の形式化➡陽明学…**王守仁**（王陽明）：知行合一、実践の重視
	庶民文学の普及…『三国志演義』『水滸伝』『西遊記』『金瓶梅』：四大奇書
	実学…李時珍『**本草綱目**』：薬物の解説書／徐光啓『**農政全書**』：農業技術書
	宋応星『**天工開物**』：絵入りの産業技術書
	❖イエズス会宣教師の活躍…マテオ＝リッチ「**坤輿万国全図**」『幾何原本』

③東南アジアの動向

ビルマ	**パガン朝**(11世紀)➡**タウングー朝**(16世紀)┐ 米や鹿皮などの特産物交易で
タイ	**スコータイ朝**(13世紀)➡**アユタヤ朝**(14世紀)┘ 繁栄を続ける
諸島部	16世紀　ヨーロッパ勢力の進出➡**マラッカ王国**をポルトガルが占領(1511)
	→ムスリム商人は拠点を移動させて対抗…新たな交易中心地の発展
	❖**アチェ王国**(スマトラ島)・**マタラム王国**(ジャワ島)…香辛料貿易
	16世紀後半　スペインがフィリピンの植民地化を進める
	→拠点…マニラ：ガレオン船によってメキシコのアカプルコと結ばれる

❷ ヨーロッパの海洋進出とアメリカ大陸の変容

①背景	『世界の記述』…マルコ＝ポーロ➡豊かなアジアの富や文化への関心
	アジア特産の香辛料に対する要求やキリスト教の海外布教をめざす意欲
	遠洋航海を可能にする技術の開発…羅針盤の改良、快速帆船の普及

②ポルトガル…エンリケ、ジョアン2世のもとでインド航路の開拓をめざす

「航海王子」エンリケ	王室事業として西アフリカ探検を奨励
バルトロメウ＝ディアス	アフリカ南端の**喜望峰**に到達(1488)
ヴァスコ＝ダ＝ガマ	喜望峰を迂回してインド西岸の**カリカット**に到達(1498)
インドの**ゴア**に拠点➡**マラッカ占領**(1511)➡**マルク諸島到達**…**香辛料**貿易独占	
➡中国南部の**マカオ**に居住権を獲得(1557)➡平戸を拠点に日本とも交易をおこなう	

③スペイン…西回りでアジアへの到達をめざす→偶然にもアメリカ大陸へ到達

コロンブス	**トスカネリ**の**地球球体説**を信じる➡**イサベル**の後援により航海出発
	➡サンサルバドル島到達(1492)…先住民をインディオと命名
トルデシリャス条約(1494)…スペインとポルトガルが海外植民地の境界線を設定	
アメリゴ＝ヴェスプッチ	アメリカ大陸とアジアが別であることを確認→「アメリカ」の起源
バルボア	パナマ地峡を横断して**太平洋**に到達
マゼラン	西回りでマルク諸島めざす➡部下が**世界周航**達成：地球球体説証明
カブラル	ポルトガル人、**ブラジル**漂着(1500)→ポルトガル領を宣言
カボット	イギリス国王**ヘンリ7世**の援助で北アメリカ沿岸を探検

④スペインのアメリカ大陸支配…**「征服者」**(コンキスタドール)を送り込む

コルテス	**アステカ王国**を破ってメキシコを征服(1521)
ピサロ	**インカ帝国**を滅ぼして首都クスコを破壊(1533)➡新首都リマの建設
エンコミエンダ制…先住民とその土地に対する支配をスペイン人の植民者に委託	
➡過酷な強制労働による先住民人口の激減➡アフリカから黒人奴隷を輸入	
❖**ラス＝カサス**：先住民の悲惨な状況を国王に訴え、その救済につとめた聖職者	

⑤「世界の一体化」と大西洋世界の形成

商業革命	ヨーロッパ商業の世界的な広がり→貿易の中心は地中海から**大西洋**へ移動
	❖「大西洋世界」の出現…中南米の産物とヨーロッパの産物との交易が盛ん
価格革命	ポトシ銀山など中南米の銀山から銀が大量流入
	➡ヨーロッパの物価が2～3倍に上昇→固定地代に頼る領主層の没落

アジア交易世界の興隆とヨーロッパの海洋進出

❶ アジア交易世界の興隆

☐ ①紅巾の乱から頭角を現した貧農出身の[¹　　　　　　　](洪武帝)は、1368年に都となる
[²　　　　　　　]で即位して明を建国した。洪武帝は中書省を廃止して皇帝に権力を集中
させるなど、皇帝独裁の強化をはかった。

☐ ②明では村落統治制度として[³　　　　　　　]が実施され、租税台帳である賦役黄冊や土
地台帳である魚鱗図冊が作成された。また民衆教化のために[⁴　　　　　　　]を定め、一
般の民戸とは別に軍戸の戸籍を設けて[⁵　　　　　　　]を整備した。

☐ ③洪武帝の死後、建文帝が諸王の勢力削減をはかると燕王が挙兵し、[⁶　　　　　　　]と
して即位した。この事件を[⁷　　　　　　　]という。[⁶　　]は[⁸　　　　　　　]に遷都
し、モンゴルへと遠征した。また宦官の[⁹　　　　　　　]は南海遠征をおこない、マラッ
カを拠点にアフリカ東岸のマリンディまで到達した。

☐ ④明は海禁により民間の海上交易を認めず、政府の管理する[¹⁰　　　　　　　]を推進し
た。15世紀初めに中山王によって統一された[¹¹　　　　　　　]は、朝貢貿易で得た物産を
用いて東シナ海と南シナ海の結節点として栄え、鄭和の遠征をきっかけに成長した[¹²
　　　　　　　]王国も、インド洋と東南アジアを中継する拠点となった。

☐ ⑤倭寇討伐に活躍した[¹³　　　　　　　]は、1392年に朝鮮を建国して都を漢城に定め、
明の朝貢国となった。この王朝では科挙が採用され、合格者はのちに[¹⁴　　　　　　　]が
独占した。第4代世宗は[¹⁵　　　　　　　](ハングル)という民族文字を制定した。

☐ ⑥15世紀半ば、モンゴル諸集団のうちオイラトが、明の正統帝を捕虜とする[¹⁶
　　　　　　　]がおこった。また16世紀半ばには[¹⁷　　　　　　　]率いるタタールが
強大化して北京を包囲した。一方、明の海禁に反発した東南沿岸の勢力が、[¹⁸
　　　　　　　]として活動を激化させると、明は海禁政策を緩和せざるをえなくなった。こうした
北のモンゴル勢力、南の倭寇の侵入をまとめて[¹⁹　　　　　　　]という。

☐ ⑦16世紀末の[²⁰　　　　　　　]の朝鮮侵攻への援軍の派遣や女真の台頭は、明の軍事費
を増大させ、財政難をまねいた。万暦帝は[²¹　　　　　　　]を登用して財政難の打開を
はかったが、この頃から明では東林派と非東林派の政争が激化した。ついに1644年、
明は[²²　　　　　　　]の率いる農民反乱軍に北京を占領されて滅亡した。

☐ ⑧明代に長江下流域では綿織物や[²³　　　　　　　]を生産する家内制手工業が発達し、綿花
や桑の栽培が盛んになったため、穀倉地帯は長江中流域へと移動し、「[²⁴
　　　　　　　]」といわれるようになった。この時代には山西商人や徽州商人などの特
権商人が活躍し、都市には[²⁵　　　　・　　　　　]がつくられた。

☐ ⑨銀の流入を背景に、税と労役を銀で一本化する[²⁶　　　　　　　]が広まった。

☐ ⑩朱子学への反発から、16世紀初めに王守仁は[²⁷　　　　　　　]をおこした。

☐ ⑪明代には実学が盛んとなり、李自珍が『本草綱目』、宋応星が『[²⁸　　　　　　　]』を著
し、徐光啓が『農政全書』を編纂した。明代に活躍したイエズス会士としては、「坤輿万
国全図」や『幾何原本』で知られる[²⁹　　　　　　　]がいる。

☐ ⑫ビルマでは、16世紀にパガン朝につづくビルマ人の王朝である[³⁰　　　　　　　]

が成立し、タイでは14世紀に成立した[³¹   ]が、**スコータイ朝**を駆逐して勢力を広げた。これらの王朝は米や鹿皮などの特産物交易で栄えた。

☑⑬1511年にポルトガルが[¹²]王国を占領すると、スマトラ島の**アチェ王国**やジャワ島の**マタラム王国**が、新たな交易の中心をおさえて発展した。また16世紀後半、スペインはフィリピンの植民地化を進め、[³²   ]を拠点に貿易を展開した。

❷ ヨーロッパの海洋進出とアメリカ大陸の変容

☑①**マルコ゠ポーロ**が口述した『[³³   ]』がアジアへの関心を高めたことやアジア特産の香辛料に対する要求のほか、[³⁴   ]の改良や快速帆船の普及などの航海技術の進歩を背景として、ヨーロッパの海洋進出が本格化した。

☑②ポルトガルは「航海王子」[³⁵   ]が王室事業として西アフリカ探検を奨励した後、1488年に[³⁶   ]はアフリカ南端の**喜望峰**に達し、98年に[³⁷   ]はインドの**カリカット**に到達した。

☑③インドの[³⁸   ]に貿易拠点をおいたポルトガルは、1511年に[¹²]を占領した後、**香辛料の主産地である**[³⁹   ]に到達した。さらに57年には中国南部の[⁴⁰   ]に居住権を獲得し、日本とも交易をおこなった。

☑④ジェノヴァ生まれの[⁴¹   ]は、地理学者[⁴²   ]の**地球球体説**を信じ、スペイン女王[⁴³   ]の後援を得て出航した。アジアをめざした[⁴¹]は、1492年に西インド諸島のサンサルバドル島に到達した。

☑⑤その後、南アメリカを探検した[⁴⁴   ]は、この大陸がアジアとは別の大陸であることを報告した。また[⁴⁵   ]は、パナマ地峡を横断して**太平洋**に到達した。さらに西回りでマルク諸島をめざした[⁴⁶   ]はフィリピンで戦死したが、その部下たちが**世界周航**を達成した。

☑⑥ポルトガル人[⁴⁷   ]は**ブラジル**に漂着し、ポルトガルによる領有を宣言した。また[⁴⁸   ]は**ヘンリ７世**の援助で北アメリカ沿岸を探検した。

☑⑦スペインはアメリカ大陸に「**征服者**」(コンキスタドール)を派遣し、先住民の生活・文化を破壊した。たとえば[⁴⁹   ]は**アステカ王国**を破ってメキシコを征服し、[⁵⁰   ]は**インカ帝国**を滅ぼしてペルーを征服した。

☑⑧スペインは先住民とその土地の支配をスペイン人の植民者に委託する[⁵¹   ]によってアメリカ大陸を支配したが、過酷な強制労働や伝染病により先住民の人口が激減したため、アフリカから[⁵²   ]が輸入された。こうした悲惨な状況を国王に訴えた[⁵³   ]のような聖職者もいた。

☑⑨こうしてヨーロッパ商業が拡大したことで、貿易の中心は地中海から**大西洋**へと移動し、「大西洋世界」が形成された。こうした変化を[⁵⁴   ]と呼ぶ。またスペインが[⁵⁵   ]銀山などから大量の銀をもち込んだため、[⁵⁶   ]と呼ばれる物価上昇がおこり、固定地代に頼る領主層の没落をうながした。

◀ ステップ・アップ・テスト(文の正誤を○×で判定しよう) ▶

☑①明で、皇帝に権力を集中させるため、中書省が廃止された。(20年追B)

☑②ヴァスコ゠ダ゠ガマが、インドのカリカットに到達した。(21年第2日程A)

Summary　アジア諸帝国の繁栄

Point
❶オスマン帝国のスルタンと統治制度　❷サファヴィー朝　❸ムガル帝国のおもな皇帝と文化　❹清のおもな皇帝と隣接諸地域・社会と文化

① オスマン帝国

14世紀初　アナトリアにオスマンが建設➡バルカン半島へ勢力を拡大	
バヤジット1世	**アンカラの戦い**(1402)…**ティムール**に大敗
メフメト2世	**コンスタンティノープル**陥落→ビザンツ帝国の滅亡(1453)
	→コンスタンティノープルへ遷都…のちに**イスタンブル**と呼ばれる
セリム1世	**マムルーク朝**を滅ぼす(1517)→エジプト・シリアを併合
	…マムルーク朝から**メッカ・メディナ**両聖都の保護権を獲得
スレイマン1世	ハンガリー征服➡**ウィーン包囲**(1529)➡**プレヴェザの海戦**(1538)に
	勝利…地中海の制海権獲得➡サファヴィー朝からバグダード獲得
セリム2世	フランス商人に**カピチュレーション**承認→ヨーロッパ商人の活躍
	❖カピチュレーション：領内の居住・通商上の恩恵的特権
	レパントの海戦(1571)に敗北➡地中海の覇権は握り続ける
統治	イスラーム法(**シャリーア**)とスルタンの法(**カーヌーン**)を施行
税制	**ティマール制**(騎士に征服地の徴税権付与)➡徴税請負制へと変化
	❖**アーヤーン**：18世紀に徴税請負制のもとで台頭した地方の有力者
軍制	**イェニチェリ**(スルタン直属の歩兵部隊)…「スルタンの奴隷」で構成
	→支配地域のキリスト教徒から人材を登用

② サファヴィー朝

イラン人の民族王朝…シーア派(**十二イマーム派**)を受容、王は**シャー**の称号を使用	
イスマーイール	神秘主義教団の長➡創始(1501)、首都…**タブリーズ**
	チャルディラーンの戦い…オスマン帝国に敗れアナトリア東部喪失
アッバース1世	**イスファハーン**へ遷都…イマームのモスクの建設などを進める
	→イスファハーンは「**世界の半分**」といわれる繁栄…イラン産絹糸の取引
	奴隷軍人からなる王直属の軍団を編制→オスマン帝国から領土を奪回

③ ムガル帝国

バーブル	ティムールの子孫、**カーブル**を拠点に北インド進出開始
	➡**パーニーパットの戦い**…**ロディー朝**を破る→ムガル帝国の建国(1526)
アクバル	ラージプート諸国を平定➡**北インドを統一**、首都を**アグラ**に移す
	マンサブダール制…支配層の位階に応じて給与と騎兵・騎馬数を決定
	ジズヤ(人頭税)を廃止…イスラーム・ヒンドゥー両教徒の融和をはかる
	❖**カビール**…不可触民への差別を批判 ┐イスラーム教とヒン
	❖**シク教**…創始者：**ナーナク**→カースト制を否定 ┘ドゥー教の融合はかる
アウラングゼーブ	南インドの一部を除く**全インドを統一**➡帝国の領土最大
	イスラーム教に深く帰依➡**ジズヤを復活**、ヒンドゥー教寺院を破壊
	→各地で反乱が発生…**マラーター王国**、シク教徒など

| デカン高原 | **ヴィジャヤナガル王国**(14世紀)…ヒンドゥー王国➡南インドへ支配拡大 |
| | …**インド洋交易**を通じて西アジアから馬を入手し、軍事力を高める |

文化	絵画…細密画:宮廷にイランや南アジアの画家を招聘
	言語…公用語:**ペルシア語**➡インドの地方語と融合した**ウルドゥー語**の成立
	建築…**タージ゠マハル**:**シャー゠ジャハーン**が造営した王妃の墓廟

❹ 清代の中国と隣接諸地域

①多民族国家・清朝

ヌルハチ	**女真**(のちの満洲)諸部族を統一➡国号…**金**(後金)、八旗の編制
ホンタイジ	内モンゴルの**チャハル**を服属➡国号…**清**(1616〈36〉)、朝鮮を服属
順治帝	**李自成**を破って北京占領…呉三桂らの力を借りる➡三藩の設置
康熙帝	三藩の撤廃をはかる➡**三藩の乱**(1673～81)➡鎮圧…中国支配の確立
	遷界令(1661)と海禁政策強化➡鄭氏台湾の降伏→台湾は清の**直轄領**に
	❖台湾…**鄭成功**がオランダを駆逐して占領(1661)→反清運動の拠点に
	ネルチンスク条約(1689)…ロシアとの国境:アルグン川・外興安嶺
雍正帝	**キャフタ条約**(1727)…ロシアとモンゴル方面の国境を画定
	軍機処の設置➡のちに政務・軍事の最高審議政務機関となる
乾隆帝	**ジュンガル**を滅ぼして東トルキスタンを領土に…新疆
	❖藩部:モンゴル・青海・チベット・新疆→**理藩院**が統轄
	…チベット:**黄帽派**チベット仏教の指導者**ダライ゠ラマ**が統治
	貿易港を**広州**1港に限定→貿易は**行商**という特定の商人が管轄
統治の特徴	軍制…**八旗**:満洲・モンゴル・漢で構成/**緑営**:漢人による正規軍
	学者の優遇…『**康熙字典**』『**四庫全書**』などの編纂事業
	思想・風俗の統制…**文字の獄**(言論・思想弾圧)、禁書、**辮髪**の強制
隣接諸地域	朝鮮…16世紀末　豊臣秀吉の朝鮮侵攻(**壬辰・丁酉倭乱**)→**李舜臣**の活躍
	❖「**小中華**」意識:明滅亡後、朝鮮を中国文化の継承者とみる思想
	琉球…日中「**両属**」状態(17世紀):首里城中心に琉球独特の文化を形成
	ビルマ…**コンバウン朝** ┐
	タイ…**ラタナコーシン朝** ┘清の冊封を受ける

②清代中国の社会と文化

社会	人口の増加…トウモロコシやサツマイモの栽培の広がり:人口増を支える
	➡福建・広東から東南アジアへの移住が進む…**華人**
	台湾降伏後に海禁政策を解除➡生糸・陶磁器・茶の輸出と銀の流入
	➡税制…**地丁銀制**:丁税(人頭税)を土地税に繰り込んで納税を簡略化
文化	**考証学**…**顧炎武**:清を批判/銭大昕:史料・文献の研究
	文学…『**紅楼夢**』『**儒林外史**』:上流階級や士大夫の生活を描写

イエズス会宣教師の活躍…**アダム゠シャール**:暦の改訂/カスティリオーネ:**円明園**
典礼問題…祖先崇拝などを認める**イエズス会**とこれに反対する会派、教皇との論争
…康熙帝:イエズス会以外の布教を認めず➡**雍正帝**:キリスト教の布教の禁止
❖ヨーロッパにおける中国に対する関心の高まり…中国趣味(**シノワズリ**)の流行

Speed
Check! ✓ **アジア諸帝国の繁栄**

❶ オスマン帝国

☑ ①アナトリアに建国されたオスマン帝国は、バルカン半島に勢力を広げたが、1402年の
[¹　　　　　　　　　　]では、バヤジット1世が**ティムール**に大敗した。

☑ ②その後オスマン帝国は勢力を回復し、[²　　　　　　　　　]は1453年に**コンスタンティ
ノープル**を攻略して[³　　　　　　　]を滅ぼした。首都となったコンスタンティ
ノープルは、やがて[⁴　　　　　　　]と呼ばれるようになった。

☑ ③1517年に[⁵　　　　　　　]は**マムルーク朝**を滅ぼし、[⁶　　　　・　　　　]
両聖都の保護権を手に入れた。その後[⁷　　　　　　　]の時代の29年にオスマ
ン帝国は**ウィーン包囲**をおこない、38年の[⁸　　　　　　　]にも勝利して地
中海の制海権を握り、サファヴィー朝からはバグダードを奪った。

☑ ④セリム2世は、フランス商人にオスマン帝国領内での居住と通商の自由を認めた。これ
を[⁹　　　　　　　]という。1571年にオスマン帝国は[¹⁰
]でスペイン中心の連合艦隊に敗れたが、地中海の覇権は保持し続けた。

☑ ⑤オスマン帝国の税制は、騎士に征服地の徴税権を与える[¹¹　　　　　　　]から徴
税請負制へと移行し、18世紀には**アーヤーン**が台頭した。またスルタン直属の歩兵部
隊である[¹²　　　　　　　]は「スルタンの奴隷」から構成されていた。

❷ サファヴィー朝

☑ ①イランでは、1501年に神秘主義教団の長であった[¹³　　　　　　　]が、**タブ
リーズ**を都にサファヴィー朝を創始した。この王朝は、[¹⁴　　　　　　]のなかでも
十二イマーム派を国教とし、王は[¹⁵　　　　　　]の称号を用いた。

☑ ②サファヴィー朝は、[¹⁶　　　　　　　]の時代に都を[¹⁷　　　　　　]
に移した。この地は商業・文化の中心として「[¹⁸　　　　　　]」といわれる繁栄を
みせ、イラン産の絹糸がとくに高値で取引された。

❸ ムガル帝国

☑ ①ティムールの子孫の[¹⁹　　　　　　]は、**カーブル**を拠点に北インドへと進出し、パー
ニーパットの戦いで[²⁰　　　　　　]を破り、ムガル帝国を建国した。

☑ ②第3代[²¹　　　　　　]は、ラージプート諸国を平定して**北インドを統一**し、都を[²²
]に移した。彼は支配層の組織化をめざし、位階に応じて給与と騎兵・騎
馬数を決定する[²³　　　　　　　]を定めた。またイスラーム・ヒンドゥー両
教徒の融和をはかり、人頭税である[²⁴　　　　　　]した。

☑ ③15～16世紀には、イスラーム教とヒンドゥー教の融合をはかる信仰が生まれ、**カビー
ル**は不可触民への差別を批判した。また**シク教**は、16世紀初めに[²⁵　　　　　]が
創始したヒンドゥー教の改革派で、カースト制を否定した。

☑ ④第6代[²⁶　　　　　　]は、南インドの一部を除く**全インドを統一**した。
[²⁶]は[²⁷　　　　　　]させ、ヒンドゥー教寺院を破壊したため、各地で反乱
がおこり、西インドには[²⁸　　　　　　]が成立した。

☑ ⑤デカン高原には、14世紀にヒンドゥー教を信奉する[²⁹　　　　　　　]が

建国され、**インド洋交易**を通じて西アジアから馬を入手し、軍事力を高めた。

☑️⑥ムガル帝国では、公用語の[³⁰　　　　　　]にインドの地方語が融合した[³¹
　　　　　　]が誕生した。また**シャー＝ジャハーン**が造営した王妃の墓廟である[³²
　　　　　]は、インド＝イスラーム建築の傑作とされる。

④ 清代の中国と隣接諸地域

☑️①中国東北部で**女真諸部族**を統一した[³³　　　　　　]は、1616年に**金**(後金)を建国
し、[³⁴　　　　　　]という軍事・行政組織を設けた。つづく[³⁵　　　　　　]は**チ
ャハル**を服属させ、国号を清と改めた。さらに順治帝は、[³⁶　　　　　]らに先導さ
れて華北に侵入し、明を滅ぼした**李自成**を破って北京を占領した。

☑️②清が藩王の撤廃をはかったため、[³⁶]らは[³⁷　　　　　　]をおこした。これを鎮
圧した第4代[³⁸　　　　　]は、**鄭成功**が占領してから反清運動の拠点となっていた
[³⁹　　　　　]を降伏させ、**直轄領**に組み込んだ。

☑️③1689年に[³⁸]はロシアと[⁴⁰　　　　　　　　　]を締結し、アルグン川と外興
安嶺を国境とした。つづく[⁴¹　　　　　]は1727年の**キャフタ条約**でモンゴル方面
の国境を画定し、のちに最高政務機関となる[⁴²　　　　　]を設置した。

☑️④第6代[⁴³　　　　　]は、**ジュンガル**を滅ぼして東トルキスタンを領土とし、ここを
[⁴⁴　　　　　]と改め、モンゴル・青海・チベットとともに**藩部**として[⁴⁵　　　　　]
に統轄させた。この頃チベットは、**黄帽派チベット仏教**の指導者である[⁴⁶
　　　　　]によって統治されていた。

☑️⑤1757年以来、清は貿易港を**広州**に限定し、貿易は[⁴⁷　　　　　]が管轄した。

☑️⑥清の軍制では[³⁴]のほかに、漢人で組織する[⁴⁸　　　　　]が編制された。また清は
漢人の学者を優遇する一方、反清的言論は[⁴⁹　　　　　]できびしく弾圧し、漢人
男性には満洲人の風習である[⁵⁰　　　　　]を強制した。

☑️⑦朝鮮では[⁵¹　　　　　]と呼ばれる豊臣秀吉の朝鮮侵攻が、水軍を率いた[⁵²
　　　　　]の活躍などで撃退された。その後、朝鮮は清に服属したが、朝鮮こそが
中国文化を唯一継承しているという「[⁵³　　　　　]」意識が広がった。また18世紀の
ビルマには[⁵⁴　　　　　]、タイには**ラタナコーシン朝**が成立した。

☑️⑧清代に福建・広東から東南アジアへ移住した人々は、[⁵⁵　　　　　]と称されることに
なった。また銀の流入にともない、税制は[⁵⁶　　　　　]へ移行した。

☑️⑨明清交替期には**顧炎武**などが実証を重んじる[⁵⁷　　　　　]を始め、清代に銭大昕が
引き継いだ。またイエズス会宣教師では、暦を改訂した**アダム＝シャール**や円明園の設
計で知られる[⁵⁸　　　　　]などが活躍した。

☑️⑩清代にはキリスト教の布教をめぐって**イエズス会**とこれに反対する会派や教皇との間に
[⁵⁹　　　　　]がおこり、**雍正帝**はキリスト教布教を禁止するに至った。この問題
を契機にヨーロッパでは中国に対する関心が高まり、**シノワズリ**が流行した。

◀ ステップ・アップ・テスト (文の正誤を○×で判定しよう)

☑️①サファヴィー朝で、スンナ派が国教とされた。(21年第2日程B)

☑️②康熙帝が、軍機処を設置した。(20年追B)

Summary ルネサンスと宗教改革

Point ❶ルネサンスの精神と新しい文芸・美術　❷ルネサンス期の科学と技術　❸ルター派・カルヴァン派・イギリス国教会の成立　❹カトリック改革の動き

① ルネサンス

背景 西ヨーロッパにおける都市の発展→キリスト教的な禁欲主義の後退
黒死病(ペスト)の流行→人間に以前よりも大きな価値が見出される
→人間性の解放を求め、個性を尊重する文化運動の開始…**ルネサンス**

ヒューマニズム (人文主義)	ギリシア・ローマ文化の探究により現世を重視する人間中心の態度
	人文主義者…**ギリシア語**と**ラテン語**を駆使して修道院などに死蔵されていた文献を解読→ホメロスの再発見などの成果
	…エラスムス**『愚神礼賛』**：聖職者の腐敗を風刺
	マキァヴェリ**『君主論』**：道徳的理想と政治の分離を主張
	❖ギリシア語…ビザンツ帝国から逃れた知識人により伝わる
ルネサンス の広がり	地中海貿易で栄えたイタリア ┐ ➡ 西ヨーロッパ各地へ展開 毛織物工業が成長したネーデルラント ┘
❖文化の保護者…**メディチ家**(フィレンツェ)、**教皇**、フランソワ1世(仏)などの君主 →社会体制を直接批判する運動とはならず	

②文芸…古代ローマの伝統が強いイタリアから北ヨーロッパへと広がる

イタリア	**ダンテ『神曲』**…トスカナ語(のちのイタリア語)で叙述
	ペトラルカ『叙情詩集』　ボッカチオ『デカメロン』
フランス	**ラブレー『ガルガンチュアとパンタグリュエルの物語』**
	モンテーニュ『エセー(随想録)』
イギリス	**チョーサー**『カンタベリ物語』…ボッカチオの影響を受けた物語集
	モア**『ユートピア』**…イギリスの「囲い込み」を風刺
	シェークスピア…『**ハムレット**』『ヴェニスの商人』などで知られる劇作家
スペイン	**セルバンテス『ドン゠キホーテ』**…騎士道にかぶれた主人公を滑稽に描く

③美術…遠近法を使用した人間・自然の克明な描写

イタリア	ジョット「聖フランチェスコの生涯」…ルネサンス絵画の先駆者
	ボッティチェリ**「春」**「ヴィーナスの誕生」
	ブルネレスキ…フィレンツェのサンタ゠マリア大聖堂のドームを設計
	ミケランジェロ**「ダヴィデ像」「最後の審判」**(システィナ礼拝堂の祭壇画)
	ラファエロ「アテネの学堂」…多くの**聖母子像**を残す
	レオナルド゠ダ゠ヴィンチ**「モナ゠リザ」「最後の晩餐」**…万能人
	ブラマンテ…**サン゠ピエトロ大聖堂**の設計：ルネサンス様式の代表建築
ネーデルラント	**ファン゠アイク兄弟**…フランドル派の代表的画家、油絵の技法を改良
	ブリューゲル「農民の踊り」…農民や民衆の生活をいきいきと描く
ドイツ	デューラー「四人の使徒」…版画で有名
	ホルバイン「エラスムス像」…肖像画で有名

④科学と技術…自然に隠された性質の解明、中世以来の占星術や錬金術をもとに展開

占星術→天文学の発達…宇宙の秩序の一部をなすものとして天体を観測	
錬金術→金属技術の発達…後世の化学の基礎となる	

地球球体説	**トスカネリ**…フィレンツェの天文学者、コロンブスの航海に影響
地動説	**コペルニクス**（ポーランド）…地動説を理論化
人体解剖図	**レオナルド＝ダ＝ヴィンチ**らが作成…人体を理想化して描く
羅針盤	14世紀のイタリアで改良されて遠洋航海を可能にする
火器	戦術を一変させて**騎士の没落**を促進（**軍事革命**）
活版印刷術	**グーテンベルク**（ドイツ）が改良→文芸の振興、宗教改革に貢献

2 宗教改革

①ドイツ…教皇レオ10世が**サン＝ピエトロ大聖堂**改築のため**贖宥状**を販売

「九十五カ条の論題」	ドイツの修道士の**ルター**が発表（1517） …人は信仰を通して神に救われ、信仰は聖書から得られる 　修道院の否定、聖職者と信徒の区別を廃止（**万人司祭主義**）
カール5世との対立	皇帝**カール5世**がルターに自説の撤回を要求→撤回を拒否 ➡反皇帝派の諸侯の保護で『新約聖書』のドイツ語訳を完成
ドイツ農民戦争	指導者…**ミュンツァー**：農奴制の廃止などを要求 ❖ルター…農民が現世の利益を求めているとして一揆に反対
シュマルカルデン同盟	ルター派諸侯・都市の同盟➡皇帝との間で宗教内戦が勃発
アウクスブルクの和議	諸侯にルター派かカトリックかの信仰選択権を認める（1555） ❖ルター派諸侯…領内の教会を監督する：**領邦教会制**

②スイス…**ツヴィングリ：チューリヒ**で宗教改革➡カルヴァンの宗教改革へ

カルヴァン	**ジュネーヴ**で独自の宗教改革、『キリスト教綱要』 ❖**予定説**：魂の救済はあらかじめ神により決定されている ❖**長老主義**：牧師と信者に選ばれた長老が牧師を補佐する教会制度
カルヴァン派 　の広がり	フランス…**ユグノー**　ネーデルラント…**ゴイセン** スコットランド…**プレスビテリアン**　イギリス…**ピューリタン**

❖16世紀の宗教改革で生まれたカトリックに対抗する宗派…**プロテスタント**と総称

③イギリス…国王ヘンリ8世が王位継承問題をめぐって教皇と対立

ヘンリ8世	**首長法**（1534）…国王を**国教会**の首長としてカトリックから離脱 議会立法で修道院を廃止→広大な土地財産を没収
エリザベス1世	**統一法**（1559）…イギリス国教会を最終的に確立

④カトリック改革（対抗宗教改革）…カトリック教会が自己改革で立て直しをはかる

トリエント公会議	ラテン語聖書の正統性とカトリック教義の再確認 ➡贖宥状販売は禁止／思想統制の強化…**禁書目録**の作成
バロック様式の誕生	ベラスケス・ルーベンス…絵画で民衆の信仰心に訴える
イエズス会	創設者…**イグナティウス＝ロヨラ**、海外で布教活動を展開 **ザビエル**…イエズス会創設に参加、日本への布教

ルネサンスと宗教改革

❶ ルネサンス

☑ ①中世末期の西ヨーロッパで始まった**ルネサンス**の根本精神は、人間中心に世界をとらえようとする[¹　　　　　　　　　](人文主義)であった。この時代の人文主義者は、ビザンツ帝国から逃れてきた知識人が伝えた[²　　　　　　　]や**ラテン語**を駆使して古代の文献を解読し、ホメロスなどを再発見した。

☑ ②『**愚神礼賛**』で教会の腐敗を批判した[³　　　　　　　　　]は代表的な人文主義者であり、その精神をもとに[⁴　　　　　　　　]は、『**君主論**』を著した。

☑ ③イタリアのルネサンスは、フィレンツェの[⁵　　　　　　　　　]や**教皇**、フランスの君主などによって保護されたため、社会を直接批判する運動とはならなかった。

☑ ④ルネサンスの文芸分野の先駆者は、『**神曲**』をのちのイタリア語となるトスカナ語で著した[⁶　　　　　　]であった。また**ペトラルカ**は『**叙情詩集**』で知られ、[⁷　　　　　　]は『**デカメロン**』で古い権威を鋭く風刺した。

☑ ⑤フランスの[⁸　　　　　　　　]は『**ガルガンチュアとパンタグリュエルの物語**』で世相を風刺し、**モンテーニュ**は『**エセー(随想録)**』で人間と社会を考察した。

☑ ⑥イギリスでは**チョーサー**が、社会風刺に富んだ『**カンタベリ物語**』を著し、[⁹　　　　　]は『**ユートピア**』で当時の「囲い込み」を風刺した。また劇作家[¹⁰　　　　　　]は、『**ハムレット**』など多くの人間劇を残した。ほかにスペインでは、[¹¹　　　　　　]が『**ドン゠キホーテ**』で中世の騎士道を風刺した。

☑ ⑦ルネサンス絵画は、「聖フランチェスコの生涯」を描いた[¹²　　　　　　　]に始まる。その後イタリアでは、「**春**」などで知られる[¹³　　　　　　　]や、フィレンツェのサンタ゠マリア大聖堂のドームを設計した**ブルネレスキ**が活躍した。

☑ ⑧16世紀のイタリアでは、「**ダヴィデ像**」やシスティナ礼拝堂の祭壇画「**最後の審判**」で知られる[¹⁴　　　　　]、多くの**聖母子像**を残した[¹⁵　　　　　　]、「**モナ゠リザ**」や「**最後の晩餐**」を描いた[¹⁶　　　　　　　]のほか、**サン゠ピエトロ大聖堂**を設計した[¹⁷　　　　　　]が活躍した。

☑ ⑨ネーデルラントでは、フランドル派の**ファン゠アイク兄弟**が油絵の技法を改良し、[¹⁸　　　　　　]は農民や民衆の生活をいきいきと描いた。一方ドイツでは、「四人の使徒」で知られ、宗教画を多く残した[¹⁹　　　　　　]が活躍した。

☑ ⑩ルネサンスの探究は物質面にも向けられた。中世以来の**占星術**をもとに天文学が発達し、[²⁰　　　　　　]によって**地球球体説**が、ポーランドの[²¹　　　　　]によって**地動説**がとなえられ、人々の世界観に大きな影響を与えた。

☑ ⑪中世以来の**錬金術**は、金属技術の発達をもたらした。またルネサンス期には[¹⁶　]などが人体解剖図を作成し、人体が理想化されて描かれるようになった。

☑ ⑫宋代の中国で実用化され、ムスリム商人を通じてヨーロッパに伝わった[²²　　　　　]は、イタリアで改良され、遠洋航海を可能にした。また[²³　　　　　]の登場は、ヨーロッパ諸国の戦術を一変させ、**騎士の没落**をうながした(軍事革命)。

☑ ⑬ドイツの**グーテンベルク**が改良した[²⁴　　　　　　]は、書物を安価なものとして

新思想・新知識の普及に貢献し、宗教改革に大きな影響を与えた。

❷ 宗教改革

☑ ①教皇レオ10世が、**サン＝ピエトロ大聖堂**改築を目的にドイツで**贖宥状**を販売すると、1517年にドイツの修道士の[²⁵　　　　　]は「[²⁶　　　　　　　　　　]」を発表し、これに異議をとなえた。

☑ ②[²⁵　]は、人は信仰を通して神に救われ、信仰は聖書を読むことから得られると主張した。また修道院を否定し、それまで特別な存在であった聖職者と信徒の区別を廃する**万人司祭主義**をとなえ、聖職者は信徒から選ばれるものとした。

☑ ③1521年に皇帝[²⁷　　　　　]は、帝国議会にルターを呼び出して自説の撤回を要求した。これを拒否したルターは、反皇帝派の諸侯に保護された。この時期にルターは、[²⁸　　　　　　　　]を完成させた。

☑ ④1524年、ルターの影響を受けた[²⁹　　　　　　　]を指導者とする農民たちが、農奴制の廃止などを求めて[³⁰　　　　　　　]をおこした。

☑ ⑤1530年にルター派の諸侯や都市はシュマルカルデン同盟を結んで皇帝に対抗した。このため同盟と皇帝との間で宗教内戦がおこったが、55年の[³¹　　　　　　]で諸侯にはルター派かカトリックかの選択権が認められた。またルター派諸侯には、領内の教会を監督する[³²　　　　　　]が認められることになった。

☑ ⑥スイスでは**チューリヒ**で[³³　　　　　　]が宗教改革を開始し、その後[³⁴　　　　　]が**ジュネーヴ**で独自の宗教改革をおこなった。

☑ ⑦カルヴァンは、魂の救済はあらかじめ神により決定されているとする[³⁵　　　　]をとなえ、長老に牧師を補佐させる[³⁶　　　　　]を取り入れた。

☑ ⑧カルヴァンの思想は各地に広まり、カルヴァン派はフランスでは[³⁷　　　　]、ネーデルラントでは[³⁸　　　　　]、スコットランドでは[³⁹　　　　]、そしてイギリスでは[⁴⁰　　　　　]と呼ばれた。

☑ ⑨16世紀の宗教改革で生まれた宗派は[⁴¹　　　　　　]と総称される。

☑ ⑩イギリスでは王位継承問題をめぐって教皇と対立した[⁴²　　　　　]が、1534年に[⁴³　　　　　]を発布し、**国教会**の首長となってカトリックから離脱した。また議会立法で修道院を廃止し、広大な土地財産を没収した。

☑ ⑪その後、[⁴⁴　　　　　]が1559年に[⁴⁵　　　　　]を発布して国教会を確立したことで、イギリスはプロテスタント国家となった。

☑ ⑫カトリック教会でも改革が進み、1545年から[⁴⁶　　　　　　]が開かれ、ラテン語聖書の正統性やカトリックの教義が再確認された。改革により**禁書目録**が作成されるなど思想統制が進む一方、文化面では民衆の信仰心に訴える[⁴⁷　　　　]の絵画が生まれた。また1534年には[⁴⁸　　　　　　]らが[⁴⁹　　　　]を結成し、海外での布教活動を進めた。

◀ ステップ・アップ・テスト（文の正誤を○×で判定しよう）▶

☑ ①ポーランドではコペルニクスが、天動説を唱えた。(19年本B)

☑ ②ツヴィングリが、『キリスト教綱要』を著した。(20年追B)

Summary 主権国家体制の成立と展開

Point ❶イタリア戦争と主権国家体制　❷スペインの絶対王政とユグノー戦争・三十年戦争　❸オランダの繁栄　❹イギリスの革命とフランス絶対王政

① イタリア戦争と主権国家体制

主権国家体制	教皇や神聖ローマ皇帝など普遍的権威の衰退→主権国家の成立
	主権国家が覇権争いを繰り返しながら国際秩序を形成…主権国家体制
イタリア戦争	主権国家体制成立の契機となったフランスと神聖ローマ帝国の戦争
	フランス国王のイタリア侵入(1494)➡皇帝**カール5世**とフランス王フランソワ1世の争い➡スペイン王フェリペ2世がフランスと講和(1559)
絶対王政	主権国家体制の成立期に出現した王権を絶対視する政治体制
	…**官僚**(専門的役人集団)と**常備軍**(常設の軍隊)を整備

①スペイン…婚姻関係を通じて**ハプスブルク家**が王位継承→スペイン＝ハプスブルク家

カルロス1世	**神聖ローマ皇帝**(カール5世)を兼任→キリスト教世界の統一を体現
	イタリア戦争でフランスと対立、オスマン帝国の進出に対抗
フェリペ2世	**レパントの海戦**(1571)…**オスマン帝国**海軍を撃破
	ポルトガル王位を兼任(1580)…**「太陽の沈まぬ帝国」**
オランダ 独立戦争	フェリペ2世のカトリック化政策に反発→**オラニエ公ウィレム**のもとで抵抗➡ネーデルラント連邦共和国が独立宣言(1581)
	❖オランダをイギリスが支援➡スペインは**無敵艦隊**を派遣するも敗北
	➡イギリス国王**エリザベス1世**…**東インド会社**設立(1600)
	1609　休戦条約の成立…オランダは独立を事実上達成
	➡首都アムステルダムは国際金融・商業の中心に

②フランス…百年戦争後にヴァロワ朝のもとで王権強化

ユグノー戦争	新旧両教徒の対立に大貴族の権力争いが結びついた内乱(1562〜98)
	➡**サンバルテルミの虐殺**…パリに集まった多数のユグノーが虐殺される
	➡ヴァロワ朝断絶➡**ブルボン朝**成立→**アンリ4世**→カトリックへ改宗
ナントの王令	ユグノーに信仰の自由が認められる＝ユグノー戦争終結

③三十年戦争…ドイツの宗教内乱からハプスブルク家とブルボン家の覇権争いに発展

原因	アウクスブルクの和議以降も宗派対立が継続…帝国諸侯は主権の拡大をはかる
	➡ベーメンでのプロテスタント貴族の反乱(1618)…**三十年戦争**の勃発
経過	皇帝側…スペインが皇帝を支援、傭兵隊長**ヴァレンシュタイン**の活躍
	プロテスタント側…デンマーク・**スウェーデン**(国王グスタフ＝アドルフ)
	❖カトリックの**フランス**…ハプスブルク家に対抗するため反皇帝側で参戦
結果	**ウェストファリア条約**(1648)…ヨーロッパの主権国家体制が確立
	…**オランダ**とスイスの独立承認、神聖ローマ帝国でカルヴァン派公認
	ドイツ諸侯のほとんどの主権承認→**神聖ローマ帝国**の事実上解体

② オランダ・イギリス・フランスの動向

①オランダの繁栄…ヨーロッパで最も都市化が進む：**レンブラント**らの画家が活躍

アジア	**東インド会社**設立(1602)➡バタヴィアを拠点に**香辛料**貿易の実権掌握
	➡**アンボイナ事件**(1623)…イギリスの勢力を東南アジアから排除
北米大陸	西インド会社設立➡**ニューアムステルダム**中心に東海岸に植民地を建設
英仏の挑戦	17世紀　**イギリス=オランダ戦争**…イギリスがニューアムステルダム占領
	フランスが侵略戦争でオランダの半分を占領➡**オラニエ公ウィレム3世**の
	指導で反撃➡**名誉革命**(1688~89)でイギリス=オランダ同君連合が成立
	18世紀　イギリスと同盟継続…海軍力・貿易の制限➡オランダの国力衰退

②イギリスの革命

ステュアート朝	ジェームズ1世が創始(1603)→**王権神授説**により王権強化をはかる
権利の請願	国王の専制政治を批判(1628)→チャールズ1世は議会を解散
ピューリタン革命	議会の招集(1640)➡議会の反発から王党派と議会派の内戦へ➡
	クロムウェル率いる議会派の勝利➡**チャールズ1世の処刑**(1649)
共和政	王党派と結ぶ**アイルランド**を征服→カトリック勢力の土地を奪う
(クロムウェルの	**航海法**(1651)…**中継貿易**で繁栄していたオランダに打撃
政策)	➡**イギリス=オランダ戦争**へと発展→イギリス有利に終結
	クロムウェル…共和政安定のために厳格な**軍事独裁体制**を確立
王政復古	**チャールズ2世**即位(1660)…議会は国教会の立場強化をはかる
	❖**人身保護法**(1679):国王による恣意的な逮捕や投獄を禁止
政党の成立	**トーリ党**(国王大権を重視)・**ホイッグ党**(議会の権利重視)
名誉革命	ジェームズ2世…カトリックのまま即位、議会の立法権を無視
	➡議会…**オラニエ公ウィレム3世**と妻のメアリを国王にまねく
権利の章典	議会の権限が国王の権力に優越することを宣言…立憲君主政確立
アン女王時代…イギリスと**スコットランド**が合同→**グレートブリテン王国**(1707)	
ハノーヴァー朝	ステュアート朝の断絶➡**ジョージ1世**の即位…**ハノーヴァー朝**
議院内閣制	**ウォルポール**(ホイッグ派議員)…**議院内閣制**への道を開く

③フランス絶対王政

ルイ13世	宰相**リシュリュー**…王権の強化に尽力:**全国三部会**の開催を停止
	三十年戦争に介入:ハプスブルク家に対抗
ルイ14世	宰相**マザラン**…フロンドの乱(貴族の反乱)を鎮圧
	➡マザランの死後、**親政**を開始(1661)…「太陽王」と呼ばれる
国内政策	**王権神授説**を奉じて貴族への統制、官僚制の強化をはかる…「朕は国家なり」
	ヴェルサイユ宮殿の造営…モリエールら古典主義の戯曲が演じられる
	財務総監**コルベール**…**重商主義**政策:東インド会社改革、国内産業の育成
	ナントの王令を廃止(1685)…**ユグノー**が国外亡命し、国内産業の発展阻害
対外政策	**常備軍**の強化→イギリスとオランダは同君連合を形成して対抗
	スペイン継承戦争…ルイ14世がスペインとの同君連合成立をめざす➡開戦
	➡**ユトレヒト条約**(1713)…スペインにブルボン朝成立(同君連合はならず)
	…イギリスに北米大陸の領土の一部を割譲:フランスは覇権を喪失

主権国家体制の成立と展開

❶ イタリア戦争と主権国家体制

☑ ①近世ヨーロッパでは、主権国家が協力・対抗しながら国際秩序を形成する[¹　　　　　]が成立した。これが成立する契機となった[²　　　　　]はフランスのイタリア侵入から始まり、迎え撃つ神聖ローマ皇帝[³　　　　　]とフランス王との対立が続いたが、1559年にスペイン王がフランスと講和して終結した。

☑ ②この時期に出現した政治体制を**絶対王政**といい、これらの国家では専門的役人集団である[⁴　　　　　]と常設の軍隊である[⁵　　　　　]が整備された。

☑ ③**ハプスブルク家出身のスペイン王**[⁶　　　　　]は、**神聖ローマ皇帝**を兼任し、[²]でフランスと争い、またオスマン帝国の進出に対抗した。

☑ ④16世紀半ばにスペイン王位を継承した[⁷　　　　　]は、[⁸　　　　　]で**オスマン帝国海軍**を撃破した。また1580年には[⁹　　　　　]王位を兼任し、その海外植民地も支配したため、スペインは「**太陽の沈まぬ帝国**」と呼ばれた。

☑ ⑤スペインの圧政に対し、1568年にネーデルラントは[¹⁰　　　　　]の指導のもとで独立戦争を開始し、ネーデルラント連邦共和国を樹立した。この時オランダを支援したイギリスに、スペインは[¹¹　　　　　]を派遣した。ときのイギリス女王[¹²　　　　　]は、1600年に**東インド会社**を創設した。

☑ ⑥独立後オランダの首都[¹³　　　　　]は、国際金融の中心となった。

☑ ⑦フランスでは、宗教対立に貴族間の権力争いが結びつき、1562年に[¹⁴　　　　　]がおこった。この戦争のさなか、72年の**サンバルテルミの虐殺**で、多数のユグノーが虐殺された。ヴァロワ朝の断絶後、**ブルボン朝**を開いた[¹⁵　　　　　]は[¹⁶　　　　　]を発布し、ユグノーにも信仰の自由を認めた。

☑ ⑧17世紀前半のドイツでは[¹⁷　　　　　]の反乱を原因として**三十年戦争**が始まった。この時神聖ローマ皇帝側では傭兵隊長**ヴァレンシュタイン**が活躍し、プロテスタント国家**スウェーデン**の国王[¹⁸　　　　　]と戦った。またカトリックの**フランス**は、[¹⁹　　　　　]に対抗して、反皇帝側で参戦した。

☑ ⑨1648年に[²⁰　　　　　]が結ばれ、三十年戦争は終結した。この条約では**オランダ**と[²¹　　　　　]の独立が国際的に承認され、神聖ローマ帝国でのカルヴァン派の信仰が認められたほか、**神聖ローマ帝国**が事実上解体した。

❷ オランダ・イギリス・フランスの動向

☑ ①17世紀のオランダはヨーロッパで最も都市化が進み、市民の後援を受けた画家の[²²　　　　　]らが活躍した。1602年に**東インド会社**を設立したオランダは、ジャワ島の[²³　　　　　]を拠点に**香辛料貿易**を展開し、23年の[²⁴　　　　　]をきっかけに、イギリスを東南アジア海域から駆逐した。

☑ ②17世紀前半に西インド会社を設立したオランダは、アメリカとの通商に乗り出し、アメリカ東海岸に[²⁵　　　　　]を中心とする植民地を建設した。

☑ ③英仏両国はオランダの貿易を妨げる一方、イギリスは[²⁶　　　　　]で[²⁵]を奪い、フランスは侵略戦争でオランダの半分を占領した。こうした危機

を、オランダは統領[²⁷   ]の指導で乗り切った。

☐④1688年にイギリスでおこった[²⁸   ]で、[²⁷]がイギリス国王として迎えられたことをきっかけにオランダとイギリスは同君連合を形成し、フランスに対抗した。

☐⑤イギリスではテューダー朝断絶後、スコットランドの[²⁹   ]が王位を継承して[³⁰   ]が即位した。国王は[³¹   ]をもとに王権の強化をはかったため、次の王[³²   ]に対して議会は、1628年に[³³   ]を提出し、王の専制政治を批判した。

☐⑥1640年、招集された議会は国王に反発し、王党派と議会派の内戦から[³⁴   ]が始まった。議会派は指導者[³⁵   ]のもとで王党派に勝利し、49年に裁判を経て[³²]を処刑し、**共和政**が成立した。

☐⑦クロムウェルは、王党派と結ぶ**アイルランド**を征服し、1651年には[³⁶   ]を発布してオランダの**中継貿易**を妨害した。これをきっかけに[²⁶]が始まった。またクロムウェルは共和政安定のために**軍事独裁体制**を確立した。

☐⑧1660年[³⁷   ]が即位し、イギリスに王政が復活した。これに議会は、国王による恣意的な逮捕や投獄を禁止した**人身保護法**を制定して対抗した。

☐⑨つづく[³⁸   ]も専制を続けたので、1688年に議会は**オラニエ公ウィレム３世**夫妻を新国王にまねき、[³⁸]を追放した。これが[²⁸]で、新国王が[³⁹   ]に同意したため、イギリスでは立憲君主政が確立した。

☐⑩1707年にアン女王時代のイギリスは**スコットランド**と合同し、[⁴⁰   ]となった。女王の死後、ステュアート朝が断絶したため、ドイツからまねかれた**ジョージ１世**が即位して[⁴¹   ]が開かれた。この時代にホイッグ派の[⁴²   ]首相は、**議院内閣制**への道を開いた。

☐⑪ルイ13世の宰相[⁴³   ]は、王権の強化に尽力して**全国三部会**を停止し、**三十年戦争**に反皇帝側で介入した。つづく**ルイ14世**の宰相となった[⁴⁴   ]は、1648年に貴族らがおこした[⁴⁵   ]を鎮圧した。

☐⑫フランスでは、[⁴⁴]の死後、ルイ14世が親政を開始した。この時代の政治は、典型的な絶対王政で、[³¹]を奉じて貴族への統制や官僚制の強化がはかられた。

☐⑬ルイ14世が造営した[⁴⁶   ]では宮廷文化が形成された。また財務総監に登用された[⁴⁷   ]は**重商主義政策**を推進し、東インド会社を改革して、国内産業の育成をはかった。しかし1685年に国王が[⁴⁸   ]すると、**ユグノー**が国外に亡命し、国内産業の発展が阻害された。

☐⑭ルイ14世は**常備軍**を強化し、多くの侵略戦争をおこなった。1700年に始まったスペイン王位継承をめぐる[⁴⁹   ]を通じて、ルイ14世はスペインとの同君連合をめざしたが、13年の[⁵⁰   ]でスペインにブルボン朝が成立するも同君連合はならず、またフランスはイギリスに北米の領土の一部を割譲した。

◆**ステップ・アップ・テスト**(文の正誤を○×で判定しよう)◆

☐①カルロス１世は、神聖ローマ皇帝に選出された。(18年本B)
☐②クロムウェルが、ジェームズ１世を処刑した。(17年追B)

Summary 北欧・東欧の動向と科学革命・啓蒙思想

Point ❶ポーランド・スウェーデンの動向　❷ロシアのおもな君主の業績　❸プロイセンとオーストリアの抗争　❹科学革命・啓蒙思想を中心とした文化

❶ ポーランド・スウェーデンの動向とロシアの大国化

①ポーランド…14世紀　**ヤゲウォ朝**のもとで**リトアニア**と同君連合を形成して大国化
➡**ヤゲウォ朝の断絶**(16世紀後半)→選挙王政のもと貴族間の対立激化
➡3回にわたる**ポーランド分割**の犠牲となる(18世紀後半)

第1回	プロイセン(フリードリヒ2世)・ロシア(エカチェリーナ2世)・オーストリア(ヨーゼフ2世)が参加(1772)
第2回	プロイセン・ロシア参加(1793)→フランス革命のためにオーストリア不参加…ポーランドの愛国者**コシューシコ**が抵抗するも失敗
第3回	プロイセン・ロシア・オーストリア参加(1795)→ポーランド国家の消滅

②スウェーデン…16世紀前半　デンマークの支配を脱して独立➡絶対王政の成立

三十年戦争	グスタフ=アドルフの活躍→ドイツの西ポンメルンに領土拡大…デンマークにかわってバルト海地域の覇権掌握
北方戦争	国王カール12世がロシアに敗北→急速にその地位を低下

③ロシア…16世紀　**イヴァン4世**が独自の絶対王政(ツァーリズム)を開始

ロマノフ朝	**ミハイル=ロマノフ**により創始(1618) 17世紀半ば　ポーランドと争いウクライナ地方を獲得 17世紀後半　**ステンカ=ラージン**の農民反乱を鎮圧 ❖コサック:ロシアの圧政から逃れて南ロシアに移った農民
ピョートル1世	多くの専門家を西欧からまねく→軍事改革と先進技術の導入推進 **ネルチンスク条約**(1689)…清との国境を定めて通商を開く **北方戦争**(1700〜21)でスウェーデン王に勝利 ❖バルト海沿岸に**ペテルブルク**建設→モスクワから遷都
エカチェリーナ2世	オスマン帝国から**クリミア半島**を奪う 日本に**ラクスマン**を派遣(1792)→江戸幕府に通商を求める **啓蒙専制君主**として近代化推進…**ヴォルテール**と親交 ➡農奴制強化→**プガチョフの農民反乱**(1773〜75)

❷ プロイセンとオーストリアの動向

①プロイセン…プロイセン公国とブランデンブルク選帝侯国との同君連合により成立
…**ホーエンツォレルン家**が両国の君主となる

フリードリヒ=ヴィルヘルム(大選帝侯)…常備軍を強化、亡命**ユグノー**の受け入れ **スペイン継承戦争**で神聖ローマ皇帝を援助→王国へ昇格(1701)		
フリードリヒ2世…オーストリア継承戦争・七年戦争でオーストリアと抗争		
オーストリア継承戦争	**マリア=テレジア**の**ハプスブルク家**継承に異議 ➡バイエルン公やフランスとともに開戦→**シュレジエン**を獲得
七年戦争	プロイセンはイギリスと結ぶ→**シュレジエン**を確保(1763)

啓蒙専制主義	「君主は国家第一の僕」を自称…フランス啓蒙思想の影響
	❖**サンスーシ宮殿**…啓蒙思想家**ヴォルテール**や音楽家バッハらがまねかれる➡首都**ベルリン**の文化的発展
	君主主導の「上からの改革」を推進…**啓蒙専制主義**
	…信教の自由の承認、産業の育成、司法の改革など
	統治の実態…**ユンカー**中心の身分制社会は根本的に変更されず

②オーストリア…**ハプスブルク家**の当主が統治→神聖ローマ皇帝を兼ねる

カルロヴィッツ条約(1699)でオスマン帝国からハンガリーを奪回

マリア゠テレジア	オーストリア継承戦争の敗北➡国内改革を推進
	❖「**外交革命**」:プロイセンの報復に備えて宿敵**フランス**と同盟
	➡七年戦争にのぞむも**シュレジエン**奪回はならず
ヨーゼフ2世	**啓蒙専制主義**…税制改革、官僚制の整備、**宗教寛容令**
	❖首都**ウィーン**…音楽家**モーツァルト**らが集う音楽の都に

❸ 科学革命と啓蒙思想

科学革命	望遠鏡・顕微鏡を使った観測・観察や実験により自然界の法則を解明
	ガリレイ(伊)…望遠鏡での観測をもとに**地動説**を確信、教会裁判で迫害
	ニュートン(英)…**万有引力の法則**:近代物理学の基礎をつくる
	ボイル(英)…気体力学　**ラヴォワジェ**(仏)…燃焼理論
	ハーヴェー(英)…血液循環論　ジェンナー(英)…種痘法を理論化
	リンネ(スウェーデン)…植物分類学　ラプラース(仏)…宇宙進化論
近代哲学	**フランシス゠ベーコン**(英)…**経験主義**、帰納法:現象から法則を導く
	デカルト(仏)…**合理主義**、演繹法:数学的な論証法
	➡18世紀末　カントによって統合…観念論哲学の確立
自然法思想	**グロティウス**(蘭)…自然法を国際関係に適用:「国際法の父」
	社会契約説…**ホッブズ**(英)『リヴァイアサン』:絶対王政を擁護
	ロック(英)『統治二論』:不当な統治への**抵抗権**
啓蒙思想	**モンテスキュー**(仏)『**法の精神**』…三権分立を主張
	ヴォルテール(仏)『**哲学書簡**』…イギリス社会を賛美
	ルソー(仏)『社会契約論』…**人民主権論**がフランス革命に影響
	ディドロ・ダランベール(仏)『**百科全書**』➡百科事典の刊行
古典派経済学	**アダム゠スミス**(英)『諸国民の富』…自由放任の政策を主張
芸術	バロック様式…豪壮華麗:建築…**ヴェルサイユ宮殿**
	絵画…**ルーベンス**(フランドル派)・ベラスケス(西)
	ロココ様式…繊細優美:建築…**サンスーシ宮殿**／絵画…ワトー(仏)
市民文化	啓蒙思想…新聞・雑誌などの出版物を通じて広まる
	コーヒーハウス(英)・カフェ(仏)…市民の情報交換の場
	…サロン(フランスの貴族の社交場)とともに世論を形成
	デフォー『ロビンソン゠クルーソー』、**スウィフト**『ガリヴァー旅行記』

北欧・東欧の動向と科学革命・啓蒙思想

❶ ポーランド・スウェーデンの動向とロシアの大国化

☑ ①ポーランドは14世紀に['¹　　　　　　　　　]のもとで**リトアニア**と同君連合(リトアニア＝ポーランド王国)を形成して、16世紀には東ヨーロッパの大国へと成長した。しかし16世紀後半に[　¹　]が断絶すると、選挙王政のもとで貴族間の対立が激化した。

☑ ②こうした混乱のなか、18世後半にロシア・プロイセン・オーストリアは3回にわたって[²　　　　　　　　　]を断行し、愛国者[³　　　　　　　　　]の抵抗運動もむなしく、ポーランド国家は地上からいったん消滅した。

☑ ③16世紀にデンマークの支配から脱したスウェーデンは、絶対王政を開始し、[⁴　　　　　]ではドイツの要所に領土を広げ、バルト海地域の覇権を握ったが、18世紀初めのロシアとの[⁵　　　　　　]に敗れ、その地位は急速に低下した。

☑ ④ロシアでは16世紀に[⁶　　　　　　　]のもとでツァーリズムという独自の絶対王政が開始された。17世紀初めに創始された[⁷　　　　　　　]の国王は専制を強化したため、17世紀後半には**ステンカ＝ラージン**が率いる農民反乱がおこった。

☑ ⑤17世紀末に即位した[⁸　　　　　　　]は、多くの専門家を西欧からまねいて近代化を推進した。また1689年には清と[⁹　　　　　　　　]を結び、両国の国境を定めた。さらにスウェーデン王と[　⁵　]を戦い、バルト海の覇権を握った。この戦争中に建設された[¹⁰　　　　　　　]は、新首都となった。

☑ ⑥18世紀後半の[¹¹　　　　　　　　]は、オスマン帝国から[¹²　　　　　]を奪い、黒海へ進出した。また1792年には日本にラクスマンを派遣して江戸幕府に通商を求めた。彼女は[¹³　　　　　　]とも親交のあった**啓蒙専制君主**であったが、農奴制の強化をきっかけに[¹⁴　　　　　　　　]がおこった。

❷ プロイセンとオーストリアの動向

☑ ①プロイセンは、15世紀にプロイセン公国とブランデンブルク選帝侯国の同君連合として成立した国家で、[¹⁵　　　　　　　　　]の当主が君主となった。

☑ ②三十年戦争後、**フリードリヒ＝ヴィルヘルム**(大選帝侯)は、常備軍を強化して絶対王政化を推進する一方、フランスから亡命[¹⁶　　　　　　]を受け入れ、その産業技術を活用した。その後、1701年に[¹⁷　　　　　　　]で神聖ローマ皇帝をたすけた見返りとして、プロイセンは王国へ昇格した。

☑ ③1740年、プロイセン王[¹⁸　　　　　　　]が[¹⁹　　　　　　　　]の**ハプスブルク家**継承に異議をとなえたことを契機に始まった[²⁰　　　　　　]で、プロイセンは[²¹　　　　　　]を獲得した。その後、56年からの[²²　　　　　　]でプロイセンは[　²¹　]を確保した。

☑ ④[　¹⁸　]は**サンスーシ宮殿**を造営し、啓蒙思想家[　¹³　]や音楽家バッハをまねいたため、首都ベルリンは文化的に発展した。また**啓蒙専制主義**と呼ばれる体制のもと、「[²³　　　　　　　]」と称して改革を推進したが、[²⁴　　　　　　]中心の身分制などに根本的変更はなかった。

☑ ⑤オーストリアは**ハプスブルク家**の当主が神聖ローマ皇帝を兼ねて帝国の中核をなしてき

た。1699年の[²⁵　　　　　　　　　　]でオスマン帝国からハンガリーなどを奪
回して、その威信を増大させたが、18世紀前半の[　¹⁹　]のハプスブルク家継承をめぐ
るオーストリア継承戦争では、プロイセンに敗れた。

☑⑥オーストリア継承戦争後、[　¹⁹　]は、プロイセンとの戦争に備えて、イタリア戦争以
来の宿敵**フランス**と同盟を結んだ。これを「[²⁶　　　　　　　]」というが、つづく七年
戦争でもオーストリアの[　²¹　]奪還はならなかった。

☑⑦オーストリアでは[　¹⁹　]と息子の[²⁷　　　　　　　　]が**啓蒙専制主義**のもと、税制
改革や官僚制の整備を進める一方、**宗教寛容令**も発布された。この時代に首都**ウィーン**
は、音楽家[²⁸　　　　　　　　]らが集う音楽の都となった。

❸ 科学革命と啓蒙思想

☑①17世紀のヨーロッパは[²⁹　　　　　　　]の時代といわれ、望遠鏡・顕微鏡を駆使した
観測・観察や実験により自然界の法則の解明が進んだ。17世紀後半に[³⁰　　　　　　　]
は望遠鏡での観測をもとに**地動説**を確信し、[³¹　　　　　　　]は**万有引力の法則**を
発見して近代物理学の基礎をつくった。

☑②ほかにも[³²　　　　　　]は気体力学の基礎を、**ラヴォワジェ**は燃焼理論を確立した。
また**リンネ**は植物分類法を、[³³　　　　　　　]は種痘法を理論化した。

☑③この時代には現象から法則を発見する思考法として[³⁴　　　　　　　　　]が
帰納法を提唱し、**経験主義**の祖となった。また法則から現象を説明する思考法として
[³⁵　　　　　　　]が演繹法を提唱し、**合理主義**の基礎をつくった。

☑④自然科学の発達にともない、**自然法思想**が生まれた。オランダの[³⁶　　　　　　
　]は自然法を国際関係に適用した。また[³⁷　　　　　　]は絶対王政を擁護し、[³⁸
　　　　　]は不当な統治に対して人民には**抵抗権**があると主張した。

☑⑤18世紀には**啓蒙思想**が大きな潮流となり、『**法の精神**』を著した[³⁹
　]や『**哲学書簡**』を著して東欧の君主と親交のあった[　¹³　]のほか、**人民主権論**をとな
えた[⁴⁰　　　　　]などが活躍した。また、フランスのディドロ・ダランベールらが
編纂した『**百科全書**』など、各国で百科事典が刊行された。

☑⑥啓蒙思想は経済の領域にも適用され、イギリスでは、『**諸国民の富**』を著した[⁴¹
　　　　　]が、自由主義的な[⁴²　　　　　　　]を確立した。

☑⑦芸術では、17世紀に豪壮華麗な[⁴³　　　　　　　]が生まれて**ヴェルサイユ宮殿**な
どが建てられ、絵画では**ルーベンス**やベラスケスが活躍した。また18世紀には繊細優
美な[⁴⁴　　　　　　]が広まり、**サンスーシ宮殿**などが建てられた。

☑⑧18世紀に啓蒙思想は、新聞・雑誌などを通じて広まった。これらの出版物は、イギリ
スの[⁴⁵　　　　　　]やフランスのカフェなどの集いの場や、貴族の社交場で
ある[⁴⁶　　　　　]などで読まれた。また**デフォー**の『ロビンソン＝クルーソー』や**ス
ウィフト**の『ガリヴァー旅行記』などが、ベストセラーとなった。

ステップ・アップ・テスト（文の正誤を○×で判定しよう）

☑①ピョートル1世は、北方戦争でスウェーデンに勝利した。(21年第2日程 A)

☑②ディドロの『百科全書』は、ドイツ啓蒙思想の集大成である。(20年本B)

Summary ▶ **産業革命とアメリカ独立革命**

Point ❶近世ヨーロッパ経済の動向 ❷イギリス・フランスの覇権争いと大西洋三角貿易 ❸産業革命の背景と技術革新 ❹産業革命の影響 ❺アメリカ独立革命

❶ 近世ヨーロッパ経済の動向

16世紀	西欧諸国で人口増加→バルト海沿岸地域…西欧諸国への**穀物輸出**の増加
	…プロイセンなど：**ユンカー**が農場領主制を拡大→農奴制の強化
	アメリカ大陸からの銀の流入→物価上昇（「**価格革命**」）が生産全体を刺激
17世紀	天候不順・凶作と銀の流入減少により経済は低調…「**17世紀の危機**」
18世紀	人口増加と価格上昇→農業・商業・工業の活発化
	中国の茶・陶磁器、西インド諸島の砂糖、インド産の綿織物などの流入
	…王侯・貴族やブルジョワたちの消費生活の変化：**生活革命**

❷ イギリス・フランスの覇権争い

インド…**アンボイナ事件**以後、イギリスは**マドラス・ボンベイ・カルカッタ**に拠点
　　　　→フランスもイギリスに対抗してインドに拠点を建設

アメリカ大陸…イギリスは東部沿岸地域、フランスは**カナダ**やルイジアナに入植

スペイン継承戦争	北米大陸でもイギリス・フランスは戦争を展開
	➡**ユトレヒト条約**の締結（1713）
	イギリス…**ジブラルタル**など地中海の要衝を獲得
	中南米に**黒人奴隷を供給する特権**（アシエント）獲得
七年戦争	北米大陸でフレンチ＝インディアン戦争を展開➡**パリ条約**（1763）
	イギリス…**カナダ**・ルイジアナ東部、西インド諸島に植民地拡大
	❖インドでも抗争に勝利→**ベンガル**地方に植民地拡大
大西洋三角貿易	**砂糖・綿花**・タバコなど
	アメリカ・西インド諸島 ⟶ ヨーロッパ
＝綿花やサトウキビの	黒人奴隷 ⟵ アフリカ ⟵ 武器・雑貨
プランテーション	

❸ 産業革命

①イギリス産業革命の背景

綿織物の人気	インド産綿織物の人気➡綿花を輸入して国内で生産する動き
農業革命	**「囲い込み」**進行→非農業人口を養う食料増産を可能にする
豊富な資源	**鉄鉱石**や**石炭**にめぐまれ、18世紀後半には科学・技術も発達

②技術革新の進展…綿需要の増大➡綿工業の技術革新へ

綿工業分野の技術革新		動力革命	
ジョン＝ケイ	**飛び杼**	**ニューコメン**	**蒸気機関の実用化**
ハーグリーヴズ	**ジェニー紡績機**	ワット	**蒸気機関の改良**
アークライト	**水力紡績機**	交通革命…運河（18世紀）➡鉄道（19世紀）	
クロンプトン	**ミュール紡績機**	フルトン（米）	**蒸気船の実用化**
カートライト	**力織機**	スティーヴンソン	**蒸気機関車の実用化**

❖機械の原料である鉄をつくる鉄工業の発展…ダービー：コークス製鉄法

❖最初の旅客鉄道…**マンチェスター・リヴァプール**間に開通（1830）

③産業革命の影響

資本主義の確立	機械制工場の出現→大工場を経営する**資本家**の地位が上昇
	…時間による労働管理、家庭と職場の分離などが進む
	❖手工業者の没落➡**機械打ちこわし運動**（ラダイト運動）
都市への人口集中	**マンチェスター・バーミンガム**（工業都市）・**リヴァプール**（商業都市）など→大気汚染・スラムの形成などの都市問題の発生
「世界の工場」	イギリス…良質・安価な工業製品で世界市場を支配（19世紀半ば）
	…他国を**原料供給地**や**製品市場**として世界経済を再編成
産業革命の波及	イギリスが**工業機械の輸出を解禁**…産業革命が各国に広がる
	❖**ベルギー・フランス**…ナポレオン没落後に産業革命が波及
	❖**ドイツ・アメリカ**…19世紀後半に重工業・化学工業の発展
	❖**ロシア・日本**…19世紀末頃に産業革命が開始

❹ アメリカ独立革命

①イギリスの植民地政策…七年戦争（フレンチ＝インディアン戦争）を契機に変化

13植民地	信仰の自由を求めたピューリタンや経済的利益を求めた移民により建設
	→自治的な政治体制の発展…各植民地は**植民地議会**をもつ
重商主義体制	**七年戦争**後の財政難➡イギリスが植民地の自由な貿易をおさえる

┌─── イギリスの政策 ───	┌─── 植民地側の抵抗 ───
印紙法（1765）…課税の強化──	→**「代表なくして課税なし」**
茶法（1773）…東インド会社の救済──	→**ボストン茶会事件**の発生
ボストン港の閉鎖◀──	→**大陸会議**…自治の尊重を要求

②アメリカ**独立戦争**（1775〜83）

開戦	ボストン近郊で武力衝突→植民地軍総司令官…ワシントン
	➡ペイン…『**コモン＝センス**』出版：独立の気運の高まり
独立宣言	**フィラデルフィア**で発表、起草者…ジェファソンら
	人間の自由・平等、圧政に対する抵抗を正当化←ロックの思想的影響
展開	最初は植民地軍苦戦➡フランス・スペインが植民地側で参戦
	➡**武装中立同盟**…ロシアのエカチェリーナ2世が提唱➡植民地側有利に
	❖義勇兵の参戦…**ラ＝ファイエット**（仏）・**コシューシコ**（ポーランド）
	➡**ヨークタウンの戦い**（1781）…植民地側の勝利が決定的となる
パリ条約	アメリカ合衆国の独立承認、**ルイジアナ**東部獲得（1783）
	イギリスは**フロリダ**をスペインに返還するも**カナダ**地方は維持

③**合衆国憲法**の制定（1787）…憲法制定会議で人民主権を基礎に制定

連邦主義	自治権をもつ各州を中央政府が統括→初代大統領…**ワシントン**就任
三権分立	行政権…大統領　立法権…連邦議会　司法権…最高裁判所
	➡**連邦派**（中央政府の権限維持）と**州権派**（州の自立性重視）の対立

産業革命とアメリカ独立革命

❶ 近世ヨーロッパ経済の動向

☐ ①16世紀、西欧の人口増加にともなって、東欧から西欧への**穀物輸出**が増加し、プロイセンなどでは**ユンカー**が[1　　　　　　　　　]を拡大した。またアメリカからの銀の流入は「[2　　　　　　　　　]」という物価上昇を引きおこし、生産を刺激した。

☐ ②17世紀のヨーロッパは天候不順や凶作などにより、経済は「[3　　　　　　　　　]」と呼ばれる不況となった。18世紀には再び好況となり、各地から流入した物産により王侯・貴族などの消費生活には**生活革命**という変化がみられた。

❷ イギリス・フランスの覇権争い

☐ ①イギリスは[4　　　　　　　　　]以後はインド経営に専念し、**マドラス・ボンベイ・カルカッタ**を拠点としたが、これにフランスも拠点を建設して対抗した。またアメリカ大陸では、イギリスは東部沿岸地域に、フランスは**カナダ**と[5　　　　　　　　　]に入植して、植民地の建設を進めた。

☐ ②1701年に始まる[6　　　　　　　　　]と並行して英仏両国は北米大陸でも植民地戦争を展開し、13年の[7　　　　　　　　　]でイギリスは、**ジブラルタル**などの地中海の要衝を獲得したほか、中南米に**黒人奴隷を供給する特権**（アシエント）を得た。

☐ ③**七年戦争**と並行して北米大陸で展開された[8　　　　　　　　　]でもイギリスは勝利し、1763年の[9　　　　　　　　　]で、**カナダ**と[5　　　]東部などをフランスから獲得し、西インド諸島にも植民地を広げた。また同時期にインドの[10　　　　　　　　　]地方も植民地とし、これらを市場に組み込んでいった。

☐ ④イギリスは武器や雑貨をアフリカに輸出し、アフリカで購入した[11　　　　　　　]をアメリカ大陸や西インド諸島へ運んで[12　　　　　　　　　]（大農園）の労働力として使役し、生産された**砂糖**や**綿花**をヨーロッパで販売する[13　　　　　　　　　]を通じて、産業革命の必要条件となる資本を蓄積していった。

❸ 産業革命

☐ ①18世紀のイギリスでは、インド産の[14　　　　　　　]の人気が高まり、綿花を輸入して国産化しようとする動きがみられた。また[15　　　　　　　　　]のなかでみられた「**囲い込み**」の進行などにより食料増産が実現し、大量の非農業人口を養うことが可能となったことや、**鉄鉱石や石炭**が豊富に産出されていたことを背景に産業革命が始まった。

☐ ②イギリスの産業革命における技術革新は、[16　　　　　　　]分野から始まった。

☐ ③1733年に[17　　　　　　　　　]は飛び杼を発明したが、これは糸不足をまねき、[18　　　　　　　　　]のジェニー紡績機や[19　　　　　　　　　]の水力紡績機、さらに[20　　　　　　　　　]のミュール紡績機の発明につながった。

☐ ④紡績機の発明で糸不足が解消されると、[21　　　　　　　　　]は力織機を発明し、織布の大量生産を可能にした。この動力となった**蒸気機関**は、**ニューコメン**が最初に実用化した後、[22　　　　　　　]が改良を加え、広く動力として使われ始めた。

☐ ⑤この時代、大量の原料や製品を運ぶための交通革命がおこり、[23　　　　　　　　　]は蒸気船を試作し、[24　　　　　　　　　]は蒸気機関車を実用化した。最初の旅客鉄

道は1830年に〔²⁵   〕・**リヴァプール**間に開通した。

☑ ⑥産業革命の結果、工場を経営する〔²⁶   〕は労働者を、時間を基準とした労働
規律のもとで管理した。こうして〔²⁷   〕経済が確立する一方、没落した手
工業者のなかには、**機械打ちこわし運動**(ラダイト運動)に参加する者もあった。

☑ ⑦産業革命の進展とともに〔²⁵〕・**バーミンガム**・**リヴァプール**などの商工業都市への
人口集中が進むとともに、公害・スラムの形成などの都市問題が発生した。

☑ ⑧また産業革命が進展したイギリスは、19世紀半ばには「〔²⁸   〕」として世
界市場を支配し、他国を**原料供給地・製品市場**として世界経済を再編成した。

☑ ⑨イギリスが**工業機械の輸出を解禁**したことを契機に、19世紀前半には**ベルギー**や**フラ
ンス**で産業革命が開始された。また19世紀後半には〔²⁹   ・   〕で重
工業や化学工業分野での産業革命が進展し、イギリス経済をしのぐ発展をみせた。

4 アメリカ独立革命

☑ ①ピューリタンや農業移民によって東海岸に建設された〔³⁰   〕では、自治的
な政治体制が確立し、州ごとに〔³¹   〕が開かれていた。

☑ ②1763年の**七年戦争**の終結後、イギリスは植民地の自由な貿易を制限するなどの〔³²
          〕政策を推進し、65年には〔³³   〕を発布して課税を強化したが、
植民地側は「〔³⁴   〕」と抵抗した。

☑ ③1773年の〔³⁵   〕に対する植民地の怒りが〔³⁶   〕を引きお
こすと、本国政府は**ボストン港**を閉鎖したため、74年に植民地側は〔³⁷   〕
を開いて自治の尊重を要求し、翌75年に**独立戦争**を開始した。

☑ ④1776年に出版された〔³⁸   〕の『**コモン＝センス**』は独立の気運を高めた。そ
して同年7月4日に13植民地の代表は、**フィラデルフィア**で〔³⁹   〕を発表
した。この宣言は、圧政に対する抵抗権を主張した〔⁴⁰   〕の思想的影響を受
けて、〔⁴¹   〕らによって起草された。

☑ ⑤植民地軍は当初苦戦したが、フランス・スペインの植民地側での参戦や、ロシア皇帝エ
カチェリーナ2世が提唱した〔⁴²   〕の結成により、しだいに優勢とな
った。またフランスの〔⁴³   〕やポーランドの〔⁴⁴
          〕も、義勇兵として植民地側を支援した。

☑ ⑥1781年の〔⁴⁵   〕に敗れたイギリスは、〔⁴⁶   〕を結
んでアメリカ合衆国の独立を認め、〔 ⁵ 〕東部を譲った。またイギリスはスペインに
〔⁴⁷   〕を譲ったが、**カナダ**などの植民地は維持した。

☑ ⑦1787年に開かれた憲法制定会議で**合衆国憲法**が制定された。この憲法では、**連邦主義**
にもとづいて中央政府の権限強化がはかられ、権力の集中を避けるため、〔⁴⁸
          〕の原則がとられた。こうして発足した合衆国の初代大統領には〔⁴⁹
          〕が就任したが、憲法をめぐる**連邦派**と**州権派**の対立が続いた。

◀ ステップ・アップ・テスト(文の正誤を○×で判定しよう) ▶

☑ ①18世紀に、マンチェスター・リヴァプール間で、鉄道の営業運転が開始された。(20年追B)

☑ ②茶法制定への抗議として、ボストン茶会事件が起こった。(21年第1日程B)

DAY 17

Summary ▶ **フランス革命と中南米諸国の独立**

Point ❶議会・政府ごとにまとめたフランス革命の展開　❷皇帝ナポレオンの誕生と没落　❸環大西洋革命とハイチ革命　❹中南米諸国の独立

❶ フランス革命

①革命以前のフランス社会…「**アンシャン゠レジーム**(旧体制)」：典型的な身分制社会

身分構造	第一身分(聖職者)・第二身分(貴族)…免税などの特権をもつ：特権身分
	→人口の大多数の**第三身分**(平民)を支配➡啓蒙思想の普及…第三身分の不満を助長→シェイエス『**第三身分とは何か**』…第三身分の権利を主張
財政改革	あいつぐ戦争を原因とした財政難➡**ルイ16世**は**テュルゴ・ネッケル**を登用
	→財政改革…特権身分への課税➡特権身分は**全国三部会**開催を要求

②フランス革命の展開

全国三部会	議決方法をめぐり特権身分(身分別投票)と第三身分(個人票決)が対立
	➡特権身分の一部と第三身分代表は三部会から分離…国民議会を名乗る**「球戯場(テニスコート)の誓い」**…憲法制定まで議会を解散しないと誓う
国民議会 (憲法制定 国民議会)	**バスティーユ牢獄**を襲撃(1789.7.14)➡全国的な**農民蜂起**に発展
	封建的特権の廃止(1789.8)…**領主裁判権**などは無償廃止、地代は有償廃止
	人権宣言(1789.8)…**ラ゠ファイエット**らの起草(ジェファソンらの助言) 　　　　　　　　人間の自由・平等、主権在民、所有権の不可侵
	全国一律の県制度・**度量衡**の導入、**ギルド**の廃止、教会聖職者の国家管理 …均質的な国民を主体とする**国民国家**の形成をめざす
	ヴァレンヌ逃亡事件(1791)→国王は国民の信頼を失い共和派が台頭
	1791年憲法…立憲君主政、制限選挙などを規定→**立法議会**の発足
立法議会	国王救援のため**オーストリア・プロイセン**が共同で介入の姿勢を示す
	➡両国と戦争開始(1792)…各地で義勇軍が組織される
	8月10日事件…パリ民衆・義勇軍がパリの王宮を攻撃→王権の停止
国民公会	男性普通選挙で選出➡王政の廃止と共和政の樹立宣言…**第一共和政**(1792)
	ジャコバン派(急進共和派)の台頭➡**ルイ16世の処刑**(1793)
	➡**対仏大同盟**(1793)結成→フランスで**徴兵制**導入→フランス西部で反乱
	➡**ロベスピエール**主導の**公安委員会**による恐怖政治
	…封建地代の無償廃止／脱キリスト教化政策：**革命暦**、理性崇拝の宗教
	軍事力増強にともなう戦局の安定→独裁への不満の高まり
	➡**テルミドールの反動**(1794)…ロベスピエールらが反対派により処刑
総裁政府	5人の総裁による政府(1795)→国内の分裂のため、政局不安定
	ナポレオン゠ボナパルトの台頭…**イタリア**遠征でオーストリア軍撃破
	➡**エジプト遠征**(1798)…イギリスとインドの連絡ルート遮断をはかる
	→イギリス…対仏大同盟の結成：フランス国境を脅かす
	➡**ブリュメール18日のクーデタ**(1799)…**総裁政府**打倒
	…**統領体制**：ナポレオンは実質的な国家元首となる→フランス革命終了

② ナポレオンのヨーロッパ支配

統領体制	ナポレオン…第一統領として独裁権行使
	教皇と**政教協約**(1801)…カトリック復権を承認、教会を国家へ従属させる
	アミアンの和約(1802)…イギリスとの講和→**対仏大同盟**を解消させる
皇帝即位	**ナポレオン法典**…私有財産の不可侵、法の前の平等など**革命の成果**を継承
	国民投票で皇帝**ナポレオン1世**誕生(1804)…**第一帝政**
大陸支配	アウステルリッツの三帝会戦(1805)…ロシア・オーストリア軍撃破➡**ライン同盟**結成(1806)…**神聖ローマ帝国**崩壊➡プロイセン軍撃破➡ポーランド地方に**ワルシャワ大公国**建設➡イベリア半島出兵…スペインを従属国に
対イギリス	**トラファルガーの海戦**(1805)…イギリス海軍に敗北➡経済戦をしかける
	大陸封鎖令(1806)…イギリスと大陸諸国の通商禁止
抵抗運動	スペイン反乱…ナポレオン支配への抵抗運動開始
	❖ゴヤ「1808年5月3日」…スペイン市民のフランス軍への抵抗を描く
	プロイセン…**シュタイン・ハルデンベルク**らが**農奴解放**などの改革
	フィヒテ「ドイツ国民に告ぐ」→ドイツ民族意識の高揚
没落	**ロシア遠征**失敗(1812)➡**解放戦争**(1813)…ナポレオンの敗北
	➡皇帝退位→エルバ島に流刑(1814)…**ルイ18世**が即位して**ブルボン朝**復活
百日天下	王政への不満やウィーン会議の混乱➡ナポレオンの皇帝復位(1815)
	ワーテルローの戦いでナポレオン敗北(1815)➡セントヘレナへの流刑

③ 中南米諸国の独立

中南米諸国…16世紀からヨーロッパ諸国の植民地	
➡19世紀前半に**アメリカ独立革命**や**フランス革命**の影響を受けて独立	
…大西洋をまたいでみられた革命の連鎖:**環大西洋革命**	
❖ラ゠ファイエット・ジェファソン…アメリカ独立・フランス革命双方に関わる	
ハイチ革命	**サン゠ドマング**(イスパニョーラ島西部)…17世紀末にフランス領…サトウキビ栽培の拡大とともに黒人奴隷が増加
	1791　黒人奴隷の反乱から**ハイチ革命**の開始…黒人が権力を掌握
	➡イギリス・スペインの干渉…フランスは奴隷制廃止を決定(1794)
	➡**トゥサン゠ルヴェルチュール**の自治政府がイギリス・スペイン撃退
	➡ナポレオンの干渉➡**ハイチ**の独立(1804)…史上初の黒人共和国
ナポレオンによるスペイン占領の影響→1810～20年代に中南米の独立盛ん	
❖**クリオーリョ**…植民地生まれの白人:地主層として独立運動を指導	
南米北部	**ボリバル**…**大コロンビア**・ボリビアなどの独立運動を指導
南米南部	スペインとの戦争を経て、**アルゼンチン・チリ**が独立を達成
メキシコ	クリオーリョが結束して、白人主導のメキシコ帝国を樹立
ブラジル	**ポルトガル**王太子が帝位に就く→ブラジル帝国として独立
❖イギリス…独立後の自由貿易を期待して独立運動を支持	
アメリカ合衆国…**モンロー宣言**発表:ヨーロッパからの干渉の動きを牽制	

Speed Check! ✓ **フランス革命と中南米諸国の独立**

❶ フランス革命

☑ ①革命前のフランス社会は「[¹　　　　　　　　　　](旧体制)」と呼ばれる身分制
社会であったが、[²　　　　　　]の普及は**第三身分**の不満を助長し、シェイエスは
『[³　　　　　　　]』のなかで、第三身分の権利を主張した。

☑ ②イギリスとの戦争などを原因とした財政難の克服をめざし、国王[⁴　　　　　　]は
経済学者**テュルゴ**や銀行家**ネッケル**を登用して特権身分への課税をはかった。

☑ ③1789年に特権身分の要求で開かれた[⁵　　　　　　]は、議決方法をめぐって混乱
した。そのため特権身分の一部と第三身分は[⁶　　　　　　]の結成を宣言し、憲法制
定まで議会を解散しないことを誓った。これを**「球戯場(テニスコート)の誓い」**と呼ぶ。

☑ ④パリ市民は議会への武力弾圧に対し、[⁷　　　　　　　]を攻撃して武器を奪
い、さらに独自に市長を選出し、民兵部隊を組織するなど、パリ市の改革をおこなっ
た。この事件は全国的な**農民蜂起**に発展したため、危機感をもった国民議会は[⁸
　　　　　　]を宣言して**領主裁判権**などを廃止した。

☑ ⑤国民議会は、[⁹　　　　　　　]らの起草による[¹⁰　　　　　　]を採択し、
人間の自由・平等、主権在民、所有権の不可侵などの理想を示した。

☑ ⑥さらに国民議会は、全土に県制度や一律の[¹¹　　　　　　]を導入したほか、中世以来
の[¹²　　　　　]を廃止して経済活動を自由化し、教会聖職者を国家の管理下におい
た。こうしてフランス革命は、身分・特権や地域差の解消をはかりながら、均質的な国
民を主体とする[¹³　　　　　]を築いていくことになった。

☑ ⑦ところが1791年におこった[¹⁴　　　　　　　　]をきっかけに、国王は国民
の信頼を失い、共和派の台頭がみられた。こののちフランスでは立憲君主政や制限選挙
などを定めた史上最初の憲法が制定され、[¹⁵　　　　　　]が発足した。

☑ ⑧[¹⁴]ののち、国王救援のために[¹⁶　　　　　　]・プロイセンがフランスに介
入する姿勢をみせたため、革命政府は両国に対して宣戦し、革命防衛のための戦争を
開始した。この時組織された義勇軍はパリ民衆とともに、敵との密通が疑われた国王の
王宮を[¹⁷　　　　　　]で攻撃し、王権を停止させた。

☑ ⑨翌月招集された[¹⁸　　　　　　]は、王政の廃止と共和政の樹立を宣言し(**第一共和
政**)、さらにジャコバン派の主導のもと、1793年には国王[⁴]を処刑した。これに
イギリスが[¹⁹　　　　　　]を結成して対抗すると、革命政府は**徴兵制**を導入して
軍事力の強化をはかったが、フランス西部ではこれに反対する反乱がおこった。

☑ ⑩この頃王政復活の動きなどが強まると、[²⁰　　　　　　]らが**公安委員会**に権
力を集中し、反対派を弾圧する[²¹　　　　　　]を進めた。

☑ ⑪[²¹]期には、封建地代が無償廃止されたほか、**革命暦の制定**やキリスト教にかわる
[²²　　　　　　]が導入されるなど、脱キリスト教化が進んだ。

☑ ⑫1794年の[²³　　　　　　]で[²⁰]は反対派に逮捕・処刑された。その
後95年に[¹⁸]は解散し、[²⁴　　　　　　]が樹立された。

☑ ⑬コルシカ島出身の[²⁵　　　　　　　]は、**イタリア**遠征や[²⁶

　　　　　]の活躍で名声を高めた。1799年に再び〔　¹⁹　〕が結成されると、ナポレオン
はエジプトから急ぎ帰国してブリュメール18日のクーデタをおこし、〔　²⁶　〕を倒して
実質的な国家元首となり、〔²⁷　　　　　　　　　　〕をつくりあげた。

② ナポレオンのヨーロッパ支配

☑ ①〔　²⁷　〕のもとで第一統領として独裁権を行使したナポレオンは、1801年に教皇と〔²⁸
　　　　　　　　]を結んでカトリックの復権を承認した。また02年にはイギリスと〔²⁹
　　　　　　　　　]を結んで講和を実現し、〔　¹⁹　〕を解消させた。

☑ ②1804年にナポレオンは〔³⁰　　　　　　　　　　　　〕を制定して**革命の成果**を継承し、国
　　民投票で皇帝に即位して〔³¹　　　　　　　　　　〕と称した(**第一帝政**)。

☑ ③ナポレオンは1805年のアウステルリッツの三帝会戦でロシア・オーストリア軍を破り、
　　翌年にはドイツで〔³²　　　　　　　　　　〕を結成し、**神聖ローマ帝国**を崩壊させた。また
　　プロイセン軍を撃破した後、ポーランド地方には傀儡国家である〔³³
　　　　　　〕を建設し、さらにはスペインを従属国として大陸支配を完成させた。

☑ ④残るイギリスに対して、ナポレオンは1805年の〔³⁴　　　　　　　　　　　　　　〕で敗
　　れた後には経済戦をしかけ、06年には〔³⁵　　　　　　　　　　〕を発布し、ヨーロッパ諸国
　　にイギリスとの通商を禁止したが、これは大陸諸国を苦しませた。

☑ ⑤ナポレオンに対する抵抗は、〔³⁶　　　　　　〕の「1808年5月3日」に描かれたスペイン
　　市民の抵抗運動から始まった。同時期にプロイセンでは〔³⁷　　　　　　　　　　・
　　　　　　　〕が**農奴解放**などの改革をおこない、**近代化**の端緒を開いた。

☑ ⑥1812年の〔³⁸　　　　　　　　　　〕に失敗したナポレオンは、翌年のプロイセン・オース
　　トリアなどとの〔³⁹　　　　　　　　　〕に敗れた後皇帝を退位し、フランスでは**ルイ18世**が
　　即位して〔⁴⁰　　　　　　　　〕が復活した。15年にナポレオンは復位したが、〔⁴¹
　　　　　　]に敗れ、南大西洋のセントヘレナに流された。

③ 中南米諸国の独立

☑ ①19世紀前半に中南米諸国は、**アメリカ独立革命**や**フランス革命**の影響を受けて独立を
　　達成した。こうした大西洋をまたぐ革命の連鎖を〔⁴²　　　　　　　　　　〕という。

☑ ②フランス領の**サン゠ドマング**では、黒人奴隷の反乱から〔⁴³　　　　　　　　　〕が開始さ
　　れた。その後イギリスやスペインの干渉を〔⁴⁴　　　　　　　　　　　　　　〕率い
　　る自治政府が退け、1804年にサン゠ドマングは**ハイチ**として独立した。

☑ ③ナポレオンによるスペイン占領の影響で、1810〜20年代に植民地生まれの白人である
　　〔⁴⁵　　　　　　　　　〕を担い手とした中南米の独立が盛んになった。なかでも**大コロ
　　ンビア**の独立を指導した〔⁴⁶　　　　　　　　〕が有名である。また南米の**アルゼンチン・
　　チリ**、中米の**メキシコ**も独立を果たした。

☑ ④**ポルトガル**の王太子が帝位に就いた〔⁴⁷　　　　　　　　〕は、帝国として独立した。

☑ ⑤アメリカは〔⁴⁸　　　　　　　　〕を発表し、ヨーロッパの干渉の動きを牽制した。

◆ ステップ・アップ・テスト(文の正誤を○×で判定しよう)

☑ ①テルミドール9日のクーデタ(テルミドールの反動)で、総裁政府が倒された。(19年追B)

☑ ②メキシコで、トゥサン゠ルヴェルチュールが指導する独立運動が起こった。(19年本B)

ウィーン体制とヨーロッパの再編成

Summary

Point ❶ウィーン体制の成立と動揺　❷イギリスにおける自由主義の進展　❸フランス二月革命とその影響　❹ロシアの南下政策　❺イタリアとドイツの統一

❶ ウィーン体制

①**ウィーン会議**…ナポレオン戦争後の秩序再建：オーストリアの**メッテルニヒ**が主催（1814〜15）　原則…**正統主義**：**タレーラン**が主張…フランスで**ブルボン朝**復活

| イギリス | セイロン島、ケープ植民地獲得 | ドイツ | **ドイツ連邦**の成立 |
| ロシア | 皇帝が**ポーランド国王**兼任 | スイス | 永世中立国が承認 |

②ウィーン体制の成立…イギリスとロシアを中心に維持がはかられる

| 神聖同盟 | **アレクサンドル1世**(露)が提唱、英・オスマン帝国・ローマ教皇以外加盟 |
| 四国同盟 | 英・露・墺・普が結成➡フランスが参加して五国同盟となる(1818) |

③ウィーン体制の動揺…自由主義とナショナリズムを背景とした改革を求める動き

ヨーロッパ	ドイツ…**ブルシェンシャフト**の運動　スペイン…立憲革命
	イタリア…秘密結社**カルボナリ**の蜂起　ロシア…**デカブリストの反乱**
中南米諸国	独立運動開始→メッテルニヒは反対、イギリスは独立支持
ギリシア	独立運動(1821〜29)…英・仏・露の支援で独立を達成
七月革命	フランス…シャルル10世の反動政治：アルジェリア遠征で不満をそらす
	➡**七月革命**(1830)…オルレアン家の**ルイ=フィリップ**即位(**七月王政**)
	影響…ベルギーが**オランダ**から独立、ポーランド・イタリアで反乱発生

④イギリスの自由主義改革…様々な規制の撤廃と選挙権の拡大が進行

信仰の自由化	連合王国の成立(1801)➡アイルランドの**オコネル**らの抵抗運動
	➡**プロテスタント非国教徒**や**カトリック教徒**への法的制約の撤廃
奴隷制への批判	奴隷貿易の禁止(1807)➡植民地を含め奴隷制を廃止(1833)
第1回選挙法改正	**ブルジョワ**に選挙資格拡大(1832)➡**チャーティスト運動**の展開
自由貿易の実現	東インド会社の**インド貿易**での特権廃止➡**中国貿易独占**の廃止
	コブデン・ブライトの運動➡**穀物法**廃止(1846)　航海法廃止(1849)

思想　**社会主義**の成立…**オーウェン**(英)：**工場法**制定に尽力
　　　　　　　　　　サン=シモン(仏)：労働者の連帯
　　　　　　　　　　ルイ=ブラン(仏)：生産の国家統制
　　　　　　　　　　プルードン(仏)：無政府主義
　　　　社会主義の集大成…**マルクス**(独)：エンゲルスとともに『**共産党宣言**』を著す

❷ 1848年革命(「諸国民の春」)

フランス二月革命	**七月王政**への不満➡**二月革命**(1848)→**第二共和政**…ルイ=ブランら入閣、国立作業場設置➡4月普通選挙…社会主義者大敗➡労働者の六月蜂起鎮圧
	➡大統領選挙…**ルイ=ナポレオン**当選➡1851年クーデタ…独裁権の確立
	➡国民投票によって皇帝ナポレオン3世として即位(**第二帝政**)
三月革命	**ウィーン三月革命**…メッテルニヒ失脚➡ベーメン・ハンガリーで民族運動
	❖ハンガリー…**コシュート**の指導→ロシアにより鎮圧される

ベルリン三月革命→フランクフルト国民議会…ドイツ統一と憲法を議論

③ ヨーロッパの再編成

①ロシア…南下政策の推進：地中海への出口の確保をめざす

南下政策	ニコライ1世…**エジプト＝トルコ戦争**(1831～33・39～40)へ干渉
	…ダーダネルス・ボスフォラス両海峡の自由通行権獲得をめざすも失敗
	クリミア戦争…オスマン帝国内のギリシア正教徒保護を名目に開戦
	➡英仏がオスマン帝国を支援し敗北➡**パリ条約**(1856)…**黒海の中立化**
	ロシア＝トルコ戦争(1877～78)➡サン＝ステファノ条約→英・オーストリ
	アの反対➡**ベルリン会議**…**ビスマルク**仲介、南下政策の挫折
国内改革	**アレクサンドル2世**…農奴解放令(1861)：農奴に人格的自由を認める
	➡ポーランドでおこった反乱をきっかけに再び専制政治を強化
	❖**ナロードニキ**(人民主義者)…農民の啓蒙による社会改革をめざす
	➡農民の同調得られず一部はテロリズムへ→アレクサンドル2世暗殺

②イギリス…**ヴィクトリア女王**の治世下に繁栄の絶頂：パクス＝ブリタニカ

議会政党政治	**グラッドストン**(**自由党**)と**ディズレーリ**(**保守党**)が改革推進
選挙法改正	第2回選挙法改正(1867～68)…**都市部の労働者**の多くが選挙権を獲得
	第3回選挙法改正(1884)…**農村部の労働者**の大部分が選挙権を獲得
アイルランド	**アイルランド**…1840年代にジャガイモ飢饉→移民がアメリカへ
問題	グラッドストン…**アイルランド自治法案**提出→議会を通過せず

③フランス第二帝政と第三共和政

第二帝政	**ナポレオン3世**…第2次アヘン戦争・イタリア統一戦争・インドシナ出兵
	➡**メキシコ遠征**失敗➡**ドイツ＝フランス戦争**の敗北→第二帝政崩壊
	❖**パリ＝コミューン**成立(1871)…史上初の労働者による自治政府
第三共和政	共和国憲法制定(1875)→フランス革命を原点とする国民統合を推進

④イタリアの統一…サルデーニャ王国中心に統一が進む

青年イタリア	マッツィーニが結成➡二月革命後にローマ共和国建設(1849)
サルデーニャ王国…国王ヴィットーリオ＝エマヌエーレ2世：首相に**カヴール**を登用	
イタリア王国	**イタリア統一戦争**(1859)…ロンバルディア獲得➡中部イタリア併
	合➡ガリバルディが両シチリア王国占領➡**イタリア王国**成立(1861)
イタリアの統一	ヴェネツィア併合(1866)➡ローマ教皇領併合(1870)

⑤ドイツの統一…プロイセン王国中心に統一を達成

ドイツ関税同盟	プロイセンを中心にドイツの経済的統合をはかる(1834)
フランクフルト国民議会…大ドイツ主義 VS 小ドイツ主義→小ドイツ主義が優勢	
統一の過程	**ヴィルヘルム1世**…ビスマルクの登用：**鉄血政策**推進
	デンマーク戦争(1864)➡プロイセン＝オーストリア戦争(1866)➡
	北ドイツ連邦(1867)➡ドイツ＝フランス戦争➡**ドイツ帝国**(1871)
ドイツ帝国	「文化闘争」…**カトリック教徒**を抑圧➡**社会主義者鎮圧法**(1878)
(宰相ビスマルク	三帝同盟(1873)…独・墺・露➡三国同盟(1882)…独・墺・伊➡
の政策)	再保障条約(1887)…独・露→**フランスの孤立化**とドイツの安全確保

Speed
Check! ✓ # ウィーン体制とヨーロッパの再編成

❶ ウィーン体制

☑ ①**ウィーン会議**はオーストリア外相[¹　　　　　　　　]が主催した。この会議ではフランスの**タレーラン**が主張した[²　　　　　　　]にもとづき、大国間の勢力均衡がはかられた。フランスには**ブルボン朝**が復活し、ドイツには[³　　　　　　　　　]が成立、ロシア皇帝は**ポーランド国王**を兼任し、スイスは永世中立国となった。

☑ ②1815年にロシア皇帝[⁴　　　　　　　　　]の提唱で各国君主の精神的連帯をうたう[⁵　　　　　　]が成立し、同年[⁶　　　　　　　]も成立した。

☑ ③ヨーロッパでは1810年代後半にドイツの**ブルシェンシャフト**の運動が、また20年代に入るとイタリアの秘密結社[⁷　　　　　　　]の蜂起や、ロシアでは青年将校が中心となった[⁸　　　　　　　]がおこり、ウィーン体制は動揺した。

☑ ④1820年代に活発となった中南米諸国の独立運動に対して、[¹　]は反対したが、イギリスは独立を支持した。またヨーロッパでは、[⁹　　　　　]がオスマン帝国に対して独立運動をおこし、イギリス・フランス・ロシアの支援で独立を達成した。

☑ ⑤フランスでは[¹⁰　　　　　　]の反動政治に対し、1830年に[¹¹　　　　　　]がおこり、オルレアン家の[¹²　　　　　　　　　]が即位して**七月王政**が成立した。この革命の影響で[¹³　　　　　　　]が**オランダ**から独立した。

☑ ⑥イギリスではアイルランド人の公職就任を求める**オコネル**らの運動により、**プロテスタント非国教徒**や[¹⁴　　　　　　]への法的制約が撤廃された。また奴隷制への批判が高まり、1807年には[¹⁵　　　　　　]が禁止された。

☑ ⑦1832年の[¹⁶　　　　　　　]により、**ブルジョワ**が参政権を獲得したが、選挙権を認められなかった労働者は[¹⁷　　　　　　　　　　]をおこした。

☑ ⑧ブルジョワの要求を背景に、イギリス東インド会社の**インド貿易**での特権廃止に続き、1834年には[¹⁸　　　　　　　]が廃止された。また46年には[¹⁹　　　　　]が、49年には[²⁰　　　　　]も廃止され、**自由貿易**が実現した。

☑ ⑨19世紀前半、労働・社会問題の解決をめざす**社会主義**が登場した。**工場法**制定に尽力したイギリスの[²¹　　　　　　]やフランスの**ルイ＝ブラン**は、生産を国家が統制すべきと説いた。これに対してエンゲルスと『**共産党宣言**』を発表した[²²　　　　　]は、社会革命の必要を説き、社会主義を大成した。

❷ 1848年革命(「諸国民の春」)

☑ ①**七月王政**への不満から1848年にフランスでは[²³　　　　　　　　]が勃発し、**第二共和政**が実現した。この時、臨時政府に入閣したルイ＝ブランらは国立作業場を設置したが、4月の普通選挙で社会主義者は大敗した。同年の大統領選挙に勝利した[²⁴　　　　　　]は、52年に皇帝に即位し、**第二帝政**が成立した。

☑ ②[²³]の影響で、オーストリアでは**ウィーン**で[²⁵　　　　　　]がおこり、**コシュート**の指導したハンガリーのほか、ベーメンでも民族運動が激化した。

☑ ③ドイツでも首都**ベルリン**で[²⁵]がおこり、ドイツ統一と憲法制定を議論するために[²⁶　　　　　　　]が開かれたが、ドイツ統一には失敗した。

☑①19世紀前半、皇帝ニコライ1世のもと**南下政策**を進めるロシアは、1831年に始まった**エジプト＝トルコ戦争**に干渉した。また53年には**オスマン帝国**と[²⁷　　　　]を始めたが、オスマン帝国を支援するイギリス・フランス軍に敗北し、56年の[²⁸　　　　]で**黒海の中立化**を約束した。

☑②1877年からの[²⁹　　　　　　　　　]に勝利したロシアは、オスマン帝国と[³⁰　　　　　　　]を結んだが、イギリス・オーストリアの反対にあい、**ビスマルク**の仲介で開かれた[³¹　　　　　　　　]で南下政策は挫折した。

☑③ロシア皇帝[³²　　　　　　　　　]は、1861年に[³³　　　　　　　　]を発布したが、ポーランドでおこった反乱をきっかけに専制政治を強化した。これに対して[³⁴　　　　　　　](**人民主義者**)が、農民の啓蒙による社会改革をめざした。

☑④イギリスは[³⁵　　　　　　　]の治世下で繁栄の絶頂を迎えた。[³⁶　　　　　]を代表とする**自由党**と、[³⁷　　　　　　　]を代表とする**保守党**のもとで改革が進み、[³⁸　　　　　　　]では**都市部の労働者**に、[³⁹　　　　　]では**農村部の労働者**などに選挙権が与えられた。

☑⑤1840年代に[⁴⁰　　　　　　　]を経験した**アイルランド**をめぐり、80年代には[⁴¹　　　　　　]が提出されたが、議会を通過しなかった。

☑⑥フランス皇帝[⁴²　　　　　　]は積極的な外交政策を展開したが、**メキシコ遠征**の失敗を機に国民の信頼を失い、**ドイツ＝フランス戦争**に敗れて退位し、ここに[⁴³　　　　]は崩壊した。1871年に成立した労働者による史上初の自治政府である[⁴⁴　　　　　　]が弾圧された後、**第三共和政**が成立した。

☑⑦1831年[⁴⁵　　　　　]は**青年イタリア**を結成し、49年には[⁴⁶　　　　]を建設したが倒され、統一の中心はサルデーニャ王国に移った。

☑⑧首相[⁴⁷　　　　　]のもと、**サルデーニャ王国**は1859年の**イタリア統一戦争**を通じてロンバルディアを獲得し、60年には中部イタリアを併合した。同年[⁴⁸　　　　]は両シチリア王国を占領して国王[⁴⁹　　　　]に献上したので、61年には**イタリア王国**が成立した。

☑⑨1834年ドイツでは[⁵⁰　　　　　]が発足し、経済的統合がはかられた。

☑⑩**ヴィルヘルム1世**に登用された[⁵¹　　　　　　]は**鉄血政策**を推進し、1866年の[⁵²　　　　　　]に勝利して北ドイツ連邦を結成した。また[⁵³　　　　　]にも勝利し、**ドイツ帝国**を成立させた。

☑⑪統一後ビスマルクは、「[⁵⁴　　　　]」で**カトリック教徒**を抑圧した後、1878年には**社会主義者鎮圧法**を制定し、社会主義者を弾圧した。また外交面では、82年に結成された[⁵⁵　　　　]を軸に、ロシアとも87年に[⁵⁶　　　　　]を結び、**フランスの孤立化**とドイツの安全確保をめざした。

ステップ・アップ・テスト（文の正誤を○×で判定しよう）

☑①コブデンやブライトの運動により、穀物法が廃止された。(20年追B)

☑②オーストリアを中心に、ドイツ関税同盟が発足した。(18年追B)

アメリカ合衆国の発展・19世紀欧米文化の展開と市民文化

Point ❶アメリカ合衆国の領土拡大　❷南北戦争とその後の合衆国　❸19世紀の文学・芸術とその潮流　❹科学と技術の発展　❺近代大都市文化の誕生

❶ アメリカ合衆国の発展

①**アメリカ=イギリス戦争**…ヨーロッパとの通商断絶➡イギリスから経済的自立

モンロー大統領	**モンロー宣言**(1823)…ヨーロッパとアメリカ大陸の相互不干渉 →中南米諸国の独立を支持、ロシアの南下に対抗
ジャクソン大統領	白人男性すべてに選挙権を与える州の拡大→民主政治の基盤拡大 先住民強制移住法…先住民をミシシッピ以西の**保留地**に強制移住 →合衆国の農地拡大、先住民人口の激減…「涙の旅路」

②西部への領土拡大…西漸運動：1840年代には「**明白なる運命**」が広がる

ミシシッピ以西の**ルイジアナ買収**(1803)…**フランス**より：ジェファソン大統領➡ フロリダ買収(1819)…**スペイン**より➡**テキサス併合**(1845)➡オレゴン併合(1846)➡ **アメリカ=メキシコ戦争**(1848)➡**カリフォルニア**獲得…ゴールドラッシュ(1849)

③**南北戦争**(1861〜65)…西部の発展→南北の対立が激化

南北の対立	**南部**…イギリスへの綿花輸出拡大→自由貿易、奴隷制の拡大、州の自治 **北部**…イギリスの工業に対抗→保護関税政策、奴隷制に反対、連邦主義
奴隷制を めぐる対立	**ミズーリ協定**(1820)…北緯36度30分以北の州には新たに奴隷州を認めない ➡**カンザス・ネブラスカ**…州昇格に際し、ミズーリ協定事実上破棄(1854)➡ **共和党**結成…奴隷制反対を掲げる↔南部…民主党の一部が合衆国離脱を主張
南北戦争	❖ストウ『アンクル=トムの小屋』…奴隷制反対の世論を高める **リンカン**(**共和党**)が大統領に当選(1860)➡南部…**アメリカ連合国**結成 …合衆国の分裂➡**南北戦争**開始(1861) **ホームステッド法**(1862)…西部諸州の北部支持獲得に成功 **奴隷解放宣言**(1863)…南部反乱地域が対象：内外世論の支持を集める **ゲティスバーグの戦い**…北軍の勝利➡グラント将軍率いる北軍が優勢に ❖ゲティスバーグ演説…「人民の、人民による、人民のための政治」 **リッチモンド**陥落(1865)➡南軍の降伏…合衆国の再統一達成

④南北戦争後のアメリカ合衆国

南部の再建	**合衆国憲法の修正**➡**奴隷制廃止**…黒人の投票権制限など差別は残る 解放黒人…多くは小作農として農園主のもとで貧困な生活 ❖**クー=クラックス=クラン**(KKK)：非合法に黒人を迫害する秘密結社
西部の開拓	**大陸横断鉄道**開通(1869)…東部と西部が経済的・政治的に統一 **フロンティア**…開拓の最前線地域→西部開拓により1890年代に消滅
工業の発達	石炭・石油・鉄鋼を基礎とする工業発展➡19世紀末　世界一の工業国に ❖**中国人**などアジア系移民や**東欧・南欧**系の新移民…工業発展を支える →**移民法**(1882)…中国系移民の禁止→移民の質的・量的制限の開始 独占企業の弊害➡労働運動の高まり…**アメリカ労働総同盟**結成(1886)

対外政策	ペリーを日本に派遣…**日米和親条約**で開国(1854)　**アラスカ購入**(1867)

❷　19世紀欧米文化の展開と市民文化

①文学

古典主義	**ゲーテ**(独)『**ファウスト**』
ロマン主義	**ハイネ**(独)　ヴィクトル＝ユゴー(仏)『**レ＝ミゼラブル**』
	グリム兄弟(独)『グリム童話集』　ディケンズ(英)『オリヴァー＝トゥイスト』
写実主義	**スタンダール**(仏)『**赤と黒**』　バルザック(仏)　フロベール(仏)
	ドストエフスキー(露)『**罪と罰**』　トルストイ(露)『戦争と平和』
自然主義	**ゾラ**(仏)『**居酒屋**』　**イプセン**(ノルウェー)『人形の家』

②芸術

古典主義	**ダヴィド**(仏)「ナポレオンの戴冠式」…ナポレオンの宮廷画家
ロマン主義	**ドラクロワ**(仏)「**民衆を導く自由の女神**」「キオス島の虐殺」
	❖ロマン主義音楽…シューベルト(墺)・ショパン(ポーランド)
自然主義	**ミレー**(仏)「**落ち穂拾い**」　**写実主義**｜**クールベ**(仏)「石割り」
印象派	マネ(仏)　**モネ**(仏)「睡蓮」　**ルノワール**(仏)「ムーラン＝ド＝ラ＝ギャレット」
後期印象派	**セザンヌ**(仏)…静物画　**ゴーガン**(仏)　ゴッホ(蘭)「ひまわり」

③哲学と人文・社会科学

観念論哲学	**ヘーゲル**(独)…**弁証法哲学➡マルクス**(独)…**史的唯物論**
功利主義	**ベンサム**(英)　ミル(英)	経験論哲学	**スペンサー**(英)
近代歴史学	**ランケ**(独)…史料批判	歴史法学	サヴィニー(独)
古典派経済学	**マルサス**(英)　リカード(英)	歴史学派経済学	**リスト**(独)…保護貿易論

④科学・技術

物理・化学	ファラデー(英)…電磁誘導の法則　キュリー夫妻(仏)…放射性物質
生物学	**ダーウィン**(英)『**種の起源**』…進化論、従来の世界観・人間観を転換
医学	**パストゥール**(仏)…予防医学　**コッホ**(独)…結核菌・コレラ菌の発見
実用的発明	**エディソン**(米)…電灯など　**ベル**(米)…電話　**モース**(米)…電信機
	マルコーニ(伊)…無線電信　**ノーベル**(スウェーデン)…ダイナマイト

❖アフリカ探検…リヴィングストン(英)、スタンリー(米)

　極地探検…ピアリ(米)：北極点到達／アムンゼン(ノルウェー)：南極点到達

⑤近代大都市文化の誕生

首都の変容	**ロンドン**…第1回**万国博覧会**(1851)→イギリスの科学・技術を誇示
	❖**ポンド**…世界の基軸通貨／グリニッジ天文台の時刻…世界の標準時
	パリ…オスマンによるパリ大改造(第二帝政期)／**ウィーン**…都市計画
	…街路の拡張、上下水道の普及、都市交通網の整備
	美術館、図書館や巨大デパート建設…市民文化の成熟と大衆文化の萌芽

❖国際運動の進展…国境をこえて交流・連帯の動きの増加

社会主義運動…ロンドンで**第1インターナショナル**(1864)：労働者の国際的連帯組織

国際赤十字組織…戦争犠牲者の救済、スイスのデュナンにより創設

第1回国際オリンピック大会(1896)…スポーツを通じての国際交流・親善をはかる

Speed Check! ✓ アメリカ合衆国の発展・19世紀欧米文化の展開と市民文化

❶ アメリカ合衆国の発展

☐ ①1812年に始まる[¹   ]をきっかけに、イギリスから経済的に自立した合衆国は、23年に大統領が発表した[²   ]で、ヨーロッパとアメリカ大陸の相互不干渉を主張し、中南米諸国の独立を支持した。

☐ ②西部出身の[³   ]大統領は、民主政治の基盤を拡大したが、その内容は白人に限られ、先住民は先住民強制移住法で[⁴   ]に強制的に移住させられた。

☐ ③19世紀前半の合衆国は西部への領土拡大を進め、1803年には**フランス**からミシシッピ以西の[⁵   ]を、19年には**スペイン**から[⁶   ]を買収した。さらに40年代には「[⁷   ]」をスローガンに、45年に[⁸   ]を、46年にはオレゴンを併合した。

☐ ④1848年の[⁹   ]に勝利した合衆国は**カリフォルニア**などを獲得し、その領土は太平洋岸に達した。この直後に金鉱が発見されると世界中の人々が到来する[¹⁰   ]がおこり、西海岸は急速に発展した。

☐ ⑤西部の発展とともに、奴隷制の拡大を求める**南部**と奴隷制に反対する**北部**の対立が激化した。1820年、北緯36度30分以北の州には新たに奴隷制を認めないことを定めた[¹¹   ]が結ばれたが、54年の**カンザス・ネブラスカ**をめぐって南北間の対立が再燃したため、北部は[¹²   ]を結成して対抗した。

☐ ⑥[¹³   ]は『アンクル＝トムの小屋』を著し、奴隷制反対の世論を高めた。

☐ ⑦1860年に**共和党の**[¹⁴   ]が大統領に当選すると、翌61年に南部は[¹⁵   ]を結成して合衆国を離脱し、**南北戦争**が始まった。

☐ ⑧1862年に北部は[¹⁶   ]を制定し、西部諸州の支持を獲得した。

☐ ⑨1863年にリンカンは南部地域の[¹⁷   ]を発表して内外の支持を集め、同年の[¹⁸   ]に勝利した。この戦いののち、リンカンは「[¹⁹   ]」という一説を含んだ追悼演説をおこない、65年には南部の首都**リッチモンド**を陥落させ、戦争に勝利した。

☐ ⑩南北戦争後、南部の再建が進み、**合衆国憲法の修正**によって[²⁰   ]も実現した。しかし解放黒人の多くは小作農として貧困な生活を強いられ、[²¹   ](KKK)は非合法的手段で黒人への迫害を続けた。

☐ ⑪1869年に[²²   ]が開通した結果、西部開拓がいっそう進み、90年代には開拓の最前線地域である[²³   ]が消滅した。

☐ ⑫19世紀末に世界一の工業国となった合衆国の発展を支えたのは、**中国人**などの[²⁴   ]や、**東欧・南欧系の新移民**であったが、1882年の[²⁵   ]により、合衆国への中国系移民の流入が禁止された。また労働運動も盛んとなり、86年には[²⁶   ]が結成された。

☐ ⑬合衆国は1853年にペリーを日本に派遣し、翌54年には**日米和親条約**で日本を開国させた。また67年に合衆国は、ロシアから[²⁷   ]を購入した。

❷ 19世紀欧米文化の展開と市民文化

☑ ①18世紀末から19世紀初めのドイツでは[²⁸   ]の文学が栄え、『ファウスト』を著した[²⁹   ]などが活躍した。また古典主義を代表する画家は、ナポレオンの宮廷画家として有名なフランスの[³⁰   ]である。

☑ ②19世紀前半、啓蒙主義への反省から[³¹   ]の動きが高まった。その代表は、ドイツのハイネや、『レ=ミゼラブル』を著したフランスの[³²   ]のほか、童話集で知られるドイツのグリム兄弟などの作家や、「民衆を導く自由の女神」を描いた画家[³³   ]である。

☑ ③19世紀半ば、〔 ³¹ 〕の反動として、『赤と黒』を著したフランスの[³⁴   ]やバルザック、『罪と罰』を著したロシアの[³⁵   ]などで知られる[³⁶   ]、『居酒屋』を著した[³⁷   ]や『人形の家』を著したイプセンで知られる[³⁸   ]が生まれた。

☑ ④美術では「落ち穂拾い」を描いた[³⁹   ]が自然主義、「石割り」を描いた[⁴⁰   ]が写実主義の代表といえる。こうした流れのなかから[⁴¹   ]が生まれ、フランスのマネ・モネ・ルノワールらが活躍し、その後、人間の内面を重視する後期印象派のセザンヌやゴーガンらが活躍した。

☑ ⑤ドイツ観念論哲学は、弁証法哲学で知られる[⁴²   ]によって継承され、[⁴³   ]は、ヘーゲル哲学を組みかえて史的唯物論を生み出した。

☑ ⑥イギリスでは、近代社会に生きる市民の指針となるベンサムが創始した[⁴⁴   ]や、スペンサーの経験論哲学が現れた。

☑ ⑦ドイツの[⁴⁵   ]は、厳密な史料批判による近代歴史学の基礎を確立した。また経済学では、『人口論』を著した[⁴⁶   ]らが古典派経済学を確立し、保護貿易論をとなえた[⁴⁷   ]は歴史学派経済学を創始した。

☑ ⑧イギリスの[⁴⁸   ]は『種の起源』を刊行して[⁴⁹   ]を提唱し、従来の人間観・世界観に大きな衝撃を与えた。また医学の分野ではパストゥールが予防医学を確立し、[⁵⁰   ]が結核菌やコレラ菌を発見した。

☑ ⑨アメリカの[⁵¹   ]は電灯、ベルは電話、モースは電信機を発明した。またスウェーデンの[⁵²   ]はダイナマイトを発明した。

☑ ⑩19世紀後半には、ヨーロッパ諸国の首都は近代化の進展を示す象徴となった。なかでもイギリスの首都ロンドンは世界最大の都市となり、1851年には第1回[⁵³   ]が開かれ、科学・技術を誇示する場となった。この頃ポンドは世界の基軸通貨となり、84年には[⁵⁴   ]の時刻が世界標準時となった。

☑ ⑪フランスの首都[⁵⁵   ]はオスマンによる大改造によって、都市計画を進めたオーストリアの首都[⁵⁶   ]とともに近代都市へと変貌した。

☑ ⑫1864年のロンドンで社会主義者が[⁵⁷   ]を結成し、国際連帯運動のモデルとなった。また戦争犠牲者救済のため国際赤十字も創設された。

◀ ステップ・アップ・テスト(文の正誤を○×で判定しよう) ▶

☑ ①アメリカ合衆国の大陸横断鉄道の建設に、多くの中国人移民労働者が従事した。(20年追B)

☑ ②ランケは、史料批判に基づく近代歴史学の基礎を築いた。(19年本B)

Summary　西アジア地域の変容と南アジアの植民地化

Point ❶「東方問題」とオスマン帝国の改革　❷エジプトをめぐる動き　❸イラン・アフガニスタンへのイギリス・ロシアの侵略　❹イギリスによるインドの植民地化

① オスマン帝国の動揺

①第2次ウィーン包囲の失敗(1683)…オスマン帝国の軍事的後退の始まり

カルロヴィッツ条約	オーストリアに**ハンガリー**などを割譲(1699)…初の領土喪失
	➡18世紀後半　ロシアに大敗→**クリミア＝ハン国**の併合を認める
ワッハーブ運動	アラビア半島中央部でワッハーブ派の創始
	…**サウード家とアラビア半島にワッハーブ王国**建設(18世紀半)
	❖ワッハーブ派：原初期のイスラーム教への回帰を説く原理主義

②「東方問題」の発生…**オスマン帝国の領土をめぐるヨーロッパ諸国の争い**

ギリシア独立運動	英・仏・露の干渉→オスマン帝国は**ギリシアの独立**承認
軍事改革	改革に反対する**イェニチェリ軍団解体**→近代的な常備軍創設
	❖**イギリス＝トルコ通商条約**→関税自主権喪失、外国製品の流入
タンジマート	**オスマン主義**にもとづき司法・行政・軍事などの西欧化改革推進
	…ギュルハネ勅令で**アブデュルメジト1世**が開始(1839)
	❖**オスマン主義**：宗教・民族の区別なく法の前の臣民の平等承認
財政の破綻	**クリミア戦争**の戦費負担…オスマン帝国は莫大な借款を抱える
	➡財政破綻(1875)…税収は**オスマン債務管理局**が管理
オスマン帝国憲法	大宰相ミドハト＝パシャが起草…憲法に**オスマン主義**を規定
ロシア＝トルコ戦争	オスマン帝国がロシアに大敗(1878)→**サン＝ステファノ条約**
	ベルリン会議(1878)…**ルーマニア・セルビア・モンテネグロ独立**
	英は**キプロス**、墺は**ボスニア・ヘルツェゴヴィナ**の行政権を獲得
	❖**アブデュルハミト2世**…戦争を理由にオスマン帝国憲法を停止

② エジプトの自立

エジプト…オスマン帝国領➡ムハンマド＝アリーが自立の動きをみせる(19世紀初)	
ムハンマド＝アリー	**ナポレオンのエジプト遠征**(1798)→**ムハンマド＝アリー**の台頭
	エジプト総督に就任(1805)…**ムハンマド＝アリー朝**の成立
	…マムルーク一掃、綿花栽培の奨励：富国強兵策を推進
	➡オスマン帝国の求めに応じて**ワッハーブ王国**を滅ぼす(1818)
	ギリシア独立運動でオスマン帝国を支援→**シリア**領有権を要求
エジプト＝トルコ戦争	2度にわたってオスマン帝国に勝利➡**ロンドン会議**(1840)
	…ムハンマド＝アリーのエジプト・スーダン総督職世襲のみを承認
スエズ運河会社株の買収	**レセップス**(仏)…**スエズ運河開通**(1869)➡エジプトの財政難
	英首相ディズレーリ…エジプトの**スエズ運河会社株**買収(1875)
ウラービー運動	イギリスの支配強化➡ウラービーが立憲制を求めて蜂起
	❖スローガン…**「エジプト人のためのエジプト」**：民族運動の原点
	➡イギリスによる鎮圧→エジプトを事実上の保護国とする

❸ イラン・アフガニスタンの動向

①イラン…**ガージャール朝**の成立（18世紀末）　首都…**テヘラン**

トルコマンチャーイ条約	南下政策を進めるロシアとの戦いに敗北（1828）
	➡露に治外法権承認、関税自主権喪失、南コーカサス割譲
バーブ教徒の乱	社会改革をとなえて武装蜂起➡政府軍による鎮圧（1848）

②アフガニスタン…18世紀半～　**アフガン人**が独立を維持

グレートゲーム	…19～20世紀初めのロシアとイギリスの中央アジアでの覇権争い
アフガン戦争	ロシアの中央アジア進出、アフガニスタンへ接近➡イギリスが２度に
	わたってアフガニスタンに侵攻…**アフガン戦争**（1838～42・78～80）
	→イギリス…**アフガニスタンを保護国化**

❹ インドの植民地化

イギリス**東インド会社**…**マドラス・ボンベイ・カルカッタ**に拠点を建設
➡フランス…**ポンディシェリ**（**マドラス**近郊）・**シャンデルナゴル**（**カルカッタ**近郊）を
　　　　　建設してイギリスに対抗

カーナティック戦争	南インドでのイギリス・フランスの３次にわたる抗争（1744～61〈63〉）
プラッシー	イギリス東インド会社がフランスを破る（1757）
**　　の戦い**	➡**パリ条約**（1763）…イギリスのインドにおける優位
	➡東部の**ベンガル・ビハール・オリッサの徴税権**獲得（1765）
	❖**ザミンダーリー制**：ベンガル管区に適用された土地制度
	…ザミンダール（地主）に土地所有を認めて彼らから徴税
マイソール戦争	マイソール王国を破って**南インド**の支配権を獲得（1767～99）
マラーター戦争	マラーター同盟を破って**デカン高原**を獲得（1775～1818）
	❖**ライヤットワーリー制**：南部などでの地税徴収制度
	…**ライヤット**（農民）に土地所有権を認めて直接徴税
シク戦争	シク王国を破って**パンジャーブ地方**を獲得（1845～49）
	→イギリスはインドのほぼ全域での支配権を確立
	…支配地域の一部は藩王国として間接統治、残りは直接支配

❖イギリスでのブルジョワの成長→**自由貿易**への要求の高まり
　➡東インド会社の**貿易独占権廃止**（1813）➡東インド会社の**商業活動停止**（1833）
❖イギリスからの機械製綿布の流入→インド伝統の手織綿布の衰退
　➡インドの農村…イギリス向けの綿花や藍、中国向けのアヘン栽培の広がり

インド大反乱	**シパーヒー**（東インド会社のインド人傭兵）の反乱から開始（1857）
	➡デリー城占領…ムガル皇帝の統治復活宣言➡イギリスにより鎮圧
	結果…ムガル皇帝廃位→**ムガル帝国滅亡、東インド会社解散**（1858）
	→インドは本国政府の直接統治下に
インド帝国	**ヴィクトリア女王**がインド皇帝を兼任（1877）
	…司法体制の整備：刑法の制定や高等裁判所の設置
	❖「**分割統治**」：インド人同士の対立をつくり出す巧妙な統治政策

西アジア地域の変容と南アジアの植民地化

❶ オスマン帝国の動揺

☑ ①1683年の[¹　　　　　　　　　]の失敗はオスマン帝国に軍事的後退をもたらし、99年の[²　　　　　　　　　]でオーストリアに**ハンガリー**などを割譲した。また18世紀後半にはロシアに敗れ、**クリミア゠ハン国**の併合を認めた。

☑ ②18世紀半ば、アラビア半島中央部では原初期のイスラーム教への回帰を説く[³　　　　　　　]がおこった。この宗派はアラビアの豪族[⁴　　　　　　　]と結んで**ワッハーブ王国**を建て、一時はアラビア半島の大半を支配した。

☑ ③19世紀には、衰退しつつあった[⁵　　　　　　　　]の領土をめぐり、「[⁶　　　　　　　]」と呼ばれる国際問題が発生した。1821年に始まった[⁷　　　　　　　]には、東地中海進出をねらうイギリス・フランス・ロシアが干渉し、30年にオスマン帝国は**ギリシアの独立**を承認した。

☑ ④オスマン帝国は、1826年に[⁸　　　　　　　　　]を解体するなど改革に着手したが、38年のイギリス゠トルコ通商条約で関税自主権を失い、ヨーロッパ市場に組み込まれた。39年アブデュルメジト１世は、宗教・民族の区別なく臣民の平等をはかる[⁹　　　　　　　]にもとづき、[¹⁰　　　　　　　]という西欧化改革を始めた。

☑ ⑤オスマン帝国は、[¹¹　　　　　　　]での莫大な戦費以来、借款を重ねたため、1875年には財政が破綻し、税収は**オスマン債務管理局**の管理下におかれた。

☑ ⑥1876年にオスマン帝国の大宰相[¹²　　　　　　　]が起草した[¹³　　　　　　　](ミドハト憲法)が発布され、[⁹]にもとづく国家建設がめざされた。77年、ロシアとの間に[¹⁴　　　　　　　]がおきると、皇帝[¹⁵　　　　　　　]は戦争を理由に憲法を停止し、専制体制を復活させた。

☑ ⑦[¹⁴]に敗れたオスマン帝国は、1878年にロシアと[¹⁶　　　　　　　]を結んだが、イギリス・オーストリアが反対した。

☑ ⑧1878年に[¹⁷　　　　　　　]が開かれ、[¹⁸　　　　・　　　　・　　　　]の独立のほか、イギリスには[¹⁹　　　　　　　]、オーストリアには[²⁰　　　　・　　　　]の占領と行政権が認められた。

❷ エジプトの自立

☑ ①フランスの[²¹　　　　　　　]による**エジプト遠征**後の混乱に乗じ、[²²　　　　　　　]は1805年に民衆の支持を得てエジプト総督となり、[²²]朝を創始して富国強兵策を推進した。またオスマン帝国の求めに応じて、18年には**ワッハーブ王国**を滅ぼした。

☑ ②[⁷]でオスマン帝国を支援した見返りに、[²²]は**シリア**領有を要求し、２度にわたる[²³　　　　　　　]をおこしたが、1840年の[²⁴　　　　　　　]で[²²]に認められたのはエジプト・スーダンの総督職の世襲権のみであった。

☑ ③1869年、**レセップス**によって[²⁵　　　　　　　]が開通したが、エジプトが財政難におちいると、75年にイギリスの首相[²⁶　　　　　　　]はエジプトのスエズ運河会社株を買収した。イギリスの支配に反抗して、「**エジプト人のためのエジプト**」を掲げ

た [27] がおこったが、イギリスに鎮圧された。

イラン・アフガニスタンの動向

☑ ①18世紀末イランには [28] が成立し、都を**テヘラン**に定めた。
[28] は、南進してきたロシアとの戦いに敗れ、1828年に [29] を結んで南コーカサスの割譲と治外法権を認めた。48年には社会改革をとなえる [30] がおきたが、政府軍に鎮圧された。

☑ ②18世紀半ば以来、**アフガン人**による独立が維持されていたアフガニスタンは、**グレートゲーム**というイギリス・ロシアによる中央アジアでの覇権争いに巻き込まれた。19世紀にロシアがアフガニスタンに接近すると、イギリスは2度にわたって [31] をおこし、**アフガニスタンを保護国化**した。

インドの植民地化

☑ ①**イギリス東インド会社**は、[32 ・ ・] に拠点を築き、インド交易を展開した。一方フランスは**マドラス**近郊に [33]、**カルカッタ**近郊に [34] を建設して対抗した。

☑ ②18世紀半ば、南インドでイギリスはフランスと [35] を展開した。また1757年の [36] で、イギリスはベンガル太守と連合したフランスを破り、63年の [37] でインドにおける優位を確立した。

☑ ③イギリス東インド会社は、1765年にベンガル・ビハール・オリッサの [38] を獲得し、その後ベンガル管区に [39] という土地制度を適用して、ザミンダール(地主)に土地所有を認めるかわりに、彼らから税を徴収した。

☑ ④イギリスは、[40] を通して南インド、[41] を通して**デカン高原**、さらに [42] を通して**パンジャーブ地方**に支配を広げ、[43] を通じての間接統治も含め、インド全域を支配下においた。

☑ ⑤イギリスはインドの南部や西部では、**ライヤット**(農民)に対して土地所有権を認め、農民から直接徴税する [44] を適用した。

☑ ⑥19世紀に入るとイギリスでは**自由貿易**の要求が高まり、1813年に東インド会社の貿易**独占権廃止**が実現したのにつづき、33年には東インド会社の [45] が定められ、東インド会社は統治機関へと変貌をとげた。

☑ ⑦イギリスに対するインド人の反感は、1857年 [46] と呼ばれた東インド会社の傭兵がおこした反乱から始まる [47] を機に爆発した。反乱軍は [48] 城を占領し、ムガル皇帝の統治復活を宣言した。

☑ ⑧1858年に皇帝が流刑となり、[49] は滅亡した。また [50] も命じられ、インドは本国政府の直接統治下におかれた。

☑ ⑨1877年には [51] が成立し、[52] が皇帝を兼任した。帝国では、司法体制の整備が進んだが、イギリスはインド人同士の対立をつくり出す「[53]」で、インドを巧妙に支配した。

ステップ・アップ・テスト(文の正誤を○×で判定しよう)

☑ ①オスマン帝国は、カルロヴィッツ条約で、エジプトを失った。(19年本B)
☑ ②イギリス支配への不満から、インド人傭兵(シパーヒー)の反乱が発生した。(17年本B)

Summary ▶ 東南アジアの植民地化と東アジアの動揺

Point ❶列強による東南アジアの植民地化　❷アヘン戦争・第２次アヘン戦争と講和
条約　❸太平天国の興亡と洋務運動　❹朝鮮の開国と日清戦争

❶ 東南アジアの植民地化

	ヨーロッパ列強…東南アジアでの商業権益の拡大➡領土の獲得へと移行
ジャワ	オランダ…**マタラム王国**を滅ぼす(18世紀半)：**ジャワ島**の大半を支配
	➡ジャワ戦争…オランダの財政悪化→**強制栽培制度**の導入
	❖**強制栽培制度**：米などのかわりに輸出用の商品作物を強制的に栽培
マレー半島	イギリス…**海峡植民地**成立(1826)：**ペナン・マラッカ・シンガポール**
	➡マレー連合州(1895)…**マレー半島**支配→ゴムのプランテーション拡大
ビルマ	タウングー朝➡**コンバウン朝**(18世紀)➡インドのアッサムへ進出
	➡ビルマ戦争(1824~86)→イギリス…ビルマを**インド帝国**に編入
フィリピン	スペインの支配…住民を**カトリック**へ強制改宗➡欧米諸国の求めに応じ
	て**マニラ**を正式開港(1834)➡サトウキビ・マニラ麻などの生産拡大
ベトナム	阮朝…阮福暎：フランス人宣教師**ピニョー**の援助を受け建国(1802)
	フランスの軍事介入(19世紀半)…南部を割譲：劉永福率いる**黒旗軍**抵抗
	➡**フエ条約**(1883)…北部と中部もフランスが支配：ベトナムを保護国化
	清仏戦争(1884~85)…ベトナムの宗主権をめぐる清とフランスの争い
	➡**天津条約**(1885)…清はフランスのベトナム保護権を承認
	フランス領インドシナ連邦(1887)…ベトナム・**カンボジア**を植民地支配
	…ハノイに総督府を設置➡**ラオス**を編入(1899)
タイ	ラタナコーシン朝(チャクリ朝)…首都：バンコク、現在の王家に続く
	❖**ラーマ４世**…先進諸国との外交関係樹立→米の商品化
	❖**チュラロンコン**(ラーマ５世)…英仏両勢力の**緩衝地帯**として独立維持

❷ アヘン戦争と第２次アヘン戦争

清の動揺 (18世紀末)	人口増を原因とする土地不足→農民の窮乏化と開墾による環境破壊
	➡**白蓮教徒の乱**(1796~1804)→清の財政が窮乏化
清の制限貿易	貿易港を**広州**1港に限定→貿易は行商(特定の商人)が管轄
	➡イギリス…マカートニーらを派遣して**自由貿易**を求めるも失敗
三角貿易	18世紀後半　イギリス…中国茶の輸入が増大→**銀**の一方的流出に悩む
	<div align="center">茶</div>

```
               茶
 ┌────────┐◀─────────────┌──────────┐
 │ イギリス │               │ 清(中国)  │
 └────────┘──────────────▶└──────────┘
        ＼        銀       ↗
   綿製品 ＼             ／ アヘン…密貿易の増大
          ▶┌──────┐◀
           │ インド │
           └──────┘
```

アヘン戦争	欽差大臣の**林則徐**…**広州**でアヘンを没収廃棄→**アヘン戦争**勃発(1840)
	➡**南京条約**(1842)…英に**香港島**割譲、広州など5港開港、行商を通
	じた貿易と徴税の廃止➡追加条約で**領事裁判権、協定関税制**を承認
	❖**望厦条約**…アメリカ合衆国／**黄埔条約**…フランスと締結(1844)

第2次 アヘン戦争 （アロー戦争）	**アロー号事件**(1856)…清がアロー号の船員を逮捕➡開戦
	➡英仏軍が広州・天津占領➡**天津条約**(1858)…清は批准拒否
	➡英仏軍が北京占領…**円明園**の破壊➡**北京条約**(1860)
	…**外国使節**の北京常駐、天津など11港開港、**キリスト教布教**の自由
	イギリスに**九竜半島**先端部を割譲、外国人による税関の管理
	❖**総理各国事務衙門**の設置(1861)：外務省に当たる清の役所

ロシア…シベリア方面へ進出→東アジア方面への南下を推進	
アイグン条約	清から**黒竜江**(アムール川)以北を獲得(1858)
北京条約	清から**沿海州**を獲得(1860)➡**ウラジヴォストーク港**に海軍基地建設
イリ条約	イリ事件をきっかけに締結→清との国境を有利に取り決める
	❖ロシア…中央アジア南部にロシア領トルキスタン形成(19世紀後半)
	…**ブハラ＝ハン国・ヒヴァ＝ハン国**を保護国化
	コーカンド＝ハン国併合

3 太平天国と洋務運動

アヘン戦争後…重税による窮乏化と清朝に対する不安感➡捻軍などの反乱の発生

太平天国	**洪秀全**…キリスト教の影響を受けた**上帝会**を組織して儒教を否定
	➡広西で挙兵して**太平天国**樹立(1851)➡**南京**を占領して首都に
	…清朝打倒をめざす、男女平等、土地の均分化
	▎鎮圧▎**郷勇**の活躍…漢人官僚が組織：**湘軍**…曽国藩／**淮軍**…李鴻章
	北京条約の調印(1860)➡諸外国は清を支援…ゴードン(英)らが指
	揮する**常勝軍**の協力➡南京の陥落(1864)…太平天国の滅亡
洋務運動	**同治中興**…太平天国後に国内秩序が一時的に安定➡**洋務運動**の開始
	曽国藩・李鴻章ら漢人官僚…富国強兵をめざして西洋の学問を導入
	❖「**中体西用**」：中国の道徳倫理を根本に西洋技術の利用をはかる思想
	→国家や社会制度を大きく変革せず…改革は不徹底に終わる

4 朝鮮の開国と日清戦争

①日本…**ペリー**来航(1853)➡**日米和親条約**(1854)・**日米修好通商条約**(1858)により開国

明治維新	幕府の大政奉還➡天皇親政の明治新政府の成立(1868)
	➡**大日本帝国憲法**発布(1889)、二院制議会の創設(1890)
明治の外交	**樺太・千島交換条約**(1875)…ロシアとの北方の国境を定める
	台湾出兵(1874)　**琉球**領有(1879)➡琉球藩を廃止して沖縄県を設置

②朝鮮…1860年代　欧米諸国が開国をせまる→**大院君**(高宗の摂政)は拒否

江華島事件	日本が開国をせまる(1875)➡**日朝修好条規**…釜山など3港の開港
	➡**金玉均**(日本に接近) VS **閔氏**(清との関係維持)
壬午軍乱	朝鮮の軍人が大院君を擁して日本公使館を襲撃(1882)
甲申政変	金玉均ら急進改革派による閔氏政権に対するクーデタ➡失敗(1884)
日清戦争	**甲午農民戦争**(東学の乱)(1894)➡**日清戦争**➡**下関条約**(1895)…**朝鮮**
	の独立、日本への遼東半島や**台湾**(台湾総督府の設置)・澎湖諸島の割
	譲、賠償金の支払い➡翌年の**三国干渉**で遼東半島は清に返還

東南アジアの植民地化と東アジアの動揺

❶ 東南アジアの植民地化

☑ ①18世紀半ばに[¹　　　　　　　]を滅ぼして**ジャワ島**の大半を支配した**オランダ**は、輸出用作物を栽培させる[²　　　　　　　]によって利益をあげた。

☑ ②マレー半島に進出した**イギリス**は、1826年に**ペナン・マラッカ・**[³　　　　　　　]をあわせて[⁴　　　　　　　]を成立させ、その後95年には[⁵　　　　　　　]を結成させて**マレー半島**を支配した。さらに1824年以降3回にわたる[⁶　　　　　　　]で**コンバウン朝**を滅ぼし、ビルマを**インド帝国**に編入した。

☑ ③**フィリピン**に進出した**スペイン**は、住民を強制的に[⁷　　　　　　　]に改宗させ、19世紀には欧米諸国の求めに応じて[⁸　　　　　　　]を正式に開港した。

☑ ④19世紀初め、ベトナムでは[⁹　　　　　]が**フランス**人宣教師**ピニョー**の援助を受けて[¹⁰　　　　　]を建てた。19世紀半ばにフランスは軍事介入を始め、ベトナム南部地域を奪った。これに対して**劉永福**が率いた[¹¹　　　　　　]が抵抗したが、フランスは1883年の**フエ条約**でベトナムを保護国化した。

☑ ⑤清がベトナムの宗主権を主張して派兵したことで[¹²　　　　　]がおこり、1885年の[¹³　　　　　　]で、清はフランスのベトナム保護権を承認した。

☑ ⑥1887年にフランスは**カンボジア**をあわせて[¹⁴　　　　　　　]を成立させて**ハノイ**に総督府を設置し、99年には**ラオス**を編入した。

☑ ⑦18世紀末、**タイ**には[¹⁵　　　　　　]が成立した。19世紀後半に**ラーマ4世**は先進諸国との外交関係を樹立し、つづく[¹⁶　　　　　]（ラーマ5世）は、イギリスとフランスの**緩衝地帯**という位置を巧みに利用して、タイの独立を維持した。

❷ アヘン戦争と第2次アヘン戦争

☑ ①18世紀に入ると清では土地不足や環境破壊を背景に農民の窮乏化が深刻となり、新開地で[¹⁷　　　　　　]が発生するなど社会不安が増大していた。

☑ ②貿易港を**広州**に限定していた清に対し、イギリスは[¹⁸　　　　　　]らを派遣して**自由貿易**を求めた。銀の流出に悩むイギリスは、清とインドを結ぶ[¹⁹　　　　　　]を始め、インド産**アヘン**の清への密貿易を拡大し、銀の回収をはかった。

☑ ③アヘンの輸入を禁止していた清は、欽差大臣の[²⁰　　　　　　]を**広州**に派遣してアヘンを没収廃棄させたため、イギリスは[²¹　　　　　]を開始した。

☑ ④1842年の[²²　　　　　]で、清は[²³　　　　　]の割譲、広州など5港の開港などを認め、さらに43年の追加条約で、イギリスに[²⁴　　　　　]と[²⁵　　　　　]（関税自主権の喪失）を認めた。

☑ ⑤1844年にはアメリカ合衆国と[²⁶　　　　]、フランスと[²⁷　　　　　]を結び、イギリスと同様の権利を承認した。

☑ ⑥英仏両国は貿易拡大をねらい、1856年の**アロー号事件**を口実に[²⁸　　　　]（アロー戦争）をおこした。58年にはいったん[²⁹　　　　　]が結ばれたが、清が批准を拒否したため、英仏軍は北京を占領し、郊外の**円明園**を破壊した。

☑ ⑦1860年に結ばれた[³⁰　　　　　]で、清は**外国使節**の北京常駐、開港場の増加、

キリスト教布教の自由などを認め、イギリスに[³¹　　　　　　　　　　　]を割譲した。
清は61年に外務省に当たる[³²　　　　　　　　　　　]を設置した。

☑⑧18世紀中頃から東アジア方面へ南下を進めるロシアは、第2次アヘン戦争の混乱に乗じ、1858年の[³³　　　　　　　　　]で**黒竜江(アムール川)**以北を、60年の露清間の[³⁴　　　　　　　　　]で**沿海州**を獲得し、**ウラジヴォストーク港**に海軍基地を建設した。

☑⑨ロシアは、イリ事件をきっかけに[³⁵　　　　　　　　　]を結び、清との国境を有利に取り決めた。また、中央アジアの**ブハラ=ハン国**と**ヒヴァ=ハン国**を保護国とし、**コーカンド=ハン国**を併合した。

❸ 太平天国と洋務運動

☑①キリスト教の影響を受けた[³⁶　　　　　　　]が組織した**上帝会**は、1851年に挙兵して[³⁷　　　　　　　　　]を樹立した。[　³⁷　]は北上し、53年には**南京**を占領し、ここに首都をおいた。[　³⁷　]は清朝打倒をめざし、男女平等や土地の均分化を主張した。

☑②太平天国の鎮圧では清の正規軍は機能せず、[³⁸　　　　　　]の**湘軍**や[³⁹　　　　　　]の**淮軍**など郷勇が活躍した。また[　³⁰　]の調印後は諸外国も清を支援し、イギリスのゴードンらが指揮する**常勝軍**も太平天国を追いつめ、1864年に太平天国は滅亡した。

☑③太平天国鎮圧後の清は、[⁴⁰　　　　　　　]という安定期を迎えた。この時期に[　³⁸　]・[　³⁹　]らの漢人官僚により、西洋の学問の導入によって富国強兵をはかる[⁴¹　　　　　　　]が始まった。この運動では西洋技術の利用をはかる「[⁴²　　　　　　　]」がとなえられたが、政体変革には至らず改革は不徹底に終わった。

❹ 朝鮮の開国と日清戦争

☑①1853年の**ペリー来航**後、日本は54年に[⁴³　　　　　　　]、58年に[⁴⁴　　　　　　　]を結んで開国した。江戸幕府による大政奉還を受けて、68年に明治新政府が成立し、89年には[⁴⁵　　　　　　　]も発布された。

☑②明治政府は、1875年にロシアと[⁴⁶　　　　　　　]を結んだ。また1874年の**台湾出兵**や79年の[⁴⁷　　　　]領有など、積極的に海外へ進出した。

☑③1860年代に欧米諸国は朝鮮に開国をせまったが、摂政の[⁴⁸　　　　　　]はこれを拒否した。日本は1875年の[⁴⁹　　　　　　]をきっかけに朝鮮に開国をせまり、翌年には[⁵⁰　　　　　　]を結んで釜山など3港を開港させた。

☑④当時の朝鮮内部では、日本に接近する[⁵¹　　　　　　]ら急進改革派と、清との関係維持をめざす**閔氏**ら保守派が対立し、その結果、1882年の**壬午軍乱**や84年の[⁵²　　　　　　]などの内部対立が続き、背後にいた日本と清の対立も深まった。

☑⑤1894年、東学信徒を中心に[⁵³　　　　　　]（東学の乱）がおこると、日清両国が出兵し、**日清戦争**が始まった。戦争は日本の勝利に終わり、翌95年の[⁵⁴　　　　　]で、**朝鮮の独立**、日本への[⁵⁵　　　　　　]や**台湾・澎湖諸島**の割譲、賠償金の支払いが決まったが、遼東半島は翌年の[⁵⁶　　　　]で清に返還された。

☑⑥日本は台湾に[⁵⁷　　　　　]を設置し、はじめての植民地経営を開始した。

◆ ステップ・アップ・テスト（文の正誤を○×で判定しよう）

☑①フランスは、清仏戦争に勝利した後、インドシナでの支配を拡大した。(20年本B)

☑②ロシア帝国は、朝鮮との間で、樺太・千島交換条約を結んだ。(20年追B)

帝国主義と列強による世界分割

Point ❶帝国主義の特徴　❷帝国主義諸国の動向　❸列強によるアフリカと太平洋地域の分割　❹イギリス(3 C政策)とドイツ(3 B政策)の対立

① 帝国主義

第2次産業革命	動力源…石油と電気→重化学工業・電機工業などの発展
	➡銀行資本と結びついた少数の巨大企業による市場支配の進行…**金融資本**
	伝統的な経済基盤の破壊→ヨーロッパからアメリカへ**移民**が急増
帝国主義	資本主義の発展→**資源供給地・輸出市場**として植民地が重視される
	➡欧米諸国…アジア・アフリカなどで植民地・勢力圏を設定

② 欧米列強の帝国主義と国内政治

❖19世紀末のヨーロッパは好景気持続…大都市大衆文化の誕生：ベルエポック

①イギリス…圧倒的な経済力・海軍力を背景に世界各地で自由貿易体制を維持

植民地帝国	非白人系植民地は直接支配、白人植民地は**自治領**として間接支配
の形成	…カナダ(1867)・オーストラリア(1901)・ニュージーランド(1907)
	ディズレーリ首相…**スエズ運河会社株**買収(1875)、**インド帝国**(1877)
	ウラービーの反乱鎮圧(1882)→エジプトを事実上の保護国化
	植民地相**ジョゼフ＝チェンバレン**…**南アフリカ戦争**(1899～1902)
	→**南アフリカ連邦**として自治領に編入(1910)
労働運動	**フェビアン協会**➡**労働党**(1906)…マルクス主義をとらず
議会法	**下院**の法案決定権が上院に優越(1911)
アイルランド	**アイルランド自治法**成立(1914)…第一次世界大戦を理由に実施を延期
問題	➡完全独立をめざす**シン＝フェイン党**の反発…独立の動きを主導

②フランス…第三共和政のもと政情は不安定

ブーランジェ事件	元陸相ブーランジェが政権奪取をねらうも失敗(1887～89)
ドレフュス事件	ユダヤ人軍人ドレフュスへのスパイ容疑事件(1894～99)
	…作家ゾラがドレフュスを擁護→ドレフュスは無罪
	❖**シオニズム運動**：パレスチナにユダヤ人国家の建設をめざす
政教分離法	信仰の自由、公教育での宗教教育の禁止→第三共和政の安定

③ドイツ…**ヴィルヘルム2世**：再保障条約の更新や社会主義者鎮圧法の延長に反対

「世界政策」	**ビスマルク**辞職(1890)後、海軍の大拡張をはかる→イギリスとの対立
社会主義運動	**社会主義者鎮圧法**廃止➡**社会民主党**が勢力拡大…マルクス主義を主張

④ロシア…**フランス資本**の導入➡19世紀末に産業革命の進展…**シベリア鉄道**の建設

革命政党の誕生	**ロシア社会民主労働党**…マルクス主義を掲げる社会主義政党➡**ボリシェヴィキ**(レーニン)と**メンシェヴィキ**(プレハーノフ)に分裂
	エスエル(社会主義者・革命家党)…**ナロードニキ**の流れをくむ
1905年革命	**日露戦争**の戦況悪化➡**血の日曜日事件**(1905)➡ソヴィエトの蜂起
	➡**十月宣言**…皇帝ニコライ2世が国会(ドゥーマ)開設を約束
ストルイピン改革	革命運動弾圧→反動政治　農業改革…自営農民創出とミール解体

⑤アメリカ合衆国…**フロンティア消滅宣言**(1890)➡海外市場をめざす

アメリカ＝スペイン	**マッキンリー**大統領…キューバの独立支援を理由に開戦(1898)
戦争	スペインから**フィリピン・グアム・プエルトリコ**を獲得
	プラット条項で**キューバ**を保護国化、戦争中にハワイを併合
門戸開放政策	**ジョン＝ヘイ**…中国の門戸開放・機会均等・領土保全を提唱
カリブ海政策	**セオドア＝ローズヴェルト**大統領…カリブ海諸国へ「棍棒外交」
	パナマをコロンビアから分離独立させる➡**パナマ運河**建設
「宣教師外交」	**ウィルソン**大統領…メキシコへ軍事介入、パナマ運河の管理権

③ 世界分割と列強対立

①アフリカ分割…リヴィングストン・スタンリーの探検➡中央アフリカへの関心

ベルリン＝	**ビスマルク**が開催(1884〜85)…アフリカ植民地化の原則を決定、ベルギ
コンゴ会議	一国王の所有地として**コンゴ自由国**の設立➡各国が**アフリカ分割**に殺到
イギリス	エジプト…**ウラービー運動**の制圧　スーダン…**マフディー運動**の制圧
	アフリカ南部…ローズの指導で**ケープ植民地**から周辺に侵攻➡**南アフリカ**
	戦争で**ブール人**と戦う➡トランスヴァール共和国・オレンジ自由国を併合
	❖**3C政策**：**ケープタウン・カイロ・カルカッタ**を結ぶイギリスの政策
フランス	**チュニジア**保護国化(1881)➡ジブチ・マダガスカルと連結…**横断政策**
	➡イギリスの**縦断政策**と対立…**ファショダ事件**(1898)➡フランスの譲歩
	➡**英仏協商**の成立(1904)…英のエジプト、仏のモロッコでの支配を承認
ドイツ	**モロッコ事件**(1905・11)…フランスのモロッコ支配に挑戦するも失敗
イタリア	ソマリランド・エリトリア➡**エチオピア**侵入…**アドワの戦い**で敗北(1896)
	イタリア＝トルコ戦争➡**リビア**(トリポリ・キレナイカ)領有
❖アフリカに残された独立国…**エチオピア帝国とリベリア共和国**のみ	

②太平洋地域の分割…18世紀にイギリス、19世紀にフランス・ドイツ・アメリカが参入

イギリス	**オーストラリア**…先住民アボリジニーを圧迫➡19世紀半　金鉱の発見
	ニュージーランド…先住民マオリ人の抵抗を武力でおさえる
ドイツ	ビスマルク諸島などメラネシアの一部とミクロネシアを領有
アメリカ	**アメリカ＝スペイン戦争**➡**フィリピン・グアム**を獲得　**ハワイ**併合(1898)

③ラテンアメリカ諸国…**パン＝アメリカ会議**(1889)でアメリカ合衆国の影響力拡大

メキシコ	フアレス政権の改革(19世紀半)➡ナポレオン3世の介入➡ディアスの独裁
	➡**メキシコ革命**…自由主義者マデロ・農民指導者**サパタ**がディアスを追放

④ヨーロッパ諸国の二極分化

ドイツ	バグダード鉄道建設➡**ベルリン・イスタンブル・バグダード**を結ぶ**3B政**
	策を推進…イギリスの3C政策に対抗→イギリスと建艦競争展開
	❖ロシアとの**再保障条約**更新を拒否→ロシアとフランスが接近…**露仏同盟**
イギリス	**日英同盟**(1902)…ロシアの東アジア進出に対抗、**「光栄ある孤立」**を放棄➡
	英仏協商(1904)…ドイツの挑戦に備える➡**英露協商**(1907)…イランにおけ
	る両国の勢力圏設定→英仏露の間に**三国協商**が成立…三国同盟に対抗

帝国主義と列強による世界分割

❶ 帝国主義

☑ ①19世紀後半、重工業を中心に [¹　　　　　　　　] が進展し、銀行資本と結んだ少
数の巨大企業が [²　　　　　　　] を形成して市場を支配した。また伝統的な経済基盤
が破壊されたため、ヨーロッパからアメリカへの [³　　　　　　] が増加した。

☑ ②資本主義の発展にともない、**資源供給地や輸出市場**として植民地が重視され、欧米諸国
は各地に植民地・勢力圏を打ちたてた。この動きを [⁴　　　　　　　] と呼ぶ。

❷ 欧米列強の帝国主義と国内政治

☑ ①イギリスは白人植民地を [⁵　　　　　　] として間接支配する一方、非白人系植民地の
支配を強化した。**ディズレーリ首相**は [⁶　　　　　　] を買収してエジプト
への干渉を強め、1877年には [⁷　　　　　　　] を成立させた。

☑ ②イギリスの植民地相 [⁸　　　　　　　　　] は、1899年からの [⁹
　　　　　] ののち、**南アフリカ連邦**を [　⁵　] に編入した。

☑ ③イギリスでは**フェビアン協会**を母体に、1906年に [¹⁰　　　　　　] が誕生した。また
11年の [¹¹　　　　　　] で、**下院の法案決定権が上院に優先**することが認められた。

☑ ④1914年に成立した [¹²　　　　　　　　] が実施延期となったため、完全独立
を求める [¹³　　　　　　] が反発し、アイルランドの独立運動を主導した。

☑ ⑤フランスでは、クーデタ未遂事件である [¹⁴　　　　　　　　] やユダヤ系軍人の
冤罪事件である [¹⁵　　　　　　　] がおこるなど、政局は不安定であった。また
[　¹⁵　] を契機に、パレスチナにユダヤ人国家建設をめざす**シオニズム運動**がおこった。

☑ ⑥1905年にはフランスで信仰の自由を認めた [¹⁶　　　　　　　] が制定された。

☑ ⑦**ビスマルク**は皇帝 [¹⁷　　　　　　] と対立し、1890年に首相を辞任した。
その後のドイツは「[¹⁸　　　　　　]」を掲げて海軍の拡張をはかった。また**社会主義
者鎮圧法**が廃止されると、[¹⁹　　　　　　] が勢力をのばした。

☑ ⑧ロシアでは、**フランス資本の導入**を背景に産業革命が進展し、19世紀末に**シベリア鉄
道**が建設された。1903年にはマルクス主義を掲げる [²⁰　　　　　　　　]
が結成されたが、その後**ボリシェヴィキとメンシェヴィキ**に分裂した。また1901年に
は**ナロードニキ**の流れをくむ [²¹　　　　　　] (社会主義者・革命家党) も誕生した。

☑ ⑨1905年1月、**日露戦争**の戦況が悪化し、[²²　　　　　　　] がおこると、モス
クワでは労働者の自治組織である [²³　　　　　　] が武装蜂起し、海軍でも反乱が
おこった。これを [²⁴　　　　　　] という。その後、皇帝 [²⁵
　　] は**十月宣言**を発し、国会 (ドゥーマ) の開設を約束した。

☑ ⑩ロシアでは1906年に [²⁶　　　　　　] が首相となり、反動政治を進めた。

☑ ⑪アメリカ合衆国は、1890年に [²⁷　　　　　　　] が宣言されると海外市場獲
得をめざすようになった。98年には**マッキンリー大統領**のもとで [²⁸
　　　] をおこし、スペインから [²⁹　　　　　・　　　　・
　　　] を獲得して、財政や外交を制限する**プラット条項**で**キューバ**を保護国とした。

☑ ⑫国務長官**ジョン=ヘイ**は、1899年に中国の [³⁰　　　　　　] 政策を提唱した。

☑⑬[³¹　　　　　　　　　　]大統領は**カリブ海政策**を推進し、**パナマ**をコロンビアから独立させ、[³²　　　　　　　　]建設に着手した。その後[³³　　　　　　]大統領は「宣教師外交」を推進し、[　³²　]の管理権を握った。

❸　世界分割と列強対立

☑①1884年から**ビスマルク**が開いた[³⁴　　　　　　　　　　　]でアフリカ植民地化の原則が決定し、[³⁵　　　　　　　　]が設立されると、各国は**アフリカ分割**に殺到した。イギリスは[³⁶　　　　　　　　]を制圧してエジプトを事実上の保護国とし、その後[³⁷　　　　　　　　　　]を退けてスーダンを征服した。

☑②イギリスは、アフリカ南部では[³⁸　　　　　　　　]の指導で**ケープ植民地**から周辺に侵攻し、**ブール人**と[　⁹　]を戦った。こうしてイギリスは、**ケープタウン・カイロ・カルカッタ**を結ぶ[³⁹　　　　　　　]を実現した。

☑③1881年[⁴⁰　　　　　　　]を保護国化したフランスは、ジブチなどと結ぶ**横断政策**を進めたが、これはイギリスの**縦断政策**と対立し、98年に[⁴¹　　　　　　　　　]がおこった。この解決後、両国間に[⁴²　　　　　　　　]が成立したが、ドイツは[⁴³　　　　　　]をおこしてフランスのモロッコ支配に挑戦した。

☑④イタリアは[⁴⁴　　　　　　]侵入を試みたが、1896年の**アドワの戦い**で敗れた。その後イタリア＝トルコ戦争に勝利して、イタリアは北アフリカの[⁴⁵　　　　　]（トリポリ・キレナイカ）を領有した。こうして20世紀初めにアフリカ全土は、[　⁴⁴　]帝国と[⁴⁶　　　　　　]共和国を除いて、列強の支配下におかれた。

☑⑤18世紀より太平洋地域の分割に加わったイギリスは、**オーストラリア**では先住民の[⁴⁷　　　　　　]を圧迫しながら支配を広げ、**ニュージーランド**では先住民[⁴⁸　　　　　　]の抵抗を武力でおさえた。また19世紀末にアメリカ合衆国は、[　²⁸　]の結果、**フィリピン・グアム**を獲得し、戦争中に**ハワイ**を併合した。

☑⑥アメリカ合衆国は、1889年より[⁴⁹　　　　　　　　　　　]を定期的に開催し、ラテンアメリカ諸国への影響力拡大をはかった。

☑⑦メキシコでは、19世紀半ばに**フアレス**政権のもとで改革が進んだが、保守派の反乱に乗じてフランス皇帝[⁵⁰　　　　　　　　]が内政に介入した。その後、19世紀後半から[⁵¹　　　　　　]大統領の独裁が続いたが、1910年に[⁵²　　　　　　]がおこり、マデロや**サパタ**らが[　⁵¹　]を追放した。

☑⑧ドイツは19世紀末から、[⁵³　　　　　　　　]の敷設によって、**ベルリン・イスタンブル**（ビザンティウム）・**バグダード**を結ぶ[⁵⁴　　　　　　　　]を推進し、イギリスの[　³⁹　]に対抗した。またロシアとの[⁵⁵　　　　　　　]を拒否したため、ロシアとフランスが接近し、[⁵⁶　　　　　　]が成立した。

☑⑨ロシアの東アジア進出に対抗し、イギリスは1902年に[⁵⁷　　　　　　]を結んで「**光栄ある孤立**」を放棄した。こののち04年には[　⁴²　]、07年には[⁵⁸　　　　　　]が成立し、これに[　⁵⁶　]をあわせた**三国協商**が完成した。

◀ ステップ・アップ・テスト（文の正誤を○×で判定しよう）▶

☑①ドレフュス事件は、反ユダヤ主義の風潮を背景として起こった、冤罪事件であった。(22年追B)

☑②南アフリカ戦争の結果、イギリスが、トランスヴァール共和国を併合した。(17年追B)

Summary　アジア諸国の改革と民族運動

Point ❶中国分割から清の滅亡　❷韓国をめぐる日露の対立と日本による植民地化
❸インドの民族運動　❹東南アジアにおける民族運動　❺西アジアの立憲運動

① 中国の危機と辛亥革命

①中国分割の危機

日清戦争の敗北➡列強は清の領土内で鉄道敷設・鉱山採掘など利権獲得競争を展開				
❖三国干渉…日本は**遼東半島**を返還→見返りにロシアは**東清鉄道**の敷設権を獲得				
租借地の設定	ドイツ	**膠州湾**	ロシア	遼東半島の**旅順・大連**
	イギリス	威海衛・九竜半島	フランス	**広州湾**
❖中国分割に遅れたアメリカ合衆国の国務長官ジョン＝ヘイ				
…中国の**門戸開放・機会均等**および**領土保全**を提唱(1899〜1900)→中国分割はゆるむ				
戊戌の変法	日本の明治維新にならって立憲制の樹立をめざした抜本的改革(**変法**)			
	康有為…**光緒帝**に政治の革新を断行させる：戊戌の変法			
	➡**西太后**を中心とした保守派のクーデタで挫折…**戊戌の政変**(1898)			

②義和団戦争から辛亥革命へ

義和団戦争	キリスト教布教の公認➡各地で反キリスト教運動による衝突事件…教案
	➡義和団…「扶清滅洋」を掲げて鉄道やキリスト教会を破壊➡清の保守派は便乗して列強に宣戦➡**8カ国連合軍**が北京占領…日本・ロシア中心
	北京議定書(1901)…清は**外国軍隊の北京付近の駐屯**と賠償金支払い承認
光緒新政 革命運動	清の改革…科挙の廃止(1905)、憲法大綱の発表と国会開設の公約(1908)
	海外の華人や留学生…漢人による清朝打倒の革命運動を開始
	孫文…興中会を指導：日本の東京で**中国同盟会**を組織(1905)
	→**民族・民権・民生の三民主義**を掲げて革命宣伝・武装蜂起をおこなう
辛亥革命	清が幹線鉄道国有化(1911)➡**四川暴動**➡武昌で新軍蜂起…**辛亥革命**開始
	➡南京で**中華民国**の成立が宣言される(1912)…臨時大総統：**孫文**
清の滅亡	袁世凱…北洋軍を指揮：臨時大総統就任➡**宣統帝**(**溥儀**)の退位(1912)
	➡袁世凱…独裁強化➡孫文ら国民党抵抗…武装蜂起(**第二革命**)も鎮圧
帝政の復活	袁世凱の帝政➡**第三革命**…帝政復活反対闘争➡袁世凱は病死(1916)
❖辛亥革命を契機に周辺部で独立運動→**外モンゴル**(1911)・**チベット**(1913)が独立宣言	

② 日露戦争と韓国併合

日清戦争後の朝鮮…国号：**大韓帝国**(1897)→日本とロシアが朝鮮支配をはかる
➡イギリスはロシアの南下を警戒→**日英同盟**(1902)…日本をロシア南下の防波堤に

日露戦争	戦争の長期化➡ロシアで**1905年革命**勃発➡ポーツマス条約(1905)
	→日本…**韓国**の指導・監督権、遼東半島南部の租借、樺太南部の領有権 東清鉄道南部の利権➡**南満洲鉄道株式会社**の設立
韓国併合	日韓協約(3次、1904〜07)…日本は統監府を設置し、韓国を保護国化
	➡韓国…ハーグ密使事件(1907)や義兵闘争で抵抗➡統監の伊藤博文暗殺
	➡日本が韓国を併合(1910)…ソウルに**朝鮮総督府**を設置：**武断政治**

③ インドにおける民族運動の形成

	インド帝国…イギリスはコーヒーや茶のプランテーション、綿花の生産を拡大
インド国民会議	インド人エリート層の意見諮問機関(1885)➡民族運動の中心となる
ベンガル分割令	**ベンガル州**をヒンドゥー・イスラーム両教徒の居住区に分割(1905)
	…両教徒を反目させて民族運動の分断をねらう
カルカッタ大会	国民会議…**ティラク**らの急進派が分割反対闘争を展開
	➡カルカッタ大会の開催(1906)…英貨排斥、**スワデーシ**(国産品愛用)、**スワラージ**(自治獲得)、民族教育を決議してイギリスに抵抗
	❖国民会議…**ヒンドゥー教徒**中心に政治組織である**国民会議派**結成
	❖**全インド=ムスリム連盟：イスラーム教徒**の親英的な政治結社

④ 東南アジアにおける民族運動の形成

インドネシア(**オランダ**領)	オランダ…「倫理政策」：キリスト教の布教や現地権力への権限委譲をめざす➡現地人官吏養成のための学校設立…民族的自覚の高まり **イスラーム同盟**(サレカット=イスラーム)結成(1911～12)…相互扶助的団体から出発して政治活動を展開➡植民地政府の弾圧で衰退
フィリピン(**スペイン**領)	1880年代　ホセ=リサールらが民族意識をめざめさせる言論活動➡**フィリピン革命**(1896)…アギナルド中心の革命軍が共和国を樹立➡**アメリカ=スペイン戦争**(1898)…合衆国がフィリピンの領有権獲得➡**フィリピン=アメリカ戦争→アメリカ合衆国**による統治開始(1902)
ベトナム(**フランス**領)	**ファン=ボイ=チャウ**…独立と立憲君主制をめざす組織(のちの維新会)を結成(1904)➡日本に留学生を派遣する**ドンズー**(東遊)運動を開始➡日本への留学生を日・仏が弾圧➡ベトナム光復会が運動継承(1912)

⑤ 西アジアの民族運動と立憲運動

	列強の進出➡西アジアでイスラーム教徒の間に連帯の必要性が高まる
	❖**アフガーニー**…パン=イスラーム主義を説いてイスラーム教徒の連帯をうながす
	➡エジプトのウラービー運動やイランのタバコ=ボイコット運動に影響
エジプト	**ウラービー運動**…「エジプト人のためのエジプト」を掲げ立憲制樹立をはかる
スーダン	マフディー運動…**ムハンマド=アフマド**がイギリスに反乱→ゴードン戦死
オスマン帝国	**アブデュルハミト2世**…オスマン帝国憲法を停止して専制を復活→「**青年トルコ人**」(憲法停止に不満をもつ青年知識人や将校)が専制に反対 **青年トルコ革命**(1908)…「青年トルコ人」が憲法を復活させて政権を掌握➡内閣は反動化してドイツに接近…第一次世界大戦に同盟国側で参戦 ❖**トルコ民族主義**の高揚：トルコ人主体に国を支えるべきという考え
イラン	**タバコ=ボイコット運動**(1891～92)…イギリスのタバコ利権に反対する運動➡イラン人の民族意識が高まり、立憲運動が盛んとなる **立憲革命**(1905～11)…**国民議会**開催、憲法公布(フランス人権宣言の影響) **英露協商の成立**(1907)…イギリスとロシアがイランの分割をはかる➡ロシアの軍事介入によって議会は閉鎖(1911)

アジア諸国の改革と民族運動

❶ 中国の危機と辛亥革命

☑ ①下関条約で日本が[¹　　　　　　　]を獲得すると、ロシアは三国干渉により日本に圧力をかけて清に返還させ、見返りに[²　　　　　　　]の敷設権を得た。

☑ ②列強は清の領土内で利権獲得競争を展開し、ドイツは[³　　　　　　　]、ロシアは遼東半島の[⁴　　　・　　　]、イギリスは[⁵　　　・　　　　　]、そしてフランスは**広州湾**をそれぞれ清から**租借**した。こうした分割に乗り遅れた合衆国は、国務長官[⁶　　　　　　]の名で中国における**門戸開放・機会均等**と**領土保全**を提唱した。

☑ ③日清戦争敗北後の中国では、**変法**による抜本的な改革が主張され、その中心となった[⁷　　　　　　　]は、1898年に**光緒帝**を動かして[⁸　　　　　　　]という政治の改革を断行した。しかし改革に反対する保守派は、**西太后**と結んで[⁹　　　　　　]と呼ばれるクーデタをおこし、改革を3カ月で失敗させた。

☑ ④清でキリスト教の布教が盛んになると、[¹⁰　　　　　]という反キリスト教運動による衝突事件がおこった。なかでも[¹¹　　　　　]は、「**扶清滅洋**」を掲げて鉄道や教会を破壊した。これに清が便乗して列強に宣戦すると、**8カ国連合軍**が北京を占領した。敗れた清は[¹²　　　　　　]に調印し、**外国軍隊の北京付近の駐屯**などを認めた。

☑ ⑤義和団戦争後の清は、1905年の[¹³　　　　　　]や立憲制に向けての[¹⁴　　　　　]の発表など、[¹⁵　　　　　]と呼ばれる改革にふみきった。

☑ ⑥1894年に**興中会**を組織した[¹⁶　　　　]は、1905年には**中国同盟会**を結成し、**民族・民権・民生**からなる[¹⁷　　　　]を掲げて革命の基本理念とした。

☑ ⑦1911年、清が発表した幹線鉄道国有化に反対する**四川暴動**につづき、同年10月には[¹⁸　　　　]で新軍が蜂起して、[¹⁹　　　　　]が始まった。革命は全土に広がり、12年には**孫文**を臨時大総統とする[²⁰　　　　　]の建国が宣言された。

☑ ⑧北洋軍を指揮する[²¹　　　　　]は、1912年には清朝最後の皇帝[²²　　　　]（溥儀）を退位させて清を滅ぼした。独裁の強化をはかる[²¹]に国民党は**第二革命**で抵抗し、その後[²¹]の帝政復活に反対する**第三革命**がおこった。また[¹⁹]を契機に、1911年には**外モンゴル**、13年には**チベット**が独立を宣言した。

❷ 日露戦争と韓国併合

☑ ①日清戦争後、1897年に国号を[²³　　　　　　]と改めた朝鮮をめぐり、日本とロシアは対立した。ロシアの南下を警戒するイギリスは、1902年に[²⁴　　　　　　]を成立させ、日本にロシアをおさえさせようとした。

☑ ②**日露戦争**が長期化するなか、ロシアでは[²⁵　　　　　　]がおこり、社会不安が高まった。同年には[²⁶　　　　　　]が結ばれ、日本は**韓国の指導・監督権**、[²⁷　　　　　]の租借権や**樺太南部の領有権**のほか、東清鉄道南部の利権などをロシアに認めさせ、1906年には**南満洲鉄道株式会社**を設立した。

☑ ③日本は韓国に対し、3次にわたる[²⁸　　　　　　]によって統監府の設置や保護国化などの実質的な支配を推し進めた。これに対して韓国は、ハーグ密使事件や[²⁹

]で抵抗したが、1910年に日本は[³⁰   ]を強行し、ソウルに[³¹
            ]を設置して憲兵による**武断政治**をおこなった。

❸ インドにおける民族運動の形成

☑①イギリス統治下のインドでは、1885年にインド人エリート層のイギリスに対する意見
諮問機関として[³²   ]が結成され、民族運動の中心となった。**ベン
ガル州**を中心に民族運動が盛んになると、イギリスはヒンドゥーとイスラーム両教徒を
反目させて運動を分断するため、1905年[³³   ]を発表した。

☑②国民会議では[³⁴   ]ら急進派が分割反対闘争を展開し、1906年の[³⁵
            ]の大会では、英貨排斥、[³⁶   ]（国産品愛用）、[³⁷
            ]（自治獲得）、民族教育の4綱領を決議して抵抗した。

☑③国民会議は**ヒンドゥー教徒**中心の政治組織である[³⁸   ]に変貌し、**イス
ラーム教徒**は親英的な[³⁹   ]を結成した。

❹ 東南アジアにおける民族運動の形成

☑①**オランダ**支配下のインドネシアでは、1911年に結成された民族的な組織が、12年には
[⁴⁰   ]となり、のちにオランダの支配に抵抗した。

☑②**スペイン**支配下のフィリピンでは、1880年代から[⁴¹   ]が民族意
識をめざめさせる言論活動を始めた。1896年に**フィリピン革命**がおこると、[⁴²
            ]中心の革命軍は共和国を樹立した。その後スペインとの戦争に勝利した[⁴³
            ]がフィリピンの領有権を獲得し、1902年にはその統治が始まった。

☑③**フランス**支配下のベトナムでは、1904年[⁴⁴   ]を中心に独
立をめざす組織が結成され、その後これは[⁴⁵   ]と呼ばれた。また日本に留
学生を送る[⁴⁶   ]も開始された。

❺ 西アジアの民族運動と立憲運動

☑①イランの[⁴⁷   ]は、各地で民族主義と[⁴⁸
            ]を説いた。この影響を受けてエジプトでは[⁴⁹   ]がおこり、こ
の頃スーダンでは**ムハンマド゠アフマド**が[⁵⁰   ]をおこした。

☑②オスマン帝国では、1878年から[⁵¹   ]が専制を進めたが、
これに不満をもった「[⁵²   ]」と総称された青年知識人や将校たちは、
憲法の復活を求めて1908年に[⁵³   ]をおこし、憲法を復活させて
政権を掌握した。この頃オスマン帝国では**トルコ民族主義**が高揚した。

☑③イランでは国王の専制とイギリスの利権獲得に反対し、1891年から[⁵⁴
            ]が展開された。[⁴⁷]の思想に影響されたこの運動は、イラン人の民
族意識を高めるとともに立憲運動につながり、1906年にはイラン最初の**国民議会**が開
催され、翌年には憲法も公布された。この動きを[⁵⁵   ]という。

☑④イランの分割をはかるイギリスとロシアは1907年に[⁵⁶   ]を成立させて
干渉を強め、11年にはロシアの軍事介入によって議会は閉鎖された。

◆ ステップ・アップ・テスト（文の正誤を○×で判定しよう）

☑①袁世凱が、中華民国の臨時大総統に就任した。(18年本B)
☑②「青年トルコ人」は、憲法を復活させた。(19年追B)

第一次世界大戦とロシア革命

Point
❶第一次世界大戦の勃発　❷大戦の長期化と総力戦　❸二月革命と十月革命
❹対ソ干渉戦争と戦時共産主義　❺ソ連の成立とスターリン体制

❶ 第一次世界大戦

列強の分裂	三国協商　　　　　　　　　　　　　　　　　　　　　　　三国同盟 　　　　　露　英露協商(1907)　　　　　　　　　　　　　墺 露仏同盟　　　　　　　英3C政策◀───3B政策独◀ (1894)　仏　英仏協商(1904)　　　　　　　　　　　　伊 　　　　　　　　バルカン半島・オスマン帝国が対立の焦点に 　　　　　　　　パン＝スラヴ主義(露)VS パン＝ゲルマン主義(独・墺)
バルカン戦争	**青年トルコ革命**(1908)➡オーストリア…**ボスニア・ヘルツェゴヴィナ** (住民はスラヴ系)併合➡**セルビア**(スラヴ系国家)の反発 **バルカン同盟結成**…セルビア・ブルガリア・モンテネグロ・ギリシア ➡第1次バルカン戦争…**イタリア＝トルコ戦争**に乗じてオスマン帝国に 宣戦➡第2次バルカン戦争…領土分配をめぐるブルガリアと他のバルカ ン同盟国の戦争　　　❖バルカン半島…「ヨーロッパの火薬庫」
大戦の勃発	**サライェヴォ事件**…オーストリアの帝位継承者夫妻が暗殺(1914) ➡オーストリアが**セルビア**に宣戦…**第一次世界大戦**開始 …同盟国側：ドイツ・オーストリア・**オスマン帝国・ブルガリア** 　協商国(連合国)側：フランス・ロシア・イギリス・日本など 　　　→三国同盟を離れた**イタリア**とアメリカ合衆国が協商国側で参戦 ❖ロンドン条約…伊に「**未回収のイタリア**」割譲を秘密裏に約束
西部戦線	ドイツ軍…中立国ベルギーへ侵入➡マルヌの戦いでフランス侵攻阻止 →塹壕戦の展開、両軍とも**飛行機・毒ガス・戦車**などの新兵器を投入
東部戦線	ドイツ軍…**タンネンベルクの戦い**でロシア軍を破る➡ロシア領内進撃
戦争の長期化 総力戦 戦時外交	イギリス…海上封鎖によってドイツと海外との貿易を遮断 ➡ドイツ…無制限潜水艦作戦開始：指定航路外の船舶を無警告で攻撃 ➡アメリカ合衆国がドイツに宣戦(1917)→協商国側が有利に 一般社会(銃後)も戦争遂行に動員する体制…国民生活は統制される …企業の生産活動の管理、配給制の導入、**女性**も労働力として動員 →戦時中から戦後にかけて**女性参政権**の実現をうながす **挙国一致内閣**…大戦を乗り切るために反対政党も含めた政府が成立 …イギリスの**ロイド＝ジョージ**内閣、フランスのクレマンソー内閣 **第2インターナショナル**…参戦国の社会主義政党が政府を支持→崩壊 | 目的 |　中立国を味方につけたり、植民地の協力をとりつけること イギリス…オスマン帝国を対象に**フセイン・マクマホン協定**(1915)、 　　　　**サイクス・ピコ協定**(1916)、**バルフォア宣言**(1917)を発表 →互いが矛盾する内容を含み、アラブ人とユダヤ人の対立の原因となる

大戦の終結	アメリカ大統領**ウィルソン**…「**十四カ条**」で民主的講和を呼びかける
	ブレスト＝リトフスク条約…ソヴィエト＝ロシアが同盟国と講和
	➡ブルガリア・オスマン帝国・オーストリアが次々と降伏
	➡**キール軍港の水兵反乱**を契機に**ドイツ革命**が発生…**ヴィルヘルム2世**退位➡成立した臨時政府が降伏…大戦の終結(1918)

② ロシア革命

大戦の長期化➡人員・物資の動員強化➡食料不足・労働条件悪化で反戦の気運高まる	
二月(三月)革命	首都ペトログラードで大規模なデモ・ストライキの発生(1917.3)➡労働者・兵士が**ソヴィエト**結成➡**ニコライ2世**退位…ロマノフ朝崩壊
	➡**臨時政府**…立憲民主党がエスエルらの支持を受けて樹立
	❖**二重権力状態**：臨時政府とソヴィエトという2つの政権が並立
	→戦争継続を主張する**臨時政府**と戦争に反対する**ソヴィエト**の対立
	レーニンの帰国➡**四月テーゼ**発表…「すべての権力をソヴィエトへ」
	…ソヴィエト内での**ボリシェヴィキ**の勢力拡大をはかる
	➡臨時政府…**エスエルのケレンスキー**を首相として戦争を継続
十月(十一月)革命	**ボリシェヴィキ**の武装蜂起(1917.11)…レーニン・トロツキーの指導
	➡臨時政府打倒➡全ロシア＝ソヴィエト会議で新政権樹立を宣言
	「**平和に関する布告**」…**無併合・無償金・民族自決**による即時講和
	「**土地に関する布告**」…地主の土地没収と**土地の私的所有廃止**を採択
一党支配の確立	ボリシェヴィキ…**憲法制定会議**封鎖→社会主義をめざす方針を示す
	➡**ブレスト＝リトフスク条約**(1918)…同盟国と講和して戦線離脱
	ボリシェヴィキは**共産党**と改称→首都を**モスクワ**へ移す
	➡**ボリシェヴィキの一党独裁**(1918年後半)…**社会主義体制**へ移行
	❖**コミンテルンの創設**(1919)…**世界革命**の推進をめざす
対ソ干渉戦争	ロシア各地に反革命政権→革命の拡大を恐れる協商国が支援
	➡**内戦**と対ソ干渉戦争の開始…**シベリア出兵**(1918～22)など
	ソヴィエト政権…**赤軍**の組織：トロツキーが拡充した軍隊
	チェカ(非常委員会)の設置：反革命の取締まり
戦時共産主義	食料危機の拡大➡**戦時共産主義**の実施
	…農民から穀物を強制的に徴発、工業・銀行・貿易の国家管理を実現
	➡農業や工業の生産の混乱と多数の餓死者→共産党一党支配への反抗
新経済政策(**ネップ**)	穀物の強制徴発廃止、小規模の私企業を認めて市場経済を導入
	➡国内の生産力は回復し、経済も戦前の水準に到達
ソ連邦の成立	シベリアからの**日本軍撤退**➡**ソビエト社会主義共和国連邦**成立(1922)
	…ウクライナ・ベラルーシ・ザカフカースがソヴィエト＝ロシアと結合
	ラパロ条約(1922)…**ドイツ**がソヴィエト政権を承認→国際社会へ復帰
スターリン体制	**スターリン**…**一国社会主義論**により世界革命をとなえるトロツキー追放
	➡**第1次五カ年計画**…工業化と農業集団化(コルホーズ・ソフホーズ)

Speed Check! ✔ 第一次世界大戦とロシア革命

❶ 第一次世界大戦

☐ ①大戦前夜の世界では、[¹　　　　　　　]を掲げて植民地の連携をはかるイギリスと[²　　　　　　　]によって西アジアへ進出をはかるドイツとの対立を軸に、英露仏の[³　　　　　　　]と独墺伊の[⁴　　　　　　　]との対立が深まっていた。

☐ ②1908年の**青年トルコ革命**に乗じてオーストリアが[⁵　　　　・　　　　]を併合すると、スラヴ系国家である**セルビア**の反発が強まり、12年にはロシアの支援を受けたセルビアなどによって[⁶　　　　　　　]が結成された。

☐ ③[　⁶　]は、**イタリア＝トルコ戦争**に乗じてオスマン帝国と[⁷　　　　　　　]を戦い勝利した。しかし戦後の領土配分をめぐり、[　⁶　]諸国の間には[⁸　　　　　　　]がおこった。このような諸国の利害が絡んだバルカン半島は、「[⁹　　　　　　　]」と呼ばれるようになった。

☐ ④1914年の[¹⁰　　　　　　　]でオーストリア帝位継承者夫妻が暗殺されると、オーストリアは**セルビア**に宣戦し、**第一次世界大戦**が始まった。

☐ ⑤この戦争に、**オスマン帝国やブルガリア**は[¹¹　　　　　　]側で参戦した。一方1915年の[¹²　　　　　　　]で秘密裏に「**未回収のイタリア**」の割譲を約束された**イタリア**は、三国同盟を離脱して[¹³　　　　　　]（連合国）側で参戦した。

☐ ⑥ドイツ軍は中立国[¹⁴　　　　　　]へ侵入し、パリの手前までせまったが、[¹⁵　　　　　　]で侵攻を阻止された。**西部戦線**では塹壕戦が展開され、[¹⁶　　　・　　　・　　　]などの新兵器が投入された。一方**東部戦線**ではドイツが[¹⁷　　　　　　　]でロシア軍を破り、ロシア領内に進撃した。

☐ ⑦戦争が予期しない長期戦になると、ドイツは指定航路外の船舶を無警告で攻撃する[¹⁸　　　　　　　]を開始した。これをきっかけに[¹⁹　　　　　　　]が協商国側で参戦したため、協商国が優勢となった。

☐ ⑧第一次世界大戦は、一般社会も戦争遂行に動員される[²⁰　　　　　　]となり、**女性**も労働力として動員されたため、戦時中から戦後にかけて[²¹　　　　　　]の実現がうながされた。また大戦を乗り切るため、イギリスの**ロイド＝ジョージ**内閣やフランスのクレマンソー内閣のような**挙国一致内閣**がつくられた。

☐ ⑨大戦が始まると反戦運動は急速に収まり、各国の社会主義政党は自国の政府を支持したため、[²²　　　　　　　]は崩壊した。

☐ ⑩イギリスは戦時外交を盛んに展開し、1915年にはオスマン帝国領でのアラブ国家の独立を認める[²³　　　　　　　]を、16年にはフランス・ロシアとオスマン帝国領分割を定めた[²⁴　　　　　　　]を結び、また17年にはユダヤ人国家の建設を認める[²⁵　　　　　　　]を発表した。

☐ ⑪ドイツは1918年にソヴィエト＝ロシアと[²⁶　　　　　　　]を結んで東方の安全を確保してから西部戦線で攻勢に出たが、失敗に終わった。

☐ ⑫1918年、アメリカ大統領**ウィルソン**は「[²⁷　　　　　　]」を発表し、民主的講和を呼びかけた。同年、同盟国は次々と降伏し、さらにドイツでも11月におこった[²⁸

　　　　　　　　　　　　　　　]を契機に[²⁹　　　　　　　　　　]が発生し、**ヴィルヘルム２世**
が退位した。そして成立した臨時政府が協商国に降伏し、大戦は終結した。

❷ ロシア革命

☑ ①大戦の長期化にともない、ロシアで反戦の気運が高まるなか、1917年３月、首都[³⁰
　　　　　　　　　]で大規模なデモがおこると、労働者・兵士は[³¹　　　　　　　　]
を組織して革命を推進した。こうして皇帝[³²　　　　　　　　　]は退位し、**臨時政府**
が樹立された。これが[³³　　　　　　　　　　　]である。

☑ ②[　³³　]の結果、戦争継続を主張する**臨時政府**と、戦争に反対する[　³¹　]が並存する[³⁴
　　　　]の状態が続いた。

☑ ③1917年４月に帰国した[³⁵　　　　　　　　]は**四月テーゼ**を発表してソヴィエト内での
[³⁶　　　　　　　　　　　]の勢力拡大をはかり、戦争継続を主張する臨時政府の首相と
なった**エスエル**の[³⁷　　　　　　　　]と対立した。

☑ ④1917年11月、[　³⁶　]が武装蜂起して臨時政府を倒した。これが[³⁸　　　　　　　]で
ある。新政権は全ロシア＝ソヴィエト会議で、**無併合・無償金・民族自決**を原則とする
即時講和を呼びかけた「[³⁹　　　　　　　　　]」や、地主の土地没収と**土地の私的
所有廃止**を定めた「[⁴⁰　　　　　　　　]」を採択した。

☑ ⑤1918年、ボリシェヴィキは**憲法制定会議**を封鎖して社会主義をめざす方針を示した。
また[　²⁶　]を結んで同盟国との単独講和を実現して大戦から離脱したのち、**共産党**と
改称し、首都を[⁴¹　　　　　　　]に移した。

☑ ⑥1918年後半に、ソヴィエト体制は事実上[⁴²　　　　　　　　　　]となり、
社会主義体制へと移行した。またレーニンは、19年にはモスクワで[⁴³
　　]を創設し、ロシアの社会主義成功のために**世界革命**の推進をはかった。

☑ ⑦革命の拡大を恐れる協商国の支援を背景に、ロシアにおける**内戦**と、**シベリア出兵**など
にみられる[⁴⁴　　　　　　　　]が始まった。ソヴィエト政権は、これらの戦争に[⁴⁵
　　　]を組織して対抗し、**チェカ**を設立して反革命を取り締まった。

☑ ⑧[　⁴⁴　]の拡大にともなって食料危機が拡大したため、[⁴⁶　　　　　　　]が実施さ
れ、農民から穀物を強制的に徴発し、都市市民や兵士に配給するようになった。

☑ ⑨1921年、レーニンは内戦などで疲弊した農業・工業の生産を回復するため、[⁴⁷
　　　]（ネップ）を実施し、小規模の私企業や小農の自由経営を認めた。

☑ ⑩1922年に[⁴⁸　　　　　　]軍がシベリアから撤兵したのち、４つのソヴィエト共和国が
連合して[⁴⁹　　　　　　　　　]（ソ連邦）が結成された。

☑ ⑪1922年にソヴィエト政権は**ドイツ**と[⁵⁰　　　　　　　]を結んで外交関係を回復し、
ソ連の国際社会への復帰の道が開かれた。

☑ ⑫レーニンの死後に後継者となった[⁵¹　　　　　　　]は**一国社会主義論**を掲げ、[⁵²
　　　　　　]により工業化と農業集団化を進めた。

◆◆ **ステップ・アップ・テスト**（文の正誤を○×で判定しよう）▶▶

☑ ①第一次世界大戦中のドイツは、タンネンベルクの戦いでロシア軍を破った。（20年追Ｂ）

☑ ②干渉戦争を乗り切るため、ソヴィエト政権は第１次五か年計画を実施した。（21年第2日程Ｂ）

Summary ヴェルサイユ体制下の欧米諸国とアジア・アフリカの民族運動

Point ❶ヴェルサイユ体制とワシントン体制　❷第一次世界大戦後の欧米諸国　❸文学革命から国民革命へ　❹インド・トルコなどアジア・アフリカの民族運動

1 ヴェルサイユ体制とワシントン体制

①ヴェルサイユ体制…パリ講和会議を通して成立したヨーロッパの新国際秩序

「十四カ条」	大戦末期にアメリカ大統領**ウィルソン**が発表(1918)…ヨーロッパ諸国の民族自決、国際平和機構の設立など➡パリ講和会議の開催(1919)
ヴェルサイユ条約	対ドイツ講和条約…すべての植民地を没収、**アルザス・ロレーヌ**をフランスへ割譲、**ラインラントの非武装化**、巨額の賠償金支払い
旧同盟国との講和条約	**サン＝ジェルマン条約**…オーストリア　**ヌイイ条約**…ブルガリア **トリアノン条約**…ハンガリー　**セーヴル条約**…オスマン帝国
国際連盟	本部…**ジュネーヴ**(スイス)、恒久平和をめざす国際機構 敗戦国やソヴィエト＝ロシアは排除、**アメリカ合衆国**は不参加

②ワシントン体制…**ワシントン会議**(1921～22)で成立したアジア・太平洋の国際秩序

海軍軍備制限条約	米・英・日・仏・伊が主力艦の保有トン数と保有比率を決定
九カ国条約	**中国**の主権尊重と門戸開放の原則を確認
四カ国条約	**太平洋**諸島の現状維持を約束➡**日英同盟の解消**

③国際協調の進展…戦後の紛争を経て1920年代半ばから国際協調が進む

ロカルノ条約	独と西欧諸国が**ラインラントの非武装化**を確認➡独の国際連盟加盟
不戦条約	仏外相**ブリアン**と米国務長官**ケロッグ**が提唱(1928)
ロンドン会議	米・英・日の補助艦の保有比率を決定(1930)

2 第一次世界大戦後の欧米諸国

イギリス	**選挙法改正**…第4回：女性参政権実現／第5回：21歳以上の普通選挙実現 **労働党**の躍進…マクドナルド内閣成立(1924)➡1929年にはじめて第一党に アイルランド…**アイルランド自由国**：自治領➡**エール**として連邦離脱
フランス	ドイツの賠償支払い不履行を理由にベルギーと**ルール占領**を強行 ➡国際的批判を浴び撤退➡左派連合政権…外相**ブリアン**は国際協調に貢献
ドイツ	ヴァイマル国民議会(1919)…**エーベルト**(**社会民主党**)が大統領に選出 ➡**ヴァイマル憲法**制定➡**ルール占領**(1923)…インフレーションの激化 ➡**シュトレーゼマン**首相…レンテンマルクの発行によりインフレを鎮静化 ➡**ドーズ案**(1924)・**ヤング案**(1929)により賠償が軽減→経済の回復
イタリア	**ムッソリーニ**…**ファシスト党**を率いて勢力拡大➡「ローマ進軍」で政権獲得 …フィウメ併合(1924)、**アルバニア**の保護国化➡一党独裁体制の確立 　ラテラノ条約(1929)：ローマ**教皇庁**と和解、ヴァチカン市国の独立承認
アメリカ合衆国	戦後は債権国へ→共和党政権…ハーディング・クーリッジ・フーヴァー …「永遠の繁栄」：大量生産・大量消費を特徴とする**大衆社会**の出現 　禁酒法　移民法(1924)…日本を含むアジア系移民の流入を事実上禁止 **孤立主義**…国際連盟への不参加(上院の反対)→軍縮など国際協調は推進

③ 東アジアの民族運動

①第一次世界大戦と日本…**日英同盟**を理由に参戦➡山東省の**膠州湾**などを占領

二十一カ条の要求	中国の**袁世凱**政権に対して**山東省**のドイツ権益継承を要求(1915)
大正デモクラシー	米騒動➡政党内閣(1918)➡普通選挙法・治安維持法制定(1925)

②三・一独立運動と五・四運動…**「十四カ条」**の発表➡アジア諸国でも自立志向が高まる

三・一独立運動	ソウルで日本からの独立を要求するデモ➡朝鮮全土に拡大(1919)
	➡日本は武力で鎮圧➡武断政治から「**文化政治**」への転換
文学革命	大戦中の中国でおこった啓蒙運動…陳独秀：**『新青年』**創刊
	➡胡適…**白話文学**の提唱➡魯迅…『狂人日記』『阿Q正伝』の発表
五・四運動	北京の排日運動が全土に拡大(1919)➡**ヴェルサイユ条約**調印を拒否

③中国の国民革命…孫文率いる中国国民党と陳独秀が結成した中国共産党により展開

第1次国共合作	孫文…**国民党**改組、共産党員の入党容認→「連ソ・容共・扶助工農」
五・三〇運動	**上海**の労働争議が全国的運動に拡大(1925)→反帝国主義運動の高揚
北伐	**蔣介石**…国民革命軍を率いて北伐開始：広州➡南京・上海占領
	➡**上海クーデタ**(1927)…共産党員を弾圧→南京に国民政府樹立
	➡奉天派の**張作霖**が日本軍(関東軍)により爆殺
	➡**張学良**…国民政府の東北支配を承認→中国統一の達成
共産党の動き	毛沢東…**紅軍**(共産党軍)を組織して農村にソヴィエト政権を拡大
	➡江西省の**瑞金**に中華ソヴィエト共和国臨時政府を樹立(1931)

④ インド・東南アジアでの民族運動

インド	イギリス…戦後の自治承認を約束➡ローラット法で民族運動弾圧(1919)
	➡**ガンディー**…**非暴力**による**非協力運動**を説いて**国民会議派**を指導
	➡**ネルー**…プールナ＝スワラージ(完全独立)決議(1929)➡ガンディーに
	よる**「塩の行進」**(1930)➡イギリス…1935年インド統治法：独立認めず
	❖ジンナー…全インド＝ムスリム連盟を指導→パキスタン建設を目標
東南アジア	インドネシア…**スカルノ**：**インドネシア国民党**がオランダから独立運動
	インドシナ…**ホー＝チ＝ミン**：**インドシナ共産党**を率いて農民運動を展開
	ビルマ…タキン党と呼ばれる急進的民族主義者の台頭

⑤ 西アジア・アフリカの動向

トルコ革命	ギリシア軍がイズミル占領➡**ムスタファ＝ケマル**…**トルコ大国民議会**組織
	➡**ギリシア軍**撃退➡スルタン制廃止➡**ローザンヌ条約**(1923)…治外法権の廃
	止、関税自主権回復➡**トルコ共和国**成立…首都：アンカラ／大統領：ケマル就任
	…カリフ制廃止→政教分離／女性参政権／ローマ字採用
エジプト	全国的な反英独立運動(**1919年革命**)➡独立して**エジプト王国**成立(1922)
	➡イギリスとの同盟条約(1936)…スエズ運河地帯の兵力駐屯権は保持
イラン	**レザー＝ハーン**…**パフレヴィー朝**を創始(1925)➡国名をイランと改称(1935)
アラビア半島	イブン＝サウード…ワッハーブ王国の再興をめざす➡ヒジャーズ王国のフセインを破って半島の大部分を統一→**サウジアラビア王国**(1932)
アフリカ	**アフリカ民族会議**創設(1912)→**人種差別撤廃**をめざす運動の広がり

ヴェルサイユ体制下の欧米諸国とアジア・アフリカの民族運動

❶ ヴェルサイユ体制とワシントン体制

☑ ①1919年1月から開かれた[¹　　　　　　　　　]では、大戦末期にアメリカ合衆国大統領**ウィルソン**が発表した「[²　　　　　　　　]」が基本原則となった。

☑ ②1919年6月に連合国はドイツと[³　　　　　　　　　　]に調印した。ドイツはすべての植民地を没収され、**ラインラントの非武装化**を約束したほか、[⁴　　　・　　　　　　]をフランスに割譲し、巨額の賠償金を課せられた。

☑ ③その後、連合国は旧同盟国と個別に講和条約を結び、オーストリアとは[⁵　　　　　　　　]、ブルガリアとは[⁶　　　　　　　　]、ハンガリーとは[⁷　　　　　　　]、オスマン帝国とは[⁸　　　　　　　　]が結ばれた。

☑ ④1920年、恒久平和をめざす国際機構である[⁹　　　　　　]が成立し、**ジュネーヴ**に本部がおかれた。しかし敗戦国やソヴィエト=ロシアは排除され、[¹⁰　　　　　　]が参加しないなど、連盟は発足当初から問題を抱えていた。

☑ ⑤1921～22年にはアメリカ大統領の提唱で[¹¹　　　　　　　　]が開かれ、主力艦の保有トン数と保有比率を決定した[¹²　　　　　　　　　]のほか、**中国の主権尊**重と門戸開放の原則を確認した[¹³　　　　　　　]や、**太平洋諸島の現状維持**を約束した[¹⁴　　　　　　　]が結ばれ、[¹⁵　　　　　　]は解消された。

☑ ⑥戦後の紛争を経て国際協調の気運が高まると、1925年には[¹⁶　　　　　　　]が結ばれ、ドイツと西欧諸国が**ラインラントの非武装化**を確認した。また28年にはフランス外相**ブリアン**と合衆国国務長官**ケロッグ**の提唱で[¹⁷　　　　　　]が結ばれ、30年には**ロンドン会議**で補助艦の保有比率が決定された。

❷ 第一次世界大戦後の欧米諸国

☑ ①イギリスでは、2回の[¹⁸　　　　　　　]を通じて参政権が拡大したため**労働党**が議席をのばし、1924年には[¹⁹　　　　　　　]内閣が成立した。また自治領となった**アイルランド自由国**は、[²⁰　　　　　　]と改称して連邦を離脱した。

☑ ②フランスは、ドイツの賠償支払い不履行を理由にベルギーと[²¹　　　　　　　　]を強行したが、国際的批判を浴びて撤兵し、外相**ブリアン**は協調路線へ転換した。

☑ ③ドイツでは**社会民主党**の[²²　　　　　　　]が大統領に選出され、民主的な[²³　　　　　　]が制定された。しかし**ルール占領**をきっかけに破局的なインフレーションが進んだため、首相の[²⁴　　　　　　　]はレンテンマルクを発行してこれを鎮静化した。その後**ドーズ案とヤング案**により、賠償は軽減された。

☑ ④イタリアでは社会不安が続くなか、[²⁵　　　　　　]率いる**ファシスト党**が勢力を拡大し、1922年の「[²⁶　　　　　　　]」で政権を獲得した。[²⁵]は24年の[²⁷　　　　]併合につづいて、**アルバニア**を保護国化し、一党独裁体制を確立した。さらに29年の[²⁸　　　　　　]で**教皇庁**と和解した。

☑ ⑤アメリカ合衆国は、1920年代に[²⁹　　　　　　]政権のもとで「**永遠の繁栄**」を謳歌した。この時期のアメリカには、大量生産・大量消費を特徴とする[³⁰　　　　　　]が出現した。また白人社会の価値観も強調され、禁酒法のほか、24年には日本を含むア

ジア系移民の流入を事実上禁止した〔³¹　　　　　　　　〕も制定された。

☑⑥アメリカでは**孤立主義**の伝統が残り、上院の反対で〔　⁹　〕に参加しなかった。

❸ 東アジアの民族運動

☑①日本は〔　¹⁵　〕を理由に第一次世界大戦に参戦し、山東省の〔³²　　　　　　　〕などを占領した後、1915年には〔³³　　　　　　　　　　〕で、中国の袁世凱政権に対し、**山東省におけるドイツ権益の継承**を要求した。

☑②日本支配下の朝鮮では、「**十四カ条**」の影響を受け、1919年に〔³⁴　　　　　　　　　〕がおこった。これを契機に日本の朝鮮統治は武断政治から「〔³⁵　　　　　　　　　〕」へと転換した。

☑③大戦中の中国では、〔³⁶　　　　　　〕が創刊した雑誌『**新青年**』を舞台に文学革命がおこり、〔³⁷　　　　　　〕は白話文学を提唱した。1919年には〔³⁸　　　　　　　〕という排日運動がおこり、中国は**ヴェルサイユ条約**の調印を拒否した。

☑④孫文が国民党を改組して共産党員の入党を認めたことで、〔³⁹　　　　　　　　　〕が成立した。この時孫文は「〔⁴⁰　　　　・　　　　・　　　　〕」を掲げ、帝国主義打倒の路線を打ち出した。こうした反帝国主義運動の高揚を示す事件が、1925年に**上海**の労働争議から始まった〔⁴¹　　　　　　　　〕である。

☑⑤中国統一を目標に**北伐**を開始した〔⁴²　　　　　　〕は、その途上で〔⁴³　　　　　〕により共産党員を弾圧し、〔⁴⁴　　　　　〕に国民政府を建てた。

☑⑥奉天派の〔⁴⁵　　　　　　〕は、北伐軍に敗れて東北に引きあげる途中で日本軍に爆殺されたため、その子の〔⁴⁶　　　　　　〕は国民政府の東北支配を認めた。

☑⑦国共分裂後、〔⁴⁷　　　　　〕率いる**紅軍**(共産党軍)は農村部に根拠地を拡大し、江西省の**瑞金**に〔⁴⁸　　　　　　　　　　〕を樹立した。

❹ インド・東南アジアでの民族運動

☑①インドでは、イギリスが1919年に〔⁴⁹　　　　　　　　〕を制定して政治活動を弾圧すると、〔⁵⁰　　　　　　〕は**非暴力**による**非協力運動**を説いて**国民会議派**を指導した。やがて**ネルー**などの急進派は、29年に〔⁵¹　　　　　　　　　〕(完全独立)を決議し、翌年にはガンディーも「**塩の行進**」を組織した。

☑②大戦後の東南アジアでも民族運動が広がり、インドネシアでは〔⁵²　　　　　　　〕率いる**インドネシア国民党**がオランダからの独立運動を、フランス領インドシナでは〔⁵³　　　　　　〕が**インドシナ共産党**を率いて農民運動を展開した。

❺ 西アジア・アフリカの動向

☑①**トルコ大国民議会**を組織した〔⁵⁴　　　　　　　　　〕は**ギリシア軍**を撃退し、1923年に〔⁵⁵　　　　　　　　　〕を結んだ後、**トルコ共和国**を樹立した。

☑②エジプトでは〔⁵⁶　　　　　　　〕という全国的な反英運動ののち、**エジプト王国**が成立した。またイランでは〔⁵⁷　　　　　　　　〕が**パフレヴィー朝**を創始し、アラビア半島には1932年に〔⁵⁸　　　　　　　　　〕が建国された。またアフリカでは、〔⁵⁹　　　　　　〕の**人種差別撤廃**をめざす運動が広がりをみせた。

◆ ステップ・アップ・テスト(文の正誤を○×で判定しよう)

☑①フランスは、第一次世界大戦後に、ベルギーと共同でルール工業地帯を占領した。(21年第1日程B)

☑②陳独秀が、『新青年』を刊行し、儒教道徳を批判した。(21年第2日程B)

Summary　ファシズムの台頭と第二次世界大戦

Point　❶世界恐慌と各国の対応　❷満洲事変と日中戦争　❸ナチス＝ドイツの成立
❹ファシズム諸国の勢力拡大　❺第二次世界大戦と連合国の戦後処理会談

① 世界恐慌

世界恐慌	
ニューヨーク株式市場(**ウォール街**)で株価暴落(1929.10)	アメリカ合衆国

→

フーヴァー＝モラトリアム発表(1929)…賠償・戦債支払いを１年間猶予→効果はあがらず
フランクリン＝ローズヴェルト(民主党)が大統領に当選(1932)➡**ニューディール**の実施
❖**農業調整法(AAA)**…農業生産の調整
❖**全国産業復興法(NIRA)**…工業製品の価格協定を公認→産業復興を促進
❖**テネシー川流域開発公社(TVA)**…公共事業によって雇用促進をはかり失業者を救済
ワグナー法(1935)…労働者の団結権を承認
➡**産業別組合会議(CIO)**が成立

| 外交 | ソ連を承認(1933)
ラテンアメリカ諸国に対する「**善隣外交**」政策 |

↓ イギリス

マクドナルド挙国一致内閣(1931)…金本位制を停止
オタワ連邦会議(1932)…
スターリング＝ブロック形成…高関税により外国商品を排除

↓

フランス…**フラン＝ブロック**形成
仏ソ相互援助条約(1935)→ドイツのヒトラー政権成立に危機感
人民戦線内閣成立(1936)…首相：社会党の**ブルム**、反ファシズムを掲げる

② 満洲事変から日中戦争へ

日本…金融恐慌(1927)➡世界恐慌(1929)：軍部は大陸への支配拡大で危機の解決をはかる

満洲事変	関東軍が**柳条湖**で鉄道を計画的に爆破➡東北地方の大半を占領…**満洲事変**(1931)➡上海事変へ拡大(1932)➡満洲国成立…執政：溥儀 ➡国際連盟は**リットン調査団**派遣…自衛権の発動とする日本の主張を退ける ➡日本…**国際連盟脱退**を通告(1933)➡華北分離工作…冀東防共自治政府 ❖日本国内では軍部が台頭…五・一五事件(1932)、二・二六事件(1936)
「長征」	蔣介石…抗日よりも共産党との内戦を優先➡共産党…瑞金から陝西省(中心：延安)をめざす**「長征」**を実行(1934〜36)→毛沢東の指導権の強化 ❖国民政府…関税自主権の回復➡財源確保、英米の援助で通貨を統一
西安事件	八・一宣言(1935)…共産党が**内戦の停止**と民族統一戦線の結成を呼びかけ 西安事件(1936)…張学良：蔣介石を捕らえて抗日と内戦停止を説得
日中戦争	盧溝橋事件(1937)…北京郊外で日中両軍が衝突➡**日中戦争**へ発展 ➡第２次国共合作成立➡南京事件…日本軍が多数の中国人を殺害 **国民政府**…南京➡武漢➡重慶と移動して徹底抗戦を続ける →日本…南京に汪兆銘を首班とする親日政権を建てて重慶政府に対抗

③ ナチス＝ドイツとヴェルサイユ体制の崩壊

①ナチス＝ドイツ…**ナチ党**(国民社会主義ドイツ労働者党)：**ヒトラー**を指導者に発展

ナチ党の台頭	ユダヤ人排斥やヴェルサイユ条約破棄を主張して恐慌後に党勢拡大
	➡1932年の選挙で第一党➡ヒトラー首相に任命(1933)➡国会議事堂放火事件を口実に共産党弾圧➡**全権委任法成立**(1933)…**一党独裁**実現
ナチ党の政策	**四カ年計画**…軍需工業拡張→失業者の減少／アウトバーンなどの建設
	ホロコースト…ユダヤ人の大量虐殺➡多数の強制収容所の建設
対外政策	国際連盟脱退(1933)➡**ザール地方**を住民投票により編入(1935)➡**再軍備を宣言➡ロカルノ条約**を破棄➡**ラインラント進駐**(1936)

❖ソ連…スターリンによる個人崇拝の強化➡スターリン憲法の発布(1936)

②ファシズム諸国の攻勢…コミンテルンが進める国際共産主義運動に対抗

イタリア	**エチオピア侵攻**(1935)➡国際連盟の経済制裁…内容不十分で効果あがらず
	➡ドイツへ接近➡**三国防共協定**(1937)➡**日独伊三国同盟**へと発展(1940)
スペイン	**人民戦線派**が政府を組織➡**フランコの反乱**…**スペイン内戦**の開始(1936)
	➡英仏は不干渉、独伊はフランコ側を援助➡**フランコの勝利**(1939)

❹ 第二次世界大戦

大戦の勃発	ドイツ…**オーストリア併合**(1938)➡**ズデーテン地方**の割譲を要求
	➡**ミュンヘン会談**(1938)…英仏の**宥和政策**→ズデーテン地方割譲を容認
	独ソ不可侵条約(1939)➡独の**ポーランド侵攻**…**第二次世界大戦**の開始
大戦の拡大	ソ連…フィンランドに宣戦→国際連盟除名➡バルト3国を併合
	ドイツ…占領地拡大➡**パリ**占領(1940)➡英上陸は阻止…チャーチル内閣
	➡バルカン半島へ進出…ソ連の利益と対立➡**独ソ戦の開始**(1941)
	❖フランス…北半は独が占領、南半に**ヴィシー政府**成立(首班:**ペタン**)
	→ド゠ゴール…ロンドンに**自由フランス政府**:レジスタンスを指導
大西洋憲章	大西洋上会談(1941)でローズヴェルトとチャーチルが戦後の平和構想発表➡**連合国共同宣言**(1942)…ファシズムとの戦いという戦争目的を明示
太平洋戦争	**日中戦争**の長期化…日本は仏領インドシナへ進出➡**日ソ中立条約**(1941)
	米…**武器貸与法**(1941)➡対日石油輸出禁止:「ABCD包囲陣」形成
	日本…真珠湾攻撃・マレー半島上陸(1941.12.8):**太平洋戦争**の開始
	➡東南アジア・南洋諸島に占領地を拡大…親日政権や親日組織を形成
	❖「**大東亜共栄圏**」:日本がアジア支配を正当化するためのスローガン
連合国の反撃	日本…**ミッドウェー海戦**での大敗(1942)→太平洋戦争の主導権を失う
	独…**スターリングラードの戦い**(1943)→ソ連軍がドイツ軍を降伏させる
	➡連合軍のシチリア上陸…ファシスト党解散➡イタリア**無条件降伏**(1943)
カイロ会談	米・英・中	**カイロ宣言**(1943)…対日処理方針の確認
---	---	---
テヘラン会談	米・英・ソ	連合軍の**ノルマンディー上陸作戦**が実行(1944)→**パリ**解放
ヤルタ会談	米・英・ソ	ドイツ処理の大綱、秘密条項でソ連の対日参戦決定(1945)
		➡連合軍によるベルリン占領→ドイツの**無条件降伏**(1945)
ポツダム会談	米・英・ソ	**ポツダム宣言**(1945)…日本に**無条件降伏**を勧告➡広島・長崎に**原爆**投下➡ソ連の対日参戦➡日本がポツダム宣言受諾

ファシズムの台頭と第二次世界大戦

❶ 世界恐慌

☐ ①1929年10月、[¹　　　　　　　　　　　　　　](ウォール街)での株価暴落を引き金に、空前の恐慌が全世界を襲った。アメリカ大統領は[²　　　　　　　　　　　　　]を発表して賠償・戦債支払いを1年間停止したが効果はなかった。

☐ ②1932年に当選した[³　　　　　　　　　　　　　　]大統領は、**ニューディール**と呼ばれる政策を実施し、[⁴　　　　　　　　](AAA)で農業生産を調整し、[⁵　　　　　　　](NIRA)で工業製品の価格協定を容認した。また[⁶　　　　　　　](TVA)のような公共事業で失業者の削減をはかった。

☐ ③1935年の[⁷　　　　　　　　]で労働者の団結権が認められると労働組合の結成が助長され、38年には[⁸　　　　　　　](CIO)が結成された。

☐ ④合衆国は**ソ連**を承認し、ラテンアメリカ諸国に「[⁹　　　　　　　]」を展開した。

☐ ⑤イギリスでは**マクドナルド**によって[¹⁰　　　　　　　]が組織され、1932年の[¹¹　　　　　　　]では、**スターリング＝ブロック**が形成された。

☐ ⑥フランスは、**フラン＝ブロック**を築いて経済を安定させようとした。またヒトラー政権の成立や国内の極右勢力の台頭を警戒し、35年には**仏ソ相互援助条約**を結び、36年には[¹²　　　　　　　]内閣が成立して[¹³　　　　　　　]が首相になった。

❷ 満洲事変から日中戦争へ

☐ ①日本の関東軍は、1931年に奉天郊外の**柳条湖**で鉄道を爆破し、これを口実に中国東北地方の大半を占領した。これが[¹⁴　　　　　　　]で、翌年には清朝最後の皇帝の[¹⁵　　　　　　　]を執政にすえて[¹⁶　　　　　　　]を建国した。

☐ ②国際連盟が派遣した[¹⁷　　　　　　　]が、軍事行動は自衛権の発動とする日本の主張を退けると、1933年に日本は[¹⁸　　　　　　　]を通告した。

☐ ③国民党の[¹⁹　　　　　　]は共産党軍との内戦を優先したため、共産党軍は[²⁰　　　　　　]から延安を中心とする甘粛・陝西省に移動する「**長征**」をおこなった。

☐ ④1935年に共産党が**内戦の停止**を求めた[²¹　　　　　　　]に共鳴した**張学良**は、蔣介石を捕らえて抗日と内戦停止を求める[²²　　　　　　　]をおこした。

☐ ⑤1937年7月、北京郊外でおきた[²³　　　　　　　]をきっかけに**日中戦争**が始まると、国民党と共産党の間で[²⁴　　　　　　　]が成立した。

☐ ⑥政府を南京から武漢、そして[²⁵　　　　　　]に移して徹底抗戦を続ける**国民政府**に、日本は南京に[²⁶　　　　　　]を首班とする親日政権をつくって対抗した。

❸ ナチス＝ドイツとヴェルサイユ体制の崩壊

☐ ①世界恐慌後、ドイツでは**ヒトラー**が率いる[²⁷　　　　　　　](国民社会主義ドイツ労働者党)が党勢を拡大し、1932年の選挙で第一党になった。翌年ヒトラーが首相に任命されると**国会議事堂放火事件**を利用して共産党を弾圧した。さらに[²⁸　　　　　　　]によって立法権を政府に移し、**一党独裁**を実現した。

☐ ②政権を握ったヒトラーは、[²⁹　　　　　　　]によって失業者を減少させた。

☐ ③1933年にドイツは国際連盟を脱退し、35年には住民投票により[³⁰　　　　　　　]

の編入を実現した。同年、[³¹　　　　　　　　　]を宣言したヒトラーは、**ロカルノ条約**を破棄し、36年には[³²　　　　　　　　　　　]へと軍を進駐させた。

☑④対外侵略により経済危機の打開をはかるイタリアは、1935年に[³³　　　　　　　　　]に侵攻した。これを契機にイタリアはドイツに接近して、37年には日独伊の間に**三国防共協定**が成立し、これは40年に[³⁴　　　　　　　　　　　]へと発展した。

☑⑤スペインでは[¹²　]派が政府を組織すると、保守派の支持を得た[³⁵　　　　　　　　　]が反乱をおこし、[³⁶　　　　　　　　　　]が始まった。ドイツとイギリスの支援を受けた[³⁵　]は、マドリードを攻略して内戦に勝利した。

4 第二次世界大戦

☑①1938年に[³⁷　　　　　　　　　]を併合したドイツは、チェコスロヴァキアに[³⁸　　　　　　　　]の割譲を要求した。この要求をめぐって開かれた[³⁹　　　　　　　]で、イギリス・フランスは**宥和政策**をとり、[³⁸　]の割譲を認めた。

☑②1939年8月、ソ連と[⁴⁰　　　　　　　　　]を結んだドイツは、9月1日、[⁴¹　　　　　　　　　]を開始し、ここに**第二次世界大戦**が始まった。

☑③1940年6月にドイツ軍は**パリ**を占領し、フランスは降伏した。フランスは国土の北半をドイツに占領され、南半には**ペタン**を首班とする親独の[⁴²　　　　　　　　　　]が成立したが、[⁴³　　　　　　　　　]らはロンドンに亡命して**自由フランス政府**を組織した。

☑④イギリス上陸を阻止されたドイツは、1941年には[⁴⁴　　　　　　　　　]を開始した。

☑⑤1941年にアメリカとイギリスが[⁴⁵　　　　　　　　]で示した戦後の平和構想は、42年の**連合国共同宣言**で確認され、ファシズムとの戦いという戦争目的も明示された。

☑⑥**日中戦争**の長期化にともない、日本は南方進出を企てて[⁴⁶　　　　　　　　　]へ軍を派遣し、1941年には[⁴⁷　　　　　　　　　]を結んで北方の安全を確保した。この間、中立を守っていた合衆国は、議会で**武器貸与法**を成立させてイギリスとソ連への支援を打ち出す一方、日本に対しては[⁴⁸　　　　　　　]を禁止した。

☑⑦1941年12月8日に日本軍はハワイの[⁴⁹　　　　　　]を攻撃すると同時に、[⁵⁰　　　　　　　　　]に上陸し、ここに**太平洋戦争**が始まった。日本はアジア各地に親日政権や親日組織を樹立し、「[⁵¹　　　　　　　　　]」を掲げて侵略を正当化した。

☑⑧**ミッドウェー海戦**と**スターリングラードの戦い**をきっかけに連合国の反撃が始まり、1943年には[⁵²　　　　　　　]が**無条件降伏**した。同年11月には対日処理方針を定めた[⁵³　　　　　　　　]が発表された。さらに**テヘラン会談**での決定をもとに翌年6月には[⁵⁴　　　　　　　　]作戦が実行され、8月には**パリ**が解放された。

☑⑨1945年2月の[⁵⁵　　　　　　　]でドイツ処理の大綱が決まると、連合軍は総攻撃を開始してドイツを**無条件降伏**させた。その後、米英ソの首脳は[⁵⁶　　　　　　]を発表して日本にも**無条件降伏**を求め、8月には[⁵⁷　　　・　　　　　]にあいついで**原爆**を投下した。こうして日本は無条件降伏し、大戦は終結した。

◀ ステップ・アップ・テスト（文の正誤を○×で判定しよう）▶

☑①ドイツでは、アウトバーンの建設など、大規模な公共事業が実施された。（22年追B）

☑②フランスで、ブルムが、ヴィシー政権を率いた。（18年本B）

新しい国際秩序の形成と冷戦の展開

> **Point** ❶国際連合とブレトン＝ウッズ体制の成立　❷冷戦の開始　❸朝鮮戦争・インドシナ戦争と中東戦争の開始　❹ソ連の「雪どけ」と欧州統合の動き

❶ 戦後世界秩序の形成

①国際連合の設立…国際連盟にかわる国際平和機構　本部：ニューヨーク

大西洋憲章(1941)：新たな国際機関設立の必要を示す	➡	**ダンバートン＝オークス会議**(1944)：国際連合憲章の草案	➡	**サンフランシスコ会議**(1945)：国際連合憲章の採択	➡	**国際連合**の発足(1945)

❖**安全保障理事会**：拒否権をもつ米・英・仏・ソ・中の5大国の常任理事国で構成

②国際金融・経済協力体制…ブレトン＝ウッズ体制の成立

ブレトン＝ウッズ会議	**国際通貨基金(IMF)** …ドルを基軸通貨とする金・ドル本位制導入 **国際復興開発銀行(IBRD)** …戦後復興と開発途上国への融資
「関税と貿易に関する一般協定」(**GATT**)	世界規模の貿易自由化の実現をめざす(1947)➡世界貿易機関(WTO)へと発展(1995)…GATTよりも権限が強い

③敗戦国の処理…連合国が一定期間占領して非軍事化・民主化を進める

ドイツ	4国による分割占領、**ニュルンベルク国際軍事裁判所**で戦争犯罪を追及
日本	米軍による事実上の単独占領、**極東国際軍事裁判所**で戦争犯罪を追及

❷ 米ソ冷戦の始まりと西欧諸国

①米ソ冷戦の始まり…「冷戦」：戦後続いた武力をともなわない米ソ間の緊張状態

❖東ヨーロッパ…人民民主主義という社会主義体制の構築：土地改革と計画経済

	西側陣営の動き	東側陣営の動き
1947	**トルーマン＝ドクトリン**：「**封じ込め**」政策 **マーシャル＝プラン**：欧州復興援助計画	**コミンフォルム**を結成して対抗
1948	**西ヨーロッパ連合条約** ドイツ西側占領地区の**通貨改革**	**チェコスロヴァキア**で共産党政権樹立 コミンフォルム：ユーゴスラヴィア除名 **ベルリン封鎖**(〜1949)
1949	**北大西洋条約機構(NATO)**結成 **ドイツ連邦共和国(西ドイツ)**成立 …首相**アデナウアー**：経済復興の成功	経済相互援助会議(**コメコン**)創設 **ドイツ民主共和国(東ドイツ)**成立
1954	西ドイツの主権回復	
1955	西ドイツの **NATO 加盟**	**ワルシャワ条約機構**結成
	アメリカ合衆国…東側陣営の「封じ込め」をはかるため、世界各地に反共軍事同盟を結成	
	太平洋安全保障条約(ANZUS)…米・豪・ニュージーランド	
	東南アジア条約機構(SEATO)…ANZUS諸国・英・仏・フィリピン・タイ・パキスタン	
	バグダード条約機構(METO)…英・トルコ・イラク・パキスタン・イラン	

❖核開発競争…ソ連の核保有(1949)➡米の水素爆弾開発(1952)➡ソ連も水素爆弾開発

②冷戦初期の西ヨーロッパ…経済再建を訴える諸勢力が政治の中心に登場

イギリス	**アトリー労働党**内閣…**重要産業の国有化**、社会福祉制度の充実

フランス	第四共和政(1946)➡アルジェリア問題などで政権動揺➡第五共和政(1958)
	大統領…ド=ゴール：**アルジェリア**の独立承認(1962)、核保有を宣言、中華人民共和国の承認(1964)、**NATOへの軍事協力**を拒否(1966)
イタリア	キリスト教民主党中心の政権成立…王政の廃止→共和政へ移行(1946)

③ アジアの解放と自立

中国	国共内戦の再燃➡共産党の勝利→**蔣介石**…台湾に中華民国政府を維持
	中華人民共和国の成立(1949)…主席：毛沢東／首相：周恩来
	中ソ友好同盟相互援助条約(1950)…社会主義陣営に属する姿勢を示す
朝鮮	北緯38度線を境界に北をソ連、南をアメリカ合衆国が管理➡南…**大韓民国**(大統領：李承晩)／北…**朝鮮民主主義人民共和国**(首相：金日成)(1948)
	朝鮮戦争(1950～53)…北朝鮮が韓国に侵攻➡国連安全保障理事会は米軍主体の国連軍派遣➡中国が人民義勇軍を派遣➡休戦…南北分断が固定化
日本	朝鮮戦争勃発…警察予備隊(のちの**自衛隊**)設置➡サンフランシスコ平和条約に調印して独立回復、同時に日米安全保障条約を締結(1951)➡ソ連と国交回復(1956)→国連加盟➡日韓基本条約…韓国と国交回復(1965)
東南アジア	オランダ領東インド…**インドネシア共和国**の独立(大統領：スカルノ)
	フランス領インドシナ…ホー=チ=ミン：**ベトナム民主共和国**の独立宣言
	➡**インドシナ戦争**…フランス：南部にベトナム国(主席：バオダイ)
	➡ジュネーヴ休戦協定(1954)…北緯17度線を軍事境界線に南北に分断
南アジア	**インド連邦**(首相：ネルー)と**パキスタン**(総督：ジンナー)が分離・独立
西アジア	**イラン**…モサッデグ：**石油国有化**(1951)➡パフレヴィー2世のクーデタ
	パレスチナ…国連のパレスチナ分割決議➡**イスラエル建国**(1948)…アラブ諸国反対➡第1次中東戦争(1948)➡パレスチナ難民の発生

④ ソ連の「雪どけ」

スターリン批判	スターリンの死(1953)➡ソ連共産党第20回大会(1956)…**フルシチョフ**が**スターリン批判**…平和共存と緊張緩和を表明→「雪どけ」
	→**日ソ共同宣言**…日本と国交(1956)、フルシチョフの訪米実現(1959)
反ソ暴動の発生	ポーランド反ソ暴動…生活改善と民主化要求➡ゴムウカ政権の成立
	ハンガリー事件…ナジがソ連からの自立を求める➡ソ連の軍事介入

⑤ アメリカ合衆国と欧州統合の動き

アメリカ合衆国	中央情報局(CIA)…共産主義者の監視／タフト・ハートレー法…労働組合の活動規制➡**「赤狩り」**…**マッカーシー**らによる左翼運動や共産主義への攻撃
	アイゼンハワー大統領(共和党)…冷戦の枠組みを維持しながらソ連と対話
欧州統合	シューマン=プラン(1950)…フランス外相が石炭・鉄鋼の共同管理を提案
	➡ヨーロッパ石炭鉄鋼共同体(ECSC)(1952)…仏・独・伊・ベネルクス3国
	➡ヨーロッパ経済共同体(EEC)、ヨーロッパ原子力共同体(EURATOM)(1958)
	➡**ヨーロッパ共同体(EC)**(1967)➡イギリスの参加(1973)…拡大EC
	❖イギリス…1973年まではヨーロッパ自由貿易連合(**EFTA**)を結成して対抗

新しい国際秩序の形成と冷戦の展開

❶ 戦後世界秩序の形成

☐ ①第二次世界大戦中の**大西洋憲章**に示された新国際機関について協議するため、1944年に [¹   ] が開かれ、国連憲章草案がまとまった。これは翌年の [²   ] で正式に採択され、**国際連合**が発足した。5大国からなる常任理事国には、**安全保障理事会**での [³   ] が認められた。

☐ ②1944年、戦後の国際金融体制構築をめざす [⁴   ] が開かれて**国際通貨基金(IMF)**と**国際復興開発銀行(IBRD)**の設立が合意され、47年には「[⁵   ]」(GATT)も成立し、貿易の自由化が促進された。

☐ ③敗戦国ドイツは米・英・仏・ソに分割占領され、戦争犯罪を追及するために [⁶   ] が設置された。また米軍による事実上の単独占領下の日本でも、東京に [⁷   ] が設置され、戦争犯罪が裁かれた。

❷ 米ソ冷戦の始まりと西欧諸国

☐ ①大戦後、米ソ間では「[⁸   ]」という武力をともなわない対立が続いた。

☐ ②1947年にアメリカ合衆国は、[⁹   ] を発表して社会主義の**「封じ込め」**を開始し、ヨーロッパの復興支援を目的に [¹⁰   ] も発表した。これにソ連は [¹¹   ] を結成して対抗、49年には [¹²   ] も創設して東側陣営の結束強化をはかった。

☐ ③1948年に [¹³   ] でクーデタがおこり、共産党が政権をにぎると、西欧5カ国は [¹⁴   ] を結んで対抗し、翌年には西側諸国の反共軍事同盟である [¹⁵   ] (NATO)も結成された。

☐ ④ドイツでは、ソ連が西側占領地区の**通貨改革**に反対し、1948年に西ベルリンへの交通を遮断する [¹⁶   ] を実施した。翌年に封鎖は解除されたが、西側占領地区には [¹⁷   ] (西ドイツ)、ソ連占領管理地区には [¹⁸   ] (東ドイツ)が成立し、ドイツは分断された。

☐ ⑤西ドイツは [¹⁹   ] 首相のもとで経済復興を進め、1954年に主権を回復し、翌年には再軍備と **NATO 加盟**を実現した。これに対抗して、東側陣営は同年 [²⁰   ] を結成した。

☐ ⑥1950年代に入るとアメリカ合衆国は、オーストラリア・ニュージーランドと [²¹   ] (ANZUS)を結び、また東南アジア諸国などとは [²²   ] (SEATO)を結成し、東側の「封じ込め」をはかった。このほか中東諸国の間には、イギリスを中心に [²³   ] (METO)も結成された。

☐ ⑦大戦末期にイギリス首相となった**労働党**の [²⁴   ] は、**重要産業の国有化**を断行し、「ゆりかごから墓場まで」といわれる社会福祉制度を整備した。

☐ ⑧フランスでは1946年に [²⁵   ] が成立したが、アルジェリア問題などで政権は安定せず、58年に [²⁶   ] にかわった。大統領に就任した [²⁷   ] は、**アルジェリアの独立**を承認したほか、[²⁸   ] を承認し、**NATO への軍事協力を拒否**するなど、独自の外交を展開した。

③ アジアの解放と自立

☑ ①中国では国民党と共産党の内戦が再燃し、これに敗れた**蒋介石**は[²⁹   ]に逃れ
　　て中華民国政府を維持した。共産党は1949年に[³⁰   ]を主席に、[³¹
　　　　　　]を首相とする**中華人民共和国**の成立を宣言した。翌年、中国は[³²
　　　　　　　　　]に調印し、社会主義陣営に属する姿勢を明らかにした。

☑ ②朝鮮では北緯[³³   ]を境界に、南北を米ソがそれぞれ管理下においた。1948
　　年、南には[³⁴   ]を大統領とする**大韓民国**が、北には[³⁵   ]を首
　　相とする**朝鮮民主主義人民共和国**が成立し、50年には[³⁶   ]が勃発した。
　　この戦争は53年に休戦したが、南北の分断は固定化された。

☑ ③朝鮮戦争が勃発すると、日本では**自衛隊**の前身となる[³⁷   ]が設置され
　　た。また1951年に日本は[³⁸   ]に調印すると同時に、
　　合衆国と[³⁹   ]を締結した。その後、56年に[⁴⁰   ]との
　　国交を回復した日本は、国際連合への加盟を実現した。

☑ ④オランダ領東インドは、**インドネシア共和国**として独立し、[⁴¹   ]が大統
　　領に就任した。またフランス領インドシナでは、[⁴²   ]が**ベトナム
　　民主共和国**の独立を宣言したが、フランスとの間に[⁴³   ]が勃発
　　し、1954年の[⁴⁴   ]で南北に分断された。

☑ ⑤南アジアでは、1947年に[⁴⁵   ]を首相とする**インド連邦**と、[⁴⁶
　　　　　]を総督とする**パキスタン**が、分離して独立を達成した。

☑ ⑥**イラン**では1951年に[⁴⁷   ]首相が**石油国有化**を宣言したが、イギリス
　　との関係悪化を恐れる国王[⁴⁸   ]のクーデタで首相は追放され
　　た。また**パレスチナ**では、1948年に[⁴⁹   ]が建国されるとアラブ諸国
　　との間に[⁵⁰   ]がおこり、多くの難民が生まれた。

④ ソ連の「雪どけ」

☑ ①スターリンの死後、1956年のソ連共産党第20回大会で、[⁵¹   ]は**ス
　　ターリン批判**をおこない、平和共存と緊張緩和を表明した。同年**日ソ共同宣言**でソ連は
　　日本と国交を回復し、59年には[⁵¹   ]の訪米も実現した。

☑ ②スターリン批判は東欧諸国に衝撃を与え、1956年に[⁵²   ]では反ソ暴
　　動がおこり、[⁵³   ]事件はソ連の軍事介入をまねいた。

⑤ アメリカ合衆国と欧州統合の動き

☑ ①1950年頃から合衆国では、**マッカーシー**らを中心に「[⁵⁴   ]」という左翼運
　　動への攻撃がみられたが、**アイゼンハワー**大統領はソ連との対話を重視した。

☑ ②西欧では1950年の[⁵⁵   ]をもとに統合の動きが進み、67年に
　　は[⁵⁶   ](**EC**)が発足した。当初イギリスはこの動きに加わらず
　　ヨーロッパ自由貿易連合(**EFTA**)を結成したが、73年に EC に加盟した。

◆ ステップ・アップ・テスト(文の正誤を○×で判定しよう) ◆

☑ ①ド＝ゴールが、朝鮮民主主義人民共和国の承認を行った。(19年追B)

☑ ②モサデグ(モサッデグ)が、イランで、鉄道国有化を行った。(19年追B)

第三世界の台頭と冷戦体制の動揺

Point ❶第三世界の連帯　❷アフリカとラテンアメリカ諸国の動向　❸キューバ危機と核不拡散体制の成立　❹ベトナム戦争と米ソの動向　❺プロレタリア文化大革命

① 第三世界の連帯とアフリカ諸国の独立

①「第三世界」…東西どちらの陣営にも属さないアジア・アフリカを中心とした国々

コロンボ会議	南アジア5カ国がアジア＝アフリカ会議の開催など提案
ネルー・周恩来会談	**平和五原則**発表…領土保全と主権の尊重、平和共存など
アジア＝アフリカ会議	**インドネシア**のバンドンで開催(1955)、**平和十原則**採択
第1回非同盟諸国首脳会議	**ユーゴスラヴィア**のベオグラードで開催(1961)

②エジプト…大統領のナセルが積極的中立政策を展開→アラブ民族主義の台頭

エジプト革命	ナギブらが王政打倒(1952)→**ナセル**が共和国の大統領に就任(1956)
スエズ戦争 (第2次中東戦争)	ナセル…**スエズ運河の国有化宣言**➡英・仏・イスラエルがエジプトへ侵攻…**スエズ戦争**(1956)➡国際批判と米ソの警告で3国は撤退 ❖パレスチナ難民…**パレスチナ解放機構**(PLO)結成(1964)
第3次中東戦争	イスラエルがエジプトなどを攻撃(1967)➡イスラエルが**シナイ半島**・ヨルダン川西岸などに占領地拡大→アラブ民族主義の衰退

③アフリカ諸国の独立

北アフリカ	モロッコ・チュニジアがフランスから独立(1956)➡**アルジェリア**…民族解放戦線(FLN)の独立戦争➡フランスから独立達成(1962)
サハラ以南	**ガーナ**が黒人共和国として自力独立(1957)…指導者：**エンクルマ**
「アフリカの年」	1960年…アフリカで**17**の新興独立国が生まれる
コンゴ動乱	経済的利権を求める**ベルギー**軍が介入して内戦に(1960)➡国連軍介入
南アフリカ	アパルトヘイト…極端な人種隔離・黒人差別政策で白人支配を維持

アフリカ諸国首脳会議…アディスアベバで開催→**アフリカ統一機構**(**OAU**)(1963)

❖**南北問題**：先進国と開発途上国の経済格差→**国連貿易開発会議**(UNCTAD)の開催

④ラテンアメリカ諸国の動向

米州機構(**OAS**)…合衆国主導でラテンアメリカの共同防衛・相互協力をはかる(1948)	
アルゼンチン	**ペロン**大統領…反米的な民族主義を掲げて社会改革を断行
グアテマラ	**左翼政権**の成立(1951)…土地改革に着手➡軍部クーデタで打倒(1954)
キューバ	**キューバ革命**(1959)…**カストロ**が親米的な**バティスタ**政権を打倒➡合衆国がキューバと断交➡キューバは**社会主義**を宣言(1961)

⑤キューバ危機と核不拡散体制の成立

キューバ危機	ソ連…キューバにミサイル基地建設➡アメリカは撤去を要求して海上封鎖➡米ソ軍事衝突の危機…**キューバ危機**(1962) ➡部分的核実験禁止条約(1963)…米英ソが地下を除く核実験を禁止
核軍縮の進展	核拡散防止条約(1968)…62カ国調印➡米ソ間で第1次**戦略兵器制限交渉**(SALT Ⅰ)開始➡第2次**戦略兵器制限交渉**(SALT Ⅱ)開始(1972)

❷ 冷戦体制の動揺

①ベトナム戦争とインドシナ半島

インドシナ	ベトナム…北(ベトナム民主共和国)と南(**ベトナム共和国**)に分断
戦争後	→南…ゴ=ディン=ジエム政権成立(1955):合衆国の支援を受ける
	➡**南ベトナム解放民族戦線**(1960)…北と連携して南でゲリラ戦展開
ベトナム戦争	合衆国…北への爆撃(**北爆**)と南へ地上兵力増派=**ベトナム戦争**(1965)
	➡北にはソ連・中国の支援…戦局は泥沼化し、ベトナム反戦運動激化
	❖米軍…ベトナム戦争に沖縄の基地を利用➡日本へ**沖縄返還**(1972)
	ベトナム(パリ)和平協定(1973)…ニクソン大統領:米軍の撤退を実現
	➡北と南の内戦は継続…北ベトナムと解放戦線が**サイゴン**攻略(1975)
	➡南北ベトナムの統一…**ベトナム社会主義共和国**の成立(1976)
カンボジア	親米右派勢力…シハヌーク元首追放(1970)➡**赤色クメール**(指導者:ポル=ポト)との内戦➡解放勢力の勝利…民主カンプチア成立(1975)

②アメリカ合衆国…民主党のケネディ大統領暗殺後、民主党のジョンソン大統領就任

ケネディ	**ニューフロンティア政策　キューバ危機**…ソ連との全面対決回避
ジョンソン	**公民権法**成立(1964)…黒人差別撤廃をはかる　「偉大な社会」計画
	ベトナム戦争への軍事介入➡国内で学生中心の反戦運動が激化
	キング牧師(公民権運動の指導者)暗殺(1968)➡人種暴動の多発
ニクソン	**中華人民共和国訪問(訪中)**(1972)…毛沢東と関係正常化に合意
	❖国際連合…台湾にかわって**北京政府の代表権**承認(1971)
	米軍のベトナム撤退実現(1973)➡ウォーターゲート事件で辞任

③ソ連…**フルシチョフ**の解任(1964)➡ブレジネフ第一書記:自由化の進展をおさえる

「プラハの春」	**チェコスロヴァキア**で民主化を求める市民運動が発生(1968)
	…ドプチェクが自由化推進➡ソ連の軍事介入で改革の動きは阻止

④ヨーロッパでの緊張緩和(デタント)

西ドイツ	**ブラント**首相(社会民主党中心の連立政権)…「東方外交」の展開
	東西両ドイツが相互承認(1972)➡東西ドイツの**国連同時加盟**(1973)
独裁体制	スペイン…**フランコ**死去(1975)➡フアン=カルロス1世の立憲君主制
崩壊	ポルトガル…独裁崩壊(1974)　ギリシア…民主制へ復帰(1975)

⑤中ソ対立と文化大革命

「大躍進」運動	毛沢東による急激な社会主義建設…人民公社設立→農業生産の急減
中ソ対立	毛沢東…ソ連の平和共存路線を批判➡ソ連…中国への**経済援助**停止
プロレタリア	**毛沢東・林彪**ら…劉少奇・鄧小平を修正主義者(「実権派」)と非難
文化大革命	➡全国に**プロレタリア文化大革命**を呼びかけ(1966)
	➡紅衛兵…党幹部や知識人を追放➡劉少奇失脚➡林彪の失脚(1971)
	周恩来・毛沢東の死(1976)➡華国鋒首相…江青ら「四人組」逮捕
	❖**日中国交正常化**(1972)➡日中平和友好条約の締結(1978)
「四つの現代化」	鄧小平…農業・工業・国防・科学技術の現代化➡**改革開放**路線へ

第三世界の台頭と冷戦体制の動揺

❶ 第三世界の連帯とアフリカ諸国の独立

☑ ①1954年、中国の[¹　　　　　　　]首相はインドの[²　　　　　　　　　]首相と会談し、平和共存などの[³　　　　　　　　]を発表した。翌年**インドネシア**で[⁴　　　　　　　]が開かれ、**平和十原則**が採択された。また61年には**ユーゴスラヴィア**の呼びかけで、第1回[⁵　　　　　　　　　　]も開催された。

☑ ②エジプトでは1952年にナギブらによって[⁶　　　　　　　　]がおこり、56年には[⁷　　　　　　　]が大統領に就任した。同年にナセルが[⁸　　　　　　　　　]を宣言すると、イギリス・フランス・イスラエルが侵攻し、**スエズ戦争**が勃発した。その後64年にパレスチナ難民の統合組織として**パレスチナ解放機構**(PLO)が結成された。

☑ ③1967年にイスラエルがエジプトなどを攻撃し、[⁹　　　　　　　　　　]が始まった。イスラエルは**シナイ半島**などを占領し、これ以降アラブ民族主義は衰退に向かった。

☑ ④大戦後のアフリカでは、まず北アフリカで独立運動が広がった。1962年にはフランスからの独立戦争を経て[¹⁰　　　　　　　　]が独立を達成した。

☑ ⑤サハラ以南のアフリカでも独立運動が広がり、1957年には[¹¹　　　　　　　]の指導のもと、[¹²　　　　　　]が黒人共和国として自力独立を実現した。また1960年は17の新興独立国が誕生したことから、「[¹³　　　　　　　　]」と呼ばれた。

☑ ⑥独立後のコンゴには**ベルギー**が干渉し、[¹⁴　　　　　　　　　]を引きおこした。

☑ ⑦1963年にエチオピアのアディスアベバで開催されたアフリカ諸国首脳会議で[¹⁵　　　　　　](OAU)が結成され、アフリカ諸国の連帯がめざされた。

☑ ⑧先進国と開発途上国の経済格差は[¹⁶　　　　　　　]と呼ばれ、その是正をめざして**国連貿易開発会議**(UNCTAD)が結成されたが、十分な成果はあがらなかった。

☑ ⑨戦後のラテンアメリカ諸国は、アメリカ合衆国主導のもとで、共同防衛と相互協力をはかる[¹⁷　　　　　　](OAS)を結成した。他方、この地域には合衆国に反発する動きもみられた。[¹⁸　　　　　　　]では、**ペロン大統領**が反米的な民族主義を掲げ、1951年にはグアテマラに反米を掲げた**左翼政権**が成立した。

☑ ⑩1959年にキューバでは、民族主義者[¹⁹　　　　　　]が親米的な**バティスタ**政権を倒す[²⁰　　　　　　]がおこり、61年には**社会主義**が宣言された。

☑ ⑪1962年、ソ連のミサイル基地をめぐり[²¹　　　　　　　]が発生した。危機回避後、核軍縮が進展し、63年には米英ソの間で[²²　　　　　　　　]が結ばれた。また68年には米ソなど5カ国以外の核保有を禁じた[²³　　　　　　]が調印され、その後も米ソは2次にわたる**戦略兵器制限交渉**をおこなった。

❷ 冷戦体制の動揺

☑ ①インドシナ戦争後、**ベトナム共和国**(南ベトナム)にアメリカ合衆国の支援を受けた[²⁴　　　　　　　]政権が成立すると、1960年にはこれに対して[²⁵　　　　　　　]が結成され、ベトナム統一をめざしてゲリラ戦を展開した。

☑ ②1965年にアメリカ合衆国が[²⁶　　　　　](北への爆撃)や南への地上兵力増派をおこない、[²⁷　　　　　　]は本格的に始まったが、戦局は泥沼化した。

☑③1973年にアメリカ合衆国の[²⁸   ]大統領は[²⁹   ]に
調印し、米軍のベトナムからの撤退を実現した。その後もベトナムでは南北間の内戦が
継続したが、75年に南の拠点である[³⁰   ]が攻略されて南北統一が実現し、
76年には**ベトナム社会主義共和国**が成立した。

☑④日本では、ベトナム戦争に沖縄の米軍基地が利用されていたことへの批判が高まり、
1972年には[³¹   ]が実現したが、広大な米軍基地は残った。

☑⑤**カンボジア**では、右派勢力が[³²   ]元首を追放したが、その後の内戦に
は[³³   ]が率いる**赤色クメール**中心の解放勢力が勝利した。

☑⑥アメリカ合衆国では、民主党の[³⁴   ]大統領が**ニューフロンティア政策**を
掲げて国内改革を推進する一方、[²¹]の回避にも成功した。

☑⑦[³⁴]の暗殺後、大統領に就任した[³⁵   ]は、黒人差別撤廃をめざす
[³⁶   ]を成立させ、差別と貧困の解消をはかろうとした。

☑⑧1969年に大統領に就任した共和党の[²⁸]は、ベトナム戦争での威信低下を背景に[³⁷
            ]の訪問(**訪中**)をおこなったほか、ベトナムからの米軍撤退を実
現させたが、[³⁸   ]で辞任に追い込まれた。

☑⑨国際連合は、1971年に[³⁹   ]にかわって**北京政府の代表権**を承認した。

☑⑩ソ連では**フルシチョフ**の解任後、[⁴⁰   ]第一書記により、自由化の進展
がおさえられた。ソ連は、1968年に**チェコスロヴァキア**で発生した民主化を求める「[⁴¹
            ]」にも軍事介入し、改革の動きを封じた。

☑⑪西ドイツでは社会民主党の[⁴²   ]首相が「東方外交」を展開して、1972年
に東西ドイツは相互承認を果たし、73年に[⁴³   ]を実現した。

☑⑫スペインは1975年の[⁴⁴   ]の死後、立憲君主制へと移行した。

☑⑬1950年代後半、中国では[⁴⁵   ]が急激な社会主義建設をめざす「[⁴⁶
            ]」運動を指示したが、多くの犠牲を出して失敗した。

☑⑭毛沢東がソ連の平和共存路線を批判したことで[⁴⁷   ]がおこり、ソ連は中
国への**経済援助**を停止した。この対立は両国の国境紛争にまで発展した。

☑⑮1966年に**林彪**は林彪らとともに、[⁴⁸   ]や[⁴⁹   ]らを資本主義
の復活をはかる修正主義者と非難し、全国に[⁵⁰   ]を呼び
かけた。これに呼応した[⁵¹   ]たちは党幹部や知識人を追放し、[⁴⁸]も失
脚した。

☑⑯1976年に[¹]と[⁴⁵]があいついで死去すると、首相となった[⁵²   ]は
江青ら「四人組」を逮捕し、[⁵⁰]は終了した。また**日中国交正常化**を受けて、78年に
は[⁵³   ]も結ばれた。

☑⑰[⁴⁹]を中心とする新指導部は、1978年以降、農業・工業・国防・科学技術の「[⁵⁴
            ]」など**改革開放路線**を推進していった。

◀◀ **ステップ・アップ・テスト**(文の正誤を○×で判定しよう) ▶▶

☑①キューバでバティスタ政権が打倒された。(22年本B)

☑②鄧小平は、資本主義の復活をはかったとして、文化大革命中に批判された。(20年本B)

産業構造の変容と冷戦の終結

Summary

Point ❶第三世界の開発独裁　❷２回の石油危機　❸「新冷戦」から冷戦終結へ　❹東欧社会主義圏の消滅とソ連の解体　❺中国の動向と民主化の広がり

❶ 第三世界の開発独裁と東南アジア・南アジアの自立化

①**開発独裁**…強権支配により政治運動・社会運動を抑圧しつつ工業化を強行する体制

大韓民国	学生運動で**李承晩**失脚(1960)➡**朴正熙**…日本と国交正常化、独裁下で経済成長実現➡暗殺➡**光州事件**(1980)…民主化運動を軍部が弾圧
インドネシア	**九・三〇事件**(1965)…軍部が実権掌握→共産党弾圧、**スカルノ**失脚➡**スハルト**の大統領就任(1968)…工業化・近代化を推進
フィリピン	アメリカの支援を受けた**マルコス**による**開発独裁**体制が実現

②東南アジア・南アジアの自立化

マレーシア	**マラヤ連邦**が**シンガポール**などと合体して成立(1963)➡中国系住民中心に**シンガポール**が分離独立(1965)…**リー＝クアンユー**が開発独裁体制
インド	国民会議派の政権…非同盟外交、**カシミール**をめぐり**パキスタン**と対立→東パキスタンが**バングラデシュ**として独立するのを支援(1971)

❖**東南アジア諸国連合**(**ASEAN**)(1967)：シンガポールなど５カ国が地域協力をめざす
❖**新興工業経済地域**(**NIES**)：1970年代から急速に工業化をとげた国や地域
　…韓国・台湾・シンガポール・香港・メキシコなどからタイ・マレーシアなどに拡大

③ラテンアメリカ…開発独裁がみられたが、1980年代に軍事独裁政権から民政へ移行

アルゼンチン	イギリスとの**フォークランド戦争**に敗北(1982)➡軍事政権打倒(1983)
チリ	**アジェンデ**左翼連合政権を**ピノチェト**が軍部クーデタで打倒(1973)➡経済危機を契機に軍部への批判高まる➡国民投票で民政移行(1988)

❷ 産業構造の変容

経済成長→公害、環境問題の深刻化…ストックホルムで**国連人間環境会議**開催(1972)

ドル＝ショック	ベトナム戦争の戦費と社会保障費の増大→合衆国財政の悪化➡貿易収支は赤字に転落➡**ニクソン**大統領…**ドルの金兌換停止**(1971)➡先進工業国の通貨は**固定相場制**から変動相場制へ移行(1973)
第１次石油危機	**第４次中東戦争**(1973)➡**アラブ石油輸出国機構**(**OAPEC**)…イスラエル支援国に原油輸出停止／石油輸出国機構(OPEC)…原油大幅値上げ➡西側諸国の経済に大きな打撃…**第１次石油危機** **先進国首脳会議**(サミット)(1975〜)…石油危機後に毎年開催
第２次石油危機	**イラン＝イスラーム革命**(1979)…国王を宗教学者ホメイニが打倒❖**パフレヴィー２世**…「白色革命」と呼ばれる近代化政策を強行➡イランが原油生産を国有化➡原油価格高騰…**第２次石油危機**…合衆国：安定した石油資源確保のため中東問題の解決に乗り出す　　→**エジプト＝イスラエル平和条約**(1979)…**カーター**大統領の調停

先進工業国…減税・規制緩和など「小さな政府」をめざす**新自由主義**的政策を実施
…**レーガン**政権(米)、**サッチャー**保守党政権(英)、中曽根康弘政権(日)など

❸ 冷戦の終結

①「新冷戦」から冷戦の終結へ

緊張緩和(デタント)の終わり	**カーター大統領(米)**…人権外交の展開➡パナマ運河返還条約(1977) ➡アフリカへのソ連の介入やイラン゠イスラーム革命を背景に、合衆国内でデタントへの批判が高まる
「新冷戦」 冷戦の終結	ソ連が社会主義政権支援のために**アフガニスタン**へ軍事侵攻(1979) **レーガン大統領(米)**…「強いアメリカ」を掲げて対ソ対決路線へ転換 **ゴルバチョフ**…ソ連の書記長に就任(1985)➡**チョルノービリ原発事故**→**「グラスノスチ(情報公開)」**をもとに**「ペレストロイカ(改革)」**を提唱 **「新思考外交」**…合衆国との協調路線➡**レーガン**も対話重視へ転換 **中距離核戦力(INF)全廃条約(1987)**➡ソ連が**アフガニスタン**から撤退(1989)➡**マルタ会談**…ブッシュとゴルバチョフが**冷戦終結**宣言(1989)
核軍縮の進展	米ソ間で第1次戦略兵器削減条約(START Ⅰ)成立(1991)

②東欧革命とソ連の解体

ゴルバチョフ…東欧社会主義圏への内政干渉を否定➡東欧革命(1989)	
ポーランド	**ワレサ**…**自主管理労組「連帯」**を組織(1980)して政府に改革を求める ➡選挙で勝利した「連帯」を中心とする連立政権の誕生(1989) ❖ハンガリー・チェコスロヴァキア…複数政党制へと移行(1989)
ルーマニア	**チャウシェスク**独裁政権の崩壊➡チャウシェスク夫妻の処刑(1989)
東ドイツ	**ホネカー**書記長の退陣(1989)➡**ベルリンの壁の開放**…東西ドイツ間の往来が可能となる➡西ドイツが東ドイツを吸収…**統一ドイツ**の誕生(1990)
❖**コメコン・ワルシャワ条約機構**の解消(1991)=東欧社会主義圏の消滅	
ソ連	大統領制の導入(1990)→初代大統領…**ゴルバチョフ** …市場経済への移行を推進、スターリン体制下の犠牲者の名誉回復 ➡ゴルバチョフに対する保守派のクーデタ失敗(1991)➡**ソ連共産党解散** 東欧民主化の影響…バルト3国(エストニア・ラトヴィア・リトアニア)独立➡ソ連の消滅…ロシア連邦中心に**独立国家共同体(CIS)**の結成(1991)
ロシア連邦	初代大統領…**エリツィン**：**市場経済**への移行は遅れ、政治も不安定 **プーチン**が大統領に当選(2000)…資源輸出による経済成長の実現

❹ 中国の動向と民主化の広がり

中国	**鄧小平**…**社会主義市場経済化：人民公社解体/改革開放**政策の推進 **天安門事件**(1989)…民主化要求運動を政府が弾圧→趙紫陽総書記の解任 ➡江沢民が総書記に就任…イギリスから**香港返還**を実現(1997)
大韓民国	民主化運動の高まり➡大統領の直接選挙制導入(1987)…**盧泰愚**政権成立 …米ソの接近→ソ連と国交正常化➡北朝鮮と**国連同時加盟**実現(1991)
台湾	国民党政権下で戒厳令(~1987)➡**李登輝**総統(国民党)…民主化の推進
南アフリカ	**アパルトヘイト**政策…少数の白人が多数派の黒人を隔離して支配 →**アフリカ民族会議(ANC)**の抵抗や国際連合の経済制裁 ➡デクラーク政権…差別法全廃(1991)➡**マンデラ**大統領の誕生(1994)

Speed
Check! **産業構造の変容と冷戦の終結**

① 第三世界の開発独裁と東南アジア・南アジアの自立化

☑①強権支配によって政治運動・社会運動を抑圧しつつ工業化を強行する体制のことを[¹　　　　　]という。1960年に失脚した**李承晩**政権のあと、クーデタによって権力を掌握した大韓民国の[²　　　　　]政権は、その典型とされる。韓国では、[²]暗殺後の80年、民主化運動を軍部が弾圧する[³　　　　　]がおこった。

☑②インドネシアでは、1965年の[⁴　　　　　　　]をきっかけに軍部が実権を握り、**スカルノ**は失脚した。その後68年に大統領に就任した[⁵　　　　　]のもとで工業化が推進された。フィリピンでも、**マルコス**が[¹]を進めた。

☑③1963年に**マラヤ連邦**が[⁶　　　　　　]などと合体して[⁷　　　　　　]が成立したが、65年に中国系住民を中心に[⁶]が分離独立を達成した。独立後の[⁶]では、**リー＝クアンユー**首相が開発独裁体制を構築した。

☑④インドでは国民会議派の政権が非同盟外交を展開する一方、[⁸　　　　　]地方をめぐり**パキスタン**と対立が続いた。インドの支援を受けた東パキスタンは、1971年に[⁹　　　　　]としてパキスタンから独立した。

☑⑤1967年にシンガポール・タイなど東南アジア5カ国により[¹⁰　　　　　](ASEAN)が結成され、大国を排除して東南アジアの自立性を高めていった。

☑⑥1970年代から急速に工業化をとげた国や地域は[¹¹　　　　　　](NIES)と呼ばれ、韓国・台湾・香港などからタイ・マレーシアなどへと拡大していった。

☑⑦**アルゼンチン**では、1982年にイギリスとの[¹²　　　　　　]に敗北した後、軍事政権が打倒された。また**チリ**では1973年に**アジェンデ**左翼連合政権が倒れ、[¹³　　　　　]が独裁を続けたが、88年の国民投票で民政へ移行した。

② 産業構造の変容

☑①1960年代以降の経済成長にともない、公害が社会問題化し、環境問題が国際的課題となった。72年にはストックホルムで[¹⁴　　　　　　]が開かれた。

☑②アメリカ合衆国では、[¹⁵　　　　　]の戦費と社会保障費の増大を原因として財政と貿易収支が赤字となったため、1971年に[¹⁶　　　　　]大統領は**ドルの金兌換停止**を発表した。この[¹⁷　　　　　]を引き金として、先進工業国の通貨は73年に**固定相場制**から[¹⁸　　　　　]へと移行した。

☑③1973年にエジプト・シリアとイスラエルの間で[¹⁹　　　　　]がおきると、[²⁰　　　　　](OAPEC)の加盟国は、イスラエルを支援する国々への原油輸出を停止したため、[²¹　　　　　]がおこった。

☑④石油危機をきっかけに、1975年からおもに経済問題を議題として、先進工業国の間で[²²　　　　　](サミット)が毎年開かれるようになった。

☑⑤**パフレヴィー2世**が「白色革命」を強行していたイランでは、1979年の**イラン＝イスラーム革命**で宗教学者[²³　　　　　]が政権を握ると、欧米系企業を追放して原油生産を国有化したため、原油価格が高騰し、[²⁴　　　　　]がおこった。

☑⑥合衆国は石油の安定的確保をめざして中東問題解決に乗り出し、1979年[²⁵

]大統領の調停で[26   ]が結ばれた。

☑⑦1980年前後から、合衆国の[27   ]政権やイギリスの[28   ]
政権など**新自由主義的**政策をおこなう政権が誕生した。

③ 冷戦の終結

☑①合衆国の[25]政権は人権外交を進めたが、アフリカへのソ連の介入や反米的なイラ
ン゠イスラーム革命の発生を背景に、国内では[29   ]への批判が高まった。

☑②1979年にソ連が社会主義政権支援を目的に[30   ]に軍事侵攻し、
81年に合衆国大統領に就任した[27]が「強いアメリカ」を掲げて対ソ対決路線へ転換
すると、再び緊張が高まり、この緊張状態は「**新冷戦**」と呼ばれた。

☑③1985年にソ連の書記長に就任した[31   ]は、86年の**チョルノービリ
原発事故**をきっかけに、「**グラスノスチ(情報公開)**」をもとに「[32
]」と呼ばれる改革を提唱し、「**新思考外交**」という合衆国との協調外交を進めた。

☑④合衆国の[27]も対話路線に転じ、1987年には米ソ間で[33   ](INF)
全廃条約が結ばれ、89年にはソ連軍の[30]からの撤退も実現した。そして[34
]で、[31]と合衆国のブッシュ大統領は**冷戦終結**を宣言した。

☑⑤1980年、**ポーランド**では[35   ]が**自主管理労組「連帯」**を組織して政府に改
革を求めた。89年には「連帯」が選挙で圧勝し、連立政権を発足させた。

☑⑥1989年に**ルーマニア**では[36   ]が処刑され、独裁政権が倒れた。
また**東ドイツ**では[37   ]書記長の退陣後、[38   ]の開放
が実現し、90年には[39   ]が誕生した。そして91年には**コメコン**と[40
]も解消され、東欧社会主義圏は消滅した。

☑⑦冷戦終結後、ソ連では大統領制が導入され、初代大統領に[31]が就任した。しかし
ソ連の急速な改革は保守派のクーデタをまねき、1991年に[41   ]は解
散、その後[42   ](CIS)が結成され、ソ連は消滅した。

☑⑧ロシア連邦は、初代大統領[43   ]の時代には**市場経済**への移行が遅れた
が、2000年に大統領に当選した**プーチン**のもとで経済成長を達成した。

④ 中国の動向と民主化の広がり

☑①中国では1981年に成立した[44   ]を中心とする指導部のもとで**社会主義市
場経済化**が進み、[45   ]の解体や**改革開放**政策が推進されたが、民主化な
き経済改革への不満から、89年に[46   ]がおこった。

☑②1997年にはイギリスから中国に[47   ]が返還された。

☑③1987年に大統領の直接選挙制が導入された韓国では、**盧泰愚政権**のもと[48
]と国交を正常化し、91年に北朝鮮と[49   ]を果たした。

☑④**台湾**では1988年に総統となった[50   ]のもとで民主化が推進された。

☑⑤**南アフリカ**では、1991年の差別法全廃で[51   ]政策に終止符が打
たれ、94年には**アフリカ民族会議**の[52   ]が大統領に当選した。

ステップ・アップ・テスト(文の正誤を○×で判定しよう)

☑①イスラエルの石油戦略によって、第1次石油危機(オイル゠ショック)が起こった。(19年追B)

☑②ハンガリーでは、チャウシェスクが処刑された。(20年本B)

今日の世界と現代文明の諸相

Point ❶東欧・旧ソ連の地域紛争 ❷今日のアジア・アフリカ諸国 ❸同時多発テロ事件以降の世界 ❹通商の自由化と地域統合 ❺現代文明の特徴と現代思想

❶ 今日の世界

①東欧・旧ソ連の地域紛争

ユーゴスラヴィア連邦	**クロアティア・スロヴェニア**が独立宣言(1991)➡**セルビア**との内戦
	ボスニア内戦➡ボスニア領を縮小して独立(1995)…連邦の解体
	コソヴォ内戦➡セルビアへの **NATO 軍**の空爆(1999)➡コソヴォ独立
旧ソ連	**チェチェン紛争**…**ロシア**から独立を求める内戦(1994~96・99~2009)
	プーチン政権…クリミア半島併合(2014)➡**ウクライナ侵攻**(2022~)

②東アジアの動向

中国	**胡錦濤**総書記(2002)…急速な経済成長実現➡習近平総書記(2012)が継承
	…民族対立の激化:**チベット**(2008)・**新疆**(2009)で暴動発生
	香港に国家安全維持法を導入(2020)→一国二制度の形骸化(2020)
大韓民国	**金泳三**…32年ぶりの文民出身の大統領(1992)➡**文民政治**の定着をはかる
	金大中…太陽政策:**南北首脳会談**実現(2000)➡北朝鮮の核実験で対話中止
	朴槿恵…初の女性大統領、スキャンダルで罷免➡**文在寅**…南北対話再開
北朝鮮	閉鎖的な社会主義体制維持…**金日成・金正日・金正恩** 3代にわたる独裁
	❖金正日時代…食料危機の深刻化、核拡散防止条約から離脱(2003)
	➡**六カ国協議**中止を宣言(2005)➡**核実験**強行(2006)…周辺諸国と対立
台湾	**陳水扁**…国民党以外の総統➡**蔡英文**…初の女性総統、合衆国との連携

③東南アジア・南アジアの変化

ベトナム	**「ドイモイ」**(刷新)政策…ゆるやかな市場開放→経済状況の好転
カンボジア	内戦とベトナム軍の介入➡**カンボジア王国**成立…シハヌーク国王(1993)
ミャンマー	軍部独裁➡民政へ移行…**アウン=サン=スー=チー**の改革➡再び軍政へ
インドネシア	**アジア通貨危機**(1997)➡**スハルト**政権打倒→民政へ移管(1998)
	➡東ティモール分離独立(2002)、分離をめざすアチェ州との和解(2005)
インド	**インド人民党**による政権(1990年代)…経済の自由化、外資の導入
	❖スリランカ…シンハラ系多数派とタミル系少数派の内戦➡2009年終結

④アフリカ諸国の困難と経済成長

ローデシア	白人政権が英から独立(1965)➡黒人主体の**ジンバブエ**の誕生(1980)
エチオピア	軍部クーデタ(1974)…**ハイレ=セラシエ**皇帝の専制打倒➡**社会主義**宣言
	➡経済改革失敗…エリトリア戦線などの攻撃で**社会主義**政権崩壊(1991)
	❖ソ連消滅にともない**アンゴラ・モザンビーク**でも社会主義政権崩壊
内戦	1980~90年代 **ソマリア・ルワンダ**内戦
	2000年代初 ダルフール(スーダン)紛争
経済成長	21世紀 ナイジェリアなど鉱物資源の輸出増加→都市への人口集中
	❖**アフリカ連合**(AU)(2002)…アフリカ統一機構(OAU)から地域連携を強化

⑤民族・地域紛争の動向

パレスチナ問題	**パレスチナ**…インティファーダと呼ばれるイスラエルへの抵抗が拡大
	イスラエル(ラビン首相)と**PLO**(アラファト議長)…**パレスチナ暫定自治協定**に合意(1993)➡ラビン暗殺(1995)➡再び武力対決路線へと戻る
イラク	**サダム=フセイン**大統領就任(1979)➡**イラン=イラク戦争**(1980〜88)…イラクが国境紛争を理由に開戦➡イラクの**クウェート**侵攻(1990)
	➡**湾岸戦争**(1991)…多国籍軍の攻撃を受けてイラクはクウェートから撤退

⑥同時多発テロと対テロ戦争

同時多発テロ事件	湾岸戦争後…イスラーム急進派のなかでの反米感情の高まり
	同時多発テロ事件の発生(2001)➡ブッシュ大統領…**対テロ戦争**：アフガニスタンに対して軍事行動をおこし、**ターリバーン**政権を打倒
イラク戦争	フセイン打倒を目的に米英がイラクを攻撃(2003)➡**フセイン**政権の崩壊
「アラブの春」	2010年末　**チュニジア**の民主化運動➡エジプトなどの独裁政権打倒
	シリア内戦→多数の難民発生、「**IS(イスラム国)**」の出現(2014)
合衆国の動向	**オバマ**大統領(民主党)…積極的財政支出による経済の立て直し
	トランプ大統領(共和党)…国内産業の保護育成、移民の受け入れ規制
	❖**ポピュリズム**：排外主義的主張で世論の支持を集める政治手法

2　通商の自由化と地域統合の進展

世界貿易機関(**WTO**)	**GATT**…貿易の自由化を推進→サービス部門や知的所有権に通商の壁
	➡**世界貿易機関**(1995)…知的所有権・サービス取引面での自由化開始
情報通信革命	インターネットや携帯電話普及→企業活動のグローバリゼーション
	➡2008年秋に国際金融危機の発生…G8サミットに加えて**G20**を開催
ヨーロッパ	EC諸国…**マーストリヒト条約**発効→**ヨーロッパ連合(EU)**発足(1993)
	➡決済通貨として共通通貨**ユーロ**を発行(1999)➡ユーロの流通(2002)
	❖**イギリス**…EU離脱派が国民投票で勝利(2016)➡ EU離脱(2020)
北アメリカ	合衆国・カナダ・メキシコ間で**北米自由貿易協定(NAFTA)**発足(1994)
	➡アメリカ=メキシコ=カナダ協定(USMCA)発効(2020)
アジア太平洋	**アジア太平洋経済協力(APEC)会議**…1989年以降、毎年開催

3　現代文明の諸相

科学技術	**アインシュタイン**…**相対性理論**➡**量子力学**の発達➡**核開発**へと結びつく
	石油化学の発達…プラスチックや**ナイロン**などの新素材の生産
	飛行機…**ライト兄弟**が発明➡第一次世界大戦で軍用機に転用
	宇宙開発…スプートニク1号(ソ)➡アポロ11号の月面着陸(米)(1969)
医学	**ペニシリン**の発見(**フレミング**)→抗生物質の製造…伝染病治療に効果
生物学	DNA構造の解明(1953)…分子生物学の発達➡**ヒトゲノム**の解読完了(2003)
現代思想	**精神分析学**	人間の潜在意識の研究をもとに**フロイト**が確立
	社会学	官僚制を研究した**ヴェーバー**により確立
	プラグマティズム	アメリカ合衆国で**デューイ**らが確立
❖環境問題…「地球サミット」(1992)➡京都議定書(1997)➡パリ協定(2015)		

今日の世界と現代文明の諸相

☑ ①冷戦後の[¹　　　　　　]は、**クロアティア・スロヴェニアの独立宣言後**に
　おける**セルビア**との内戦や、**ボスニア内戦**を通じて連邦の解体が進行した。また1997
　年に始まった[²　　　　　　]内戦では、セルビアへ**NATO軍の空爆**もおこなわれた。

☑ ②1994年に[³　　　　　　　　]では**ロシア**からの独立を求める内戦がおこった。

☑ ③ロシアの[⁴　　　　　　]政権は2014年に[⁵　　　　　　　　]領のクリミア半島を
　一方的に併合し、2022年には[　⁵　]に侵攻した。

☑ ④中国では、2002年に**胡錦濤**を中心とする新指導部が発足し、急速な経済成長を実現し
　た。経済発展にともない漢族の流入が続いた[⁶　　　　　　]自治区や[⁷　　　　　]
　ウイグル自治区では民族対立が激化し、暴動が発生した。また2020年には[⁸
　　　]に国家安全維持法が導入され、一国二制度は形骸化した。

☑ ⑤1992年に韓国大統領となった[⁹　　　　　　　　]は**文民政治**の定着をはかり、97年に大統
　領となった[¹⁰　　　　　　]は、2000年に**南北首脳会談**を実現した。

☑ ⑥北朝鮮では、[¹¹　　　　　　]から３代にわたる独裁が維持された。２代目の[¹²
　　　　]時代には深刻な食料危機に直面し、国際社会での孤立を深めた。2005年に北朝
　鮮は[¹³　　　　　　　]を中止し、翌年には[¹⁴　　　　　　　]を強行した。

☑ ⑦台湾では2000年の総統選挙で、はじめて国民党に属さない[¹⁵　　　　　　]が当選し
　た。その後、初の女性総統となった**蔡英文**のもとで、合衆国との連携が深まった。

☑ ⑧ベトナムは、「[¹⁶　　　　　　　]」政策でゆるやかな市場開放に向かった。

☑ ⑨**カンボジア**では、内戦と[¹⁷　　　　　　]軍の介入が続いたが、1993年に[¹⁸
　　　　]を国王とする**カンボジア王国**が成立した。またミャンマーでは[¹⁹
　　　　　]が改革に着手したが、2021年に再び軍政に戻った。

☑ ⑩インドネシアでは、**アジア通貨危機**を契機に独裁に対する民衆の不満が高まり、1998
　年[²⁰　　　　　]政権が倒れて民政に移管した。その後2002年にインドネシアか
　ら[²¹　　　　　　　]が分離独立を達成した。また、インドでは1990年代に[²²
　　　　]による政権のもと、経済の自由化や外資の導入が進んだ。

☑ ⑪1965年にイギリスから独立した**ローデシア**の白人政権は、80年に黒人主体の[²³
　　　　]に生まれかわった。また1974年の**エチオピア**では、皇帝[²⁴
　　　　]の専制が打倒されて**社会主義**が宣言されたが、91年に**社会主義**政権は崩壊
　した。この頃**アンゴラ・モザンビーク**でも、社会主義政権が崩壊した。

☑ ⑫冷戦終結後もアフリカでは紛争が多発し、1980〜90年代には**ソマリア**や[²⁵
　　　　]の内戦が、また2000年代初めには**スーダンのダルフール紛争**が激化した。

☑ ⑬アフリカ諸国は、2002年には[²⁶　　　　　　　　](AU)を結成した。

☑ ⑭1980年代後半、**パレスチナ**では[²⁷　　　　　　　　]と呼ばれるイスラエルへ
　の抵抗が広がった。93年に**イスラエル**の[²⁸　　　　　　　]首相と PLO の[²⁹
　　　　]議長は[³⁰　　　　　　　　]に合意したが、95年に[　²⁸　]が暗殺
　されると、両者は武力対決路線へと立ち戻った。

☑ ⑮1979年にイラクの大統領となった[³¹   ]は、国境紛争を理由に
　　[³²   ]をおこし、さらに90年には隣国[³³   ]に
　　侵攻したが、91年の[³⁴   ]に敗北して撤退した。
☑ ⑯湾岸戦争後の反米感情の高まりを背景に、2001年にアメリカ合衆国では[³⁵
　　]がおこった。これに対して合衆国の[³⁶   ]大統領は**対テロ
戦争**をおこし、アフガニスタンの[³⁷   ]政権を打倒した。また03年に
は[³⁸   ]を開始し、[　³¹　]政権を崩壊させた。
☑ ⑰2010年末の[³⁹   ]で始まった民主化運動は、エジプトなどにも波及し、
　　各国で独裁政権が倒れた。この一連の動きを「[⁴⁰   ]」という。この時[⁴¹
　　]では内戦が発生し、多数の難民が生まれた。
☑ ⑱2009年末に合衆国初の非白人系の大統領となった[⁴²   ]は、積極的な財政
　　支出により経済を立て直した。17年に大統領となった共和党の[⁴³   ]は、
　　国内産業の保護育成や移民の受け入れ規制などに力を注いだ。こうした排外主義的な主
　　張で世論の支持を集める政治手法を[⁴⁴   ]という。

❷ 通商の自由化と地域統合の進展

☑ ①**GATT** のもとで世界貿易の自由化は推進されてきたが、1995年にはサービス部門や知
　　的所有権の自由化をめざして[⁴⁵   ](**WTO**)が発足した。
☑ ②EC 諸国は1992年に[⁴⁶   ]を結び、翌年[⁴⁷
　　](**EU**)が発足して、2002年には共通通貨ユーロの一般流通も始まった。**イギリス**は
　　16年におこなわれた国民投票で EU 離脱派が勝利し、20年に EU を離脱した。
☑ ③合衆国がカナダ・メキシコと発足させた[⁴⁸   ]は、2020年には保
　　護主義色の強いアメリカ=メキシコ=カナダ協定(**USMCA**)へ移行した。また1989年に
　　は**アジア太平洋経済協力(APEC)会議**が開かれ、この地域の経済協力を強化した。

❸ 現代文明の諸相

☑ ①20世紀初めに[⁴⁹   ]が提唱した**相対性理論**は、[⁵⁰
　　]の発達をうながし、**核開発**へとつながった。また**石油化学**の発達により、プラスチ
　　ックや[⁵¹   ]などの新素材も生産されるようになった。
☑ ②20世紀初めに[⁵²   ]は**飛行機**を発明した。また宇宙開発でソ連に遅れを
　　とったアメリカ合衆国は[⁵³   ]で月面着陸に成功した。
☑ ③医学の分野で、**フレミング**による[⁵⁴   ]の発見は、抗生物質の製造につ
　　ながった。また1953年に[⁵⁵   ]構造が解明されたことにより、分子生物学
　　は大いに発達し、2003年には**ヒトゲノム**の解読が完了した。
☑ ④20世紀には[⁵⁶   ]が**精神分析学**を、また[⁵⁷   ]が**社会学**を
　　それぞれ確立した。さらに合衆国では、**デューイ**らによって[⁵⁸
　　]が確立され、教育学などにも影響を与えた。

≪ ステップ・アップ・テスト(文の正誤を○×で判定しよう)**≫**

☑ ①東ティモールは、インドネシアから独立(分離)した。(20年追B)
☑ ②イラク戦争の結果、フセイン政権が崩壊した。(17年追B)

① ギリシアとローマの市民権

ペリクレスの市民権法（前451年）

またこの後３年目にアンティドトスがアルコンの時に、市民の増加にかんがみ、ペリクレスの提案により**市民たる両親から生まれたものでなければ市民権に与り得ぬ**と決議した。

（古山正人ほか編訳『西洋古代史料集』東京大学出版会）

アントニヌス勅令（212年）

彼は故人の近親者に受け継がれた際の相続と免税とを廃止した。以上のゆえに、〔カラカラ帝は、〕**彼の帝国のすべての者をローマ人と宣言**した。名誉を与えるという口実で、実際は、外人たちはそれらの〔税の〕多くを支払っていなかったので、そういう手段で自分の収入を増大させるためであった。

（歴史学研究会編『世界史史料１』岩波書店）

　　上記２つの史料は、いずれも市民権について述べているが、前４世紀のアテネの指導者ペリクレスの時代に制定された市民権法が、アテネの市民権を「**市民たる両親から生まれたもの**」に限定しているのに対し、３世紀前半のローマ帝国の**カラカラ帝**が発布したアントニヌス勅令では、帝国のすべての住民（実際には**帝国に住む自由人**）に市民権を与えている。このようにギリシア世界では市民権保持者が限定され、いわば特権化されたのに対し、ローマでは帝国全体に市民権を拡大することで、広大な帝国をまとめあげようとしたといえよう。

② 均田制の比較

北魏の均田制（485年）

　　〔太和〕９〔485〕年、**詔を下して均しく天下の民に田を給す**。諸そ男夫15以上は、露田40畝を受け、婦人は20畝、**奴婢は良に依る。丁牛**〔成長した牛〕**は一頭に田30畝を受け、四牛に限る**。…諸そ民の年が課に及べば則ち田を受け、老免及び身没すれば則ち田を還す。奴婢・牛は有無に随って以て還受す。諸そ**桑田は還受の限りに在らず**。

（歴史学研究会編『世界史史料３』岩波書店）

唐の均田制（624年）

　　武徳７〔624〕年、初めて律令を定む。田を度るの制を以て５尺を歩と為し、歩240を畝と為し、畝100を頃と為す。**丁男・中男は１頃を給し**、篤疾・廃疾は40畝を給し、寡妻妾は30畝〔を給し〕、戸を為す者の若きは20畝を加う。**授くる所の田、10分の２を世業と為し、八を口分と為す**。世業の田は、身死すれば則ち戸を承ける者便ち之を授く、口分は則ち収めて官に入れ、更めて以て人に給す。

（歴史学研究会編『世界史史料３』岩波書店）

　　上記２つの史料は、北魏と唐の**均田制**について述べているが、両者の共通点として、農民には死後に返却義務のある土地（北魏では露田、唐では口分〈**口分田**〉）と、死後も返却しなくてよい土地（北魏では桑田、唐では世業の田〈**永業田**〉）が給田されていたことが

あげられる。また両者の相違点として、北魏では**女性や奴婢・耕牛**(4頭まで)**にも給田されていた**のに対し、唐では寡妻妾(夫を亡くした女性)を除くと**成人男性のみに給田されていた**ことが読み取れる。こうした変化の理由として、北魏では土地所有を制度化するにあたり、奴婢や耕牛を多く所有する大土地所有者に配慮する必要があったが、**唐では農業人口の増加にともない耕地が不足**し、給田の範囲を限定する必要にせまられたことがある。

❸ 黒死病(ペスト)の流行

イブン゠バットゥータ『大旅行記』

　[ヒジュラ暦7]49年[1348年]の第1ラビーゥ月初めに、われわれがアレッポで得た情報によると、**疫病がガッザで発生したこと、そこでの死者の数は1日1,000人以上にも達したとのこと**であった。…その後、私はダマスカスに旅し、そこに木曜日に到着したが、…彼らのもとでの1日の死亡数は2,400人にも達した。…その後、私は…アレクサンドリアへと旅した。[アレクサンドリアに着いてみると]以前には死者の数が1日に1,080人に達していたが、その後、ここでの疫病は下火になっていることがわかった。

(家島彦一訳注『大旅行記7』東洋文庫)

ジョヴァンニ゠ダ゠パルマ『年代記』

　この疫病の時期には、働き手がいなくなった。作物は農場におかれたままであった。——それを刈り入れる者がいなかったからである。1349年には、日当として労働者に13ソルドか14ソルド、あるいは15ソルドが支払われるようになったが。それでもその額でも労働者をみつけることはできなかった。

(石坂尚武編訳『イタリアの黒死病関係史料集』刀水書房)

　上記2つの史料は、**黒死病(ペスト)**に関連したものである。**イブン゠バットゥータ**の『大旅行記』からは、**1348年にイスラーム圏に属する地中海沿岸の各地で黒死病が流行**し、多くの死者を出していた様子が読み取れる。こののち黒死病は、ヨーロッパに上陸して北に向かって流行範囲を広げ、ここでも多くの死者を出したため、『年代記』にあるように**西ヨーロッパは深刻な労働力不足に悩まされる**ことになった。このような状況を背景に、農民の賃金面を中心とした待遇が改善されていったことが、やがて**農奴解放**につながっていくのである。

訓民正音の制定〔解説冊子の序文〕(1446年)

> 朝鮮国の言葉は中国と異なるため、漢字と相通じない。それゆえに**愚かな民衆たちは、言いたいことがあっても、ついにそのことを文字を用いて述べることができない者が多い。**予はこれを憐れに思い、**新たに28個の字を制定した。**これを使う人々にとって習いやすく、日々用いるのに便利であることを望むばかりである。
>
> (21年共通テストB　第2日程)

訓民正音への反発〔崔万里等諺文反対上疏文〕(1444年)

> 古より九州〔天下〕の内で、風土が異なるからと言って、方言〔その地域の言葉〕にもとづいて別の文字をつくったものは未だありません。ただ蒙古〔モンゴル〕・西蔵〔チベット〕・女真・日本・西蕃にはそれぞれ独自の文字がありますが、これらは皆、夷狄ばかりであって、取るに足らないことです。…**いま別に粗雑な文字をつくることは、中国を捨てることであり、私たちは夷狄と同じになってしまいます。**
>
> (21年共通テストB　第2日程)

　上記の2つの史料は、**訓民正音(ハングル)**について述べたものである。朝鮮王朝の第4代世宗は、朝鮮の民族文字として訓民正音を制定し、1446年に解説冊子とともに公布した。ここには文字制定の趣旨として、それまで朝鮮には独自の文字がなかったため、朝鮮語は漢字で表記されていたが、**民衆が漢字を十分に習得できていない状況**が記されている。そこで民衆にも学びやすいハングルが考案されたが、朱子学の**中華思想**を重んじる崔万里らの**知識人層はこれを諺文**(卑俗な文字)**としてさげすんだ**ため、当初は十分に普及しなかった。

アメリカ独立宣言(1776年)

> われわれは以下の原理は自明のことと考える。まず、**人間はすべて平等に創造され**ており、**創造主から不可譲の諸権利を与えられ**ており、それらのなかには生命、自由、幸福追求の権利がある。次に、これらの権利を保障するためにこそ、政府が人間のあいだで組織されるのであり、**公正なる権力は被治者の同意に由来する**ものである。さらに、いかなる形態の政府であれ、この目的をそこなうものとなった場合は、**政府を改変、廃止**して、国民の安全と幸福とを達成する可能性を最も大きくするとの原則に従い、しかるべく機構をととのえた権力を組織して**新しい政府を樹立するのが、国民の権利**である。
>
> (歴史学研究会編『世界史史料7』岩波書店)

フランス人権宣言(1789年)

第1条　**人間は自由で権利において平等**なものとして生まれ、かつ生きつづける。社会的区別は共同の利益にもとづいてのみ設けることができる。

第2条　あらゆる政治的結合の目的は、**人間のもつ絶対に取り消し不可能な自然権**を保全することにある。これらの権利とは、**自由**、所有権、安全、および**圧政への抵抗**である。

第3条　すべての**主権の根源は、本質的に国民のうちに存する。**…

第17条　所有権は、神聖かつ不可侵の権利である。…

（河野健二編『資料フランス革命』岩波書店）

　上記２つの史料にはいくつかの共通点がみられる。まず人間は**自由・平等**な存在であり、生まれながらの諸権利（**自然権**）をもつこと。そして圧政に対して人民は抵抗する権利（**抵抗権**）があること。さらにフランス人権宣言に明確に表明された**国民主権**の原理は、アメリカ独立宣言にも「公正なる権力は被治者の同意に由来する」と記されている。これらはいずれも**社会契約説**にもとづき、これ以降の**国民国家の基本原理**となった。このようにみると独立宣言は、人権宣言に大きな影響を与えていることがわかる。

❻ 中華人民共和国の外交関係

中ソ友好同盟相互援助条約（1949年）

　中華人民共和国とソヴィエト社会主義共和国連邦の間の友好と協力を強化し、日本帝国主義の再起、および日本の、あるいはいかなる形式にせよ侵略行為において**日本と結託するその他の国家による新たな侵略を共同で防止する決意**をもち、…極東と世界の恒久平和と普遍的安全を強固にしたいと念願し、あわせて中華人民共和国とソヴィエト社会主義共和国連邦の間の親善なる国の交わりと友誼を強固にすることは、中ソ両国人民の根本的利益に合致すると深く信じる。　（歴史学研究会編『世界史史料11』岩波書店）

ニクソン大統領訪中に関する米中共同コミュニケ（1972年）

　アメリカ合衆国のリチャード゠ニクソン大統領は、中華人民共和国の周恩来総理のまねきにより、1972年2月21日から28日まで中華人民共和国を訪問した。…

　合衆国側は、以下のように述べた。…合衆国は、インドシナ各国の民族自決という目標に沿うような形で、最終的に**すべての米軍を同地域から撤退させる**ことになるであろうことを強調した。…

　中国と合衆国の間には、その社会体制と対外政策に本質的な相違が存在する。しかし、双方は、各国が、**社会体制のいかんにかかわらず、…平和共存の原則にのっとって、関係を処理すべき**であるという点で合意した。　（歴史学研究会編『世界史史料11』岩波書店）

　上記２つの史料は、いずれも中華人民共和国の外交について述べたものである。建国当初の中国は、**日本を仮想敵国**として、ソ連と**中ソ友好同盟相互援助条約**を結んだ。しかし1950年代後半より中ソ対立が激化するなかで、中国はしだいにアメリカ合衆国に接近し、72年には**ニクソン訪中**が実現し、両国は政治・経済体制の違いを乗りこえて「平和共存の原則」に立つ国交を樹立した。この史料からは、**ベトナム戦争でのベトナムからの米軍の撤退**が、両国の国交回復の条件となっていることがわかる。

30日完成
スピードマスター世界史問題集

2024年2月　初版発行

編　者	黒河　潤二
発行者	野澤　武史
印刷所	株式会社　明祥
製本所	有限会社　穴口製本所
発行所	株式会社　山川出版社

〒101-0047　東京都千代田区内神田 1 -13-13
電話　03-3293-8131（営業）　03-3293-8134（編集）
https://www.yamakawa.co.jp/

| 装　幀 | 水戸部功 |
| 本文デザイン | バナナグローブスタジオ |

ISBN978-4-634-03226-2　　　　　　　　　　　　　　　　NYZK0102

30日完成

スピードマスター
世界史問題集

解 答

山 川 出 版 社

1 Speed Check! ✔
古代オリエント文明とその周辺・南アジアの古代文明
① 文明の誕生
- □ 1. アウストラロピテクス
- □ 2. クロマニョン人
- □ 3. 磨製石器

② メソポタミア
- □ 4. シュメール人
- □ 5. アッカド人
- □ 6. アムル人
- □ 7. ハンムラビ法典
- □ 8. ヒッタイト人
- □ 9. カッシート人
- □ 10. ミタンニ王国
- □ 11. 楔形文字
- □ 12. 太陰暦

③ エジプト
- □ 13. ヘロドトス
- □ 14. ファラオ
- □ 15. メンフィス
- □ 16. テーベ
- □ 17. ヒクソス
- □ 18. アメンヘテプ4世
- □ 19. 海の民
- □ 20. 死者の書
- □ 21. 神聖文字
- □ 22. 太陽暦

④ 地中海東岸のセム語系諸民族
- □ 23. アラム人
- □ 24. フェニキア人
- □ 25. カルタゴ
- □ 26. ヘブライ人
- □ 27. 新バビロニア
- □ 28. バビロン捕囚
- □ 29. ユダヤ教

⑤ エーゲ文明
- □ 30. クレタ文明
- □ 31. エヴァンズ
- □ 32. ミケーネ文明
- □ 33. シュリーマン

⑥ オリエントの統一と分裂
- □ 34. アッシリア王国
- □ 35. リディア

⑦ 南アジアの古代文明
- □ 36. インダス文明
- □ 37. ハラッパー
- □ 38. モエンジョ゠ダーロ
- □ 39. インダス文字
- □ 40. アーリヤ人
- □ 41. ヴェーダ
- □ 42. リグ゠ヴェーダ
- □ 43. バラモン教
- □ 44. ヴァルナ制
- □ 45. ジャーティ

◀ ステップ・アップ・テスト ▶
- □① ○
- □② ×　インダス文字は民用文字（デモティック）の誤り。

2 Speed Check! ✔
中国・中南米の古代文明と秦漢帝国
① 中国文明の発生
- □ 1. 仰韶文化
- □ 2. 竜山文化

② 殷と周
- □ 3. 邑
- □ 4. 夏
- □ 5. 殷墟
- □ 6. 甲骨文字
- □ 7. 青銅器
- □ 8. 鎬京
- □ 9. 封建
- □ 10. 宗法
- □ 11. 洛邑

③ 春秋・戦国時代
- □ 12. 春秋時代
- □ 13. 戦国時代
- □ 14. 戦国の七雄
- □ 15. 鉄器
- □ 16. 青銅貨幣
- □ 17. 孔子
- □ 18. 孟子
- □ 19. 荀子
- □ 20. 墨子
- □ 21. 韓非子
- □ 22. 老子

④ 秦
- □ 23. 咸陽
- □ 24. 始皇帝
- □ 25. 郡県制
- □ 26. 半両銭
- □ 27. 焚書・坑儒
- □ 28. 長城
- □ 29. 陳勝・呉広の乱

⑤ 漢（前漢）
- □ 30. 劉邦
- □ 31. 長安
- □ 32. 郡国制
- □ 33. 呉楚七国の乱
- □ 34. 武帝
- □ 35. 張騫
- □ 36. 南越国
- □ 37. 均輸・平準
- □ 38. 郷挙里選
- □ 39. 董仲舒
- □ 40. 王莽
- □ 41. 赤眉の乱

⑥ 後漢
- □ 42. 劉秀
- □ 43. 洛陽
- □ 44. 班超
- □ 45. 大秦王安敦
- □ 46. 党錮の禁
- □ 47. 黄巾の乱
- □ 48. 司馬遷
- □ 49. 班固
- □ 50. 製紙法

⑦ 中南米の先住民文明
- □ 51. マヤ文明
- □ 52. アステカ王国
- □ 53. インカ帝国

◀ ステップ・アップ・テスト ▶
- □① ×　鉄製農具の使用は春秋・戦国時代から。
- □② ○

3 Speed Check! ✔
中央ユーラシアと東アジア文化圏の形成
① 中央ユーラシア
- □ 1. スキタイ
- □ 2. 匈奴
- □ 3. 冒頓単于
- □ 4. 五胡
- □ 5. 柔然
- □ 6. 突厥
- □ 7. ウイグル

□18. 重装歩兵

③ アテネとスパルタ
□19. ヘイロータイ
□20. ペリオイコイ
□21. ソロン
□22. ペイシストラトス
□23. クレイステネス

④ ペルシア戦争とアテネ民主政
□24. ペルシア戦争
□25. テミストクレス
□26. デロス同盟
□27. ペリクレス
□28. 民会

⑤ ペロポネソス戦争とポリスの変容
□29. ペロポネソス戦争
□30. マケドニア
□31. カイロネイアの戦い

⑥ ヘレニズム時代
□32. アレクサンドロス大王
□33. ダレイオス3世
□34. プトレマイオス朝
□35. ヘレニズム時代

⑦ ギリシア文化
□36. ホメロス
□37. アリストファネス
□38. ヘロドトス
□39. トゥキディデス
□40. パルテノン神殿
□41. フェイディアス
□42. ソフィスト
□43. ソクラテス
□44. プラトン
□45. アリストテレス

⑧ ヘレニズム文化
□46. エピクロス派
□47. ストア派
□48. ムセイオン
□49. エウクレイデス
□50. エラトステネス

◀ **ステップ・アップ・テスト** ▶
□①○
□②○

6 Speed Check! ✓
ローマと地中海支配・キリスト教の成立と発展
① 共和政ローマ
□ 1. エトルリア人
□ 2. 元老院
□ 3. コンスル
□ 4. 護民官
□ 5. 十二表法
□ 6. リキニウス・セクスティウス法
□ 7. ホルテンシウス法

② 地中海征服とその影響
□ 8. 分割統治
□ 9. カルタゴ
□10. ポエニ戦争
□11. 属州
□12. ハンニバル
□13. ラティフンディア
□14. グラックス兄弟

③ 内乱の1世紀
□15. スラ
□16. マリウス
□17. 同盟市
□18. スパルタクスの反乱
□19. カエサル
□20. 第1回三頭政治
□21. オクタウィアヌス
□22. 第2回三頭政治
□23. アクティウムの海戦

④ ローマ帝国の成立
□24. アウグストゥス
□25. 元首政
□26. 五賢帝
□27. トラヤヌス帝
□28. 季節風貿易
□29. カラカラ帝

⑤ ローマ帝国の分裂
□30. 軍人皇帝
□31. ササン朝
□32. コロヌス
□33. ディオクレティアヌス帝
□34. 専制君主政
□35. コンスタンティヌス帝
□36. コンスタンティノープル
□37. テオドシウス帝
□38. オドアケル

⑥ ローマの文化
□39. コロッセウム
□40. アッピア街道
□41. ウェルギリウス
□42. キケロ
□43. マルクス=アウレリウス=アントニヌス
□44. リウィウス
□45. プルタルコス
□46. タキトゥス

⑦ キリスト教の成立と発展
□47. イエス
□48. ペテロ
□49. カタコンベ
□50. ミラノ勅令
□51. ニケーア公会議
□52. ユリアヌス帝
□53. エフェソス公会議

◀ **ステップ・アップ・テスト** ▶
□①× 反対したのは土地の所有を制限された大土地所有者などの富裕層。
□②× 『世界史序説』は14世紀にイブン=ハルドゥーンが著した。タキトゥスの著書には『ゲルマニア』などがある。

7 Speed Check! ✓
イスラーム教の成立とヨーロッパ世界の形成
① イスラーム教の成立
□ 1. ムハンマド
□ 2. アッラー
□ 3. メディナ
□ 4. ウンマ
□ 5. カーバ聖殿
□ 6. カリフ
□ 7. 正統カリフ時代
□ 8. ビザンツ帝国
□ 9. アリー
□10. ムアーウィヤ
□11. ウマイヤ朝
□12. ジズヤ
□13. ハラージュ
□14. アッバース朝
□15. バグダード

□16. ハールーン＝アッラシード
□17. イブン＝シーナー
□18. 後ウマイヤ朝
□19. ファーティマ朝
□20. ブワイフ朝
□21. イクター制

② 東西ヨーロッパ世界の形成

□22. フン人
□23. アッティラ王
□24. オドアケル
□25. 西ゴート
□26. ヴァンダル
□27. ブルグンド
□28. フランク
□29. 東ゴート
□30. ランゴバルド
□31. アングロ＝サクソン
□32. ユスティニアヌス大帝
□33. ローマ法大全
□34. コンスタンティノープル
□35. ハギア＝ソフィア聖堂

③ フランク王国の発展

□36. メロヴィング朝
□37. クローヴィス
□38. カール＝マルテル
□39. トゥール・ポワティエ間の
　　　戦い
□40. 聖像禁止令
□41. ピピン
□42. カロリング朝
□43. カール大帝
□44. 伯
□45. レオ3世
□46. ヴェルダン条約
□47. メルセン条約
□48. オットー1世
□49. 神聖ローマ帝国
□50. ユーグ＝カペー

④ 外部勢力の侵入と
　　封建社会の成立

□51. ノルマンディー公国
□52. 両シチリア王国
□53. ノルマンディー公ウィリアム
□54. ノヴゴロド国
□55. 恩貸地制度
□56. 従士制
□57. 荘園

□58. 不輸不入権
□59. 十分の一税

◀ ステップ・アップ・テスト ▶

□①×　イェルサレムはメッカの
　　　　誤り。
□②○

8 Speed Check! ✔
イスラーム教の伝播と
西ヨーロッパ封建社会の展開

① イスラーム教の
　　諸地域への伝播

□1. カラハン朝
□2. ガズナ朝
□3. ゴール朝
□4. アイバク
□5. 奴隷王朝
□6. デリー＝スルタン朝
□7. マラッカ王国
□8. ガーナ王国
□9. ムラービト朝
□10. マリ王国
□11. ソンガイ王国
□12. スワヒリ語
□13. モノモタパ王国

② 西アジアの動向

□14. セルジューク朝
□15. トゥグリル＝ベク
□16. マドラサ
□17. ウマル＝ハイヤーム
□18. サラーフ＝アッディーン
□19. アイユーブ朝
□20. フレグ
□21. イル＝ハン国
□22. ガザン＝ハン
□23. マムルーク朝
□24. カーリミー商人
□25. イブン＝ハルドゥーン
□26. ムワッヒド朝
□27. イブン＝ルシュド
□28. ナスル朝
□29. アルハンブラ宮殿

③ 西ヨーロッパの
　　封建社会とその展開

□30. クリュニー修道院
□31. グレゴリウス7世
□32. カノッサの屈辱

□33. ヴォルムス協約
□34. インノケンティウス3世
□35. イェルサレム
□36. 三圃制
□37. ウルバヌス2世
□38. クレルモン宗教会議
□39. イェルサレム王国
□40. ヴェネツィア
□41. ラテン帝国
□42. アッコン
□43. 遠隔地貿易
□44. 香辛料
□45. フィレンツェ
□46. リューベック
□47. フランドル地方
□48. シャンパーニュ地方
□49. 自治権
□50. ギルド
□51. ロンバルディア同盟
□52. ハンザ同盟
□53. メディチ家
□54. フッガー家

◀ ステップ・アップ・テスト ▶

□①×　セルジューク朝はナスル
　　　　朝の誤り。
□②×　イェルサレムはコンスタ
　　　　ンティノープルの誤り。

9 Speed Check! ✔
東ヨーロッパ世界の展開と
西ヨーロッパ世界の変容

① 東ヨーロッパ世界の展開

□1. テマ制
□2. ギリシア語
□3. プロノイア制
□4. ラテン帝国
□5. オスマン帝国
□6. ウラディミル1世
□7. モスクワ大公国
□8. セルビア人
□9. カトリック
□10. ヤゲウォ朝
□11. ベーメン王国
□12. マジャール人

② 西ヨーロッパ世界の変容

□13. 黒死病
□14. 農奴解放

□15. ジャックリーの乱
□16. ワット゠タイラーの乱
□17. フィリップ4世
□18. ボニファティウス8世
□19. アヴィニョン
□20. 教会大分裂
□21. フス
□22. コンスタンツ公会議
□23. プランタジネット朝
□24. ジョン王
□25. マグナ゠カルタ
□26. ヘンリ3世
□27. シモン゠ド゠モンフォール
□28. フィリップ2世
□29. ルイ9世
□30. ヴァロワ朝
□31. エドワード3世
□32. フランドル地方
□33. ジャンヌ゠ダルク
□34. カレー
□35. シャルル7世
□36. バラ戦争
□37. テューダー朝
□38. レコンキスタ
□39. ジョアン2世
□40. 大空位時代
□41. 金印勅書
□42. ハプスブルク家
□43. 教皇党
□44. 皇帝党
□45. カルマル同盟

❸ 中世西ヨーロッパ文化
□46. ラテン語
□47. ベネディクト修道会
□48. シトー修道会
□49. 托鉢修道会
□50. スコラ学
□51. トマス゠アクィナス
□52. ボローニャ大学
□53. サレルノ大学
□54. ロマネスク様式
□55. ゴシック様式
□56. 騎士道物語

◆ ステップ・アップ・テスト ◆
□①× ビザンツ帝国では7世紀頃から公用語がギリシア語となった。アラビア語

が公用語となったことはない。
□②× ウィリアム1世はエドワード3世の誤り。ウィリアム1世は11世紀にノルマン朝を開いた。

🔟 Speed Check! ✔
東アジア諸地域の自立化とモンゴル帝国
❶ 東アジアの勢力交替
□1. 耶律阿保機
□2. 澶淵の盟
□3. 二重統治体制
□4. 契丹文字
□5. 西夏文字
□6. 高麗
□7. 大理
□8. 大越

❷ 宋と金
□9. 趙匡胤
□10. 開封
□11. 文治主義
□12. 殿試
□13. 王安石
□14. 司馬光
□15. 完顔阿骨打
□16. 靖康の変
□17. 猛安・謀克
□18. 女真文字
□19. 臨安
□20. 岳飛
□21. 秦檜
□22. 淮河

❸ 宋代の社会・経済と文化
□23. 清明上河図
□24. 草市・鎮
□25. 交子・会子
□26. 市舶司
□27. 蘇湖熟すれば天下足る
□28. 士大夫
□29. 朱熹
□30. 火薬・羅針盤・印刷術
□31. 全真教

❹ モンゴルの大帝国
□32. クリルタイ
□33. チンギス゠カン

□34. ホラズム゠シャー朝
□35. オゴデイ
□36. バトゥ
□37. キプチャク゠ハン国
□38. フレグ
□39. イル゠ハン国
□40. チャガタイ゠ハン国
□41. クビライ
□42. 大都
□43. 南宋
□44. パガン朝
□45. 陳朝
□46. 色目人
□47. 交鈔
□48. 染付
□49. 紅巾の乱
□50. 駅伝制
□51. モンテ゠コルヴィノ
□52. マルコ゠ポーロ
□53. イブン゠バットゥータ

❺ ティムール朝の興亡
□54. ティムール
□55. サマルカンド
□56. アンカラの戦い
□57. 遊牧ウズベク
□58. ウルグ゠ベク

◆ ステップ・アップ・テスト ◆
□①○
□②× チンギス゠ハン(カン)はクビライの誤り。

🔟 Speed Check! ✔
アジア交易世界の興隆とヨーロッパの海洋進出
❶ アジア交易世界の興隆
□1. 朱元璋
□2. 南京
□3. 里甲制
□4. 六諭
□5. 衛所制
□6. 永楽帝
□7. 靖難の役
□8. 北京
□9. 鄭和
□10. 朝貢貿易
□11. 琉球
□12. マラッカ

□13. 李成桂
□14. 両班
□15. 訓民正音
□16. 土木の変
□17. アルタン＝ハーン
□18. 倭寇
□19. 北虜南倭
□20. 豊臣秀吉
□21. 張居正
□22. 李自成
□23. 生糸
□24. 湖広熟すれば天下足る
□25. 会館・公所
□26. 一条鞭法
□27. 陽明学
□28. 天工開物
□29. マテオ＝リッチ
□30. タウングー朝
□31. アユタヤ朝
□32. マニラ

❷ ヨーロッパの海洋進出と アメリカ大陸の変容

□33. 世界の記述
□34. 羅針盤
□35. エンリケ
□36. バルトロメウ＝ディアス
□37. ヴァスコ＝ダ＝ガマ
□38. ゴア
□39. マルク諸島
□40. マカオ
□41. コロンブス
□42. トスカネリ
□43. イサベル
□44. アメリゴ＝ヴェスプッチ
□45. バルボア
□46. マゼラン
□47. カブラル
□48. カボット
□49. コルテス
□50. ピサロ
□51. エンコミエンダ制
□52. 黒人奴隷
□53. ラス＝カサス
□54. 商業革命
□55. ポトシ
□56. 価格革命

◀ステップ・アップ・テスト▶
□①○
□②○

⓬ Speed Check! ✔
アジア諸帝国の繁栄
❶ オスマン帝国
□ 1. アンカラの戦い
□ 2. メフメト 2 世
□ 3. ビザンツ帝国
□ 4. イスタンブル
□ 5. セリム 1 世
□ 6. メッカ・メディナ
□ 7. スレイマン 1 世
□ 8. プレヴェザの海戦
□ 9. カピチュレーション
□10. レパントの海戦
□11. ティマール制
□12. イェニチェリ

❷ サファヴィー朝
□13. イスマーイール
□14. シーア派
□15. シャー
□16. アッバース 1 世
□17. イスファハーン
□18. 世界の半分

❸ ムガル帝国
□19. バーブル
□20. ロディー朝
□21. アクバル
□22. アグラ
□23. マンサブダール制
□24. ジズヤを廃止
□25. ナーナク
□26. アウラングゼーブ
□27. ジズヤを復活
□28. マラーター王国
□29. ヴィジャヤナガル王国
□30. ペルシア語
□31. ウルドゥー語
□32. タージ＝マハル

❹ 清代の中国と隣接諸地域
□33. ヌルハチ
□34. 八旗
□35. ホンタイジ
□36. 呉三桂
□37. 三藩の乱

□38. 康熙帝
□39. 鄭氏台湾
□40. ネルチンスク条約
□41. 雍正帝
□42. 軍機処
□43. 乾隆帝
□44. 新疆
□45. 理藩院
□46. ダライ＝ラマ
□47. 行商
□48. 緑営
□49. 文字の獄
□50. 辮髪
□51. 壬辰・丁酉倭乱
□52. 李舜臣
□53. 小中華
□54. コンバウン朝
□55. 華人
□56. 地丁銀制
□57. 考証学
□58. カスティリオーネ
□59. 典礼問題

◀ステップ・アップ・テスト▶
□①× スンナ派はシーア派(十
　　 二イマーム派)の誤り。
□②× 康熙帝は雍正帝の誤り。

⓭ Speed Check! ✔
ルネサンスと宗教改革
❶ ルネサンス
□ 1. ヒューマニズム
□ 2. ギリシア語
□ 3. エラスムス
□ 4. マキァヴェリ
□ 5. メディチ家
□ 6. ダンテ
□ 7. ボッカチオ
□ 8. ラブレー
□ 9. モア
□10. シェークスピア
□11. セルバンテス
□12. ジョット
□13. ボッティチェリ
□14. ミケランジェロ
□15. ラファエロ
□16. レオナルド＝ダ＝ヴィンチ
□17. ブラマンテ

- ☐ 18. ブリューゲル
- ☐ 19. デューラー
- ☐ 20. トスカネリ
- ☐ 21. コペルニクス
- ☐ 22. 羅針盤
- ☐ 23. 火器
- ☐ 24. 活版印刷術

❷ 宗教改革
- ☐ 25. ルター
- ☐ 26. 九十五カ条の論題
- ☐ 27. カール5世
- ☐ 28.『新約聖書』のドイツ語訳
- ☐ 29. ミュンツァー
- ☐ 30. ドイツ農民戦争
- ☐ 31. アウクスブルクの和議
- ☐ 32. 領邦教会制
- ☐ 33. ツヴィングリ
- ☐ 34. カルヴァン
- ☐ 35. 予定説
- ☐ 36. 長老主義
- ☐ 37. ユグノー
- ☐ 38. ゴイセン
- ☐ 39. プレスビテリアン
- ☐ 40. ピューリタン
- ☐ 41. プロテスタント
- ☐ 42. ヘンリ8世
- ☐ 43. 首長法
- ☐ 44. エリザベス1世
- ☐ 45. 統一法
- ☐ 46. トリエント公会議
- ☐ 47. バロック様式
- ☐ 48. イグナティウス＝ロヨラ
- ☐ 49. イエズス会

◀ ステップ・アップ・テスト ▶
- ☐①× 天動説は地動説の誤り。
- ☐②× ツヴィングリはカルヴァンの誤り。

⓮ Speed Check! ✔
主権国家体制の成立と展開
❶ イタリア戦争と主権国家体制
- ☐ 1. 主権国家体制
- ☐ 2. イタリア戦争
- ☐ 3. カール5世
- ☐ 4. 官僚
- ☐ 5. 常備軍
- ☐ 6. カルロス1世

- ☐ 7. フェリペ2世
- ☐ 8. レパントの海戦
- ☐ 9. ポルトガル
- ☐ 10. オラニエ公ウィレム
- ☐ 11. 無敵艦隊
- ☐ 12. エリザベス1世
- ☐ 13. アムステルダム
- ☐ 14. ユグノー戦争
- ☐ 15. アンリ4世
- ☐ 16. ナントの王令
- ☐ 17. ベーメン
- ☐ 18. グスタフ＝アドルフ
- ☐ 19. ハプスブルク家
- ☐ 20. ウェストファリア条約
- ☐ 21. スイス

❷ オランダ・イギリス・フランスの動向
- ☐ 22. レンブラント
- ☐ 23. バタヴィア
- ☐ 24. アンボイナ事件
- ☐ 25. ニューアムステルダム
- ☐ 26. イギリス＝オランダ戦争
- ☐ 27. オラニエ公ウィレム3世
- ☐ 28. 名誉革命
- ☐ 29. ステュアート朝
- ☐ 30. ジェームズ1世
- ☐ 31. 王権神授説
- ☐ 32. チャールズ1世
- ☐ 33. 権利の請願
- ☐ 34. ピューリタン革命
- ☐ 35. クロムウェル
- ☐ 36. 航海法
- ☐ 37. チャールズ2世
- ☐ 38. ジェームズ2世
- ☐ 39. 権利の章典
- ☐ 40. グレートブリテン王国
- ☐ 41. ハノーヴァー朝
- ☐ 42. ウォルポール
- ☐ 43. リシュリュー
- ☐ 44. マザラン
- ☐ 45. フロンドの乱
- ☐ 46. ヴェルサイユ宮殿
- ☐ 47. コルベール
- ☐ 48. ナントの王令を廃止
- ☐ 49. スペイン継承戦争
- ☐ 50. ユトレヒト条約

◀ ステップ・アップ・テスト ▶
- ☐①○
- ☐②× ジェームズ1世はチャールズ1世の誤り。

⓯ Speed Check! ✔
北欧・東欧の動向と
科学革命・啓蒙思想
❶ ポーランド・スウェーデンの動向とロシアの大国化
- ☐ 1. ヤゲウォ朝
- ☐ 2. ポーランド分割
- ☐ 3. コシューシコ
- ☐ 4. 三十年戦争
- ☐ 5. 北方戦争
- ☐ 6. イヴァン4世
- ☐ 7. ロマノフ朝
- ☐ 8. ピョートル1世
- ☐ 9. ネルチンスク条約
- ☐ 10. ペテルブルク
- ☐ 11. エカチェリーナ2世
- ☐ 12. クリミア半島
- ☐ 13. ヴォルテール
- ☐ 14. プガチョフの農民反乱

❷ プロイセンとオーストリアの動向
- ☐ 15. ホーエンツォレルン家
- ☐ 16. ユグノー
- ☐ 17. スペイン継承戦争
- ☐ 18. フリードリヒ2世
- ☐ 19. マリア＝テレジア
- ☐ 20. オーストリア継承戦争
- ☐ 21. シュレジエン
- ☐ 22. 七年戦争
- ☐ 23. 君主は国家第一の僕
- ☐ 24. ユンカー
- ☐ 25. カルロヴィッツ条約
- ☐ 26. 外交革命
- ☐ 27. ヨーゼフ2世
- ☐ 28. モーツァルト

❸ 科学革命と啓蒙思想
- ☐ 29. 科学革命
- ☐ 30. ガリレイ
- ☐ 31. ニュートン
- ☐ 32. ボイル
- ☐ 33. ジェンナー
- ☐ 34. フランシス＝ベーコン

☐35. デカルト
☐36. グロティウス
☐37. ホッブズ
☐38. ロック
☐39. モンテスキュー
☐40. ルソー
☐41. アダム＝スミス
☐42. 古典派経済学
☐43. バロック様式
☐44. ロココ様式
☐45. コーヒーハウス
☐46. サロン

≪ステップ・アップ・テスト≫
☐①○
☐②×　ドイツはフランスの誤り。

16 Speed Check! ✔
産業革命とアメリカ独立革命
① 近世ヨーロッパ経済の動向
☐ 1. 農場領主制
☐ 2. 価格革命
☐ 3. 17世紀の危機
② イギリス・フランスの覇権争い
☐ 4. アンボイナ事件
☐ 5. ルイジアナ
☐ 6. スペイン継承戦争
☐ 7. ユトレヒト条約
☐ 8. フレンチ＝インディアン戦争
☐ 9. パリ条約
☐10. ベンガル
☐11. 黒人奴隷
☐12. プランテーション
☐13. 大西洋三角貿易
③ 産業革命
☐14. 綿織物
☐15. 農業革命
☐16. 綿工業
☐17. ジョン＝ケイ
☐18. ハーグリーヴズ
☐19. アークライト
☐20. クロンプトン
☐21. カートライト
☐22. ワット
☐23. フルトン
☐24. スティーヴンソン
☐25. マンチェスター

☐26. 資本家
☐27. 資本主義
☐28. 世界の工場
☐29. ドイツ・アメリカ
④ アメリカ独立革命
☐30. 13植民地
☐31. 植民地議会
☐32. 重商主義
☐33. 印紙法
☐34. 代表なくして課税なし
☐35. 茶法
☐36. ボストン茶会事件
☐37. 大陸会議
☐38. ペイン
☐39. 独立宣言
☐40. ロック
☐41. ジェファソン
☐42. 武装中立同盟
☐43. ラ＝ファイエット
☐44. コシューシコ
☐45. ヨークタウンの戦い
☐46. パリ条約
☐47. フロリダ
☐48. 三権分立
☐49. ワシントン

≪ステップ・アップ・テスト≫
☐①×　鉄道の営業運転は1830
　　　年、すなわち19世紀に
　　　始まった。
☐②○

17 Speed Check! ✔
フランス革命と
中南米諸国の独立
① フランス革命
☐ 1. アンシャン＝レジーム
☐ 2. 啓蒙思想
☐ 3. 第三身分とは何か
☐ 4. ルイ16世
☐ 5. 全国三部会
☐ 6. 国民議会
☐ 7. バスティーユ牢獄
☐ 8. 封建的特権の廃止
☐ 9. ラ＝ファイエット
☐10. 人権宣言
☐11. 度量衡
☐12. ギルド

☐13. 国民国家
☐14. ヴァレンヌ逃亡事件
☐15. 立法議会
☐16. オーストリア
☐17. 8月10日事件
☐18. 国民公会
☐19. 対仏大同盟
☐20. ロベスピエール
☐21. 恐怖政治
☐22. 理性崇拝の宗教
☐23. テルミドールの反動
☐24. 総裁政府
☐25. ナポレオン＝ボナパルト
☐26. エジプト遠征
☐27. 統領体制
② ナポレオンのヨーロッパ支配
☐28. 政教協約
☐29. アミアンの和約
☐30. ナポレオン法典
☐31. ナポレオン1世
☐32. ライン同盟
☐33. ワルシャワ大公国
☐34. トラファルガーの海戦
☐35. 大陸封鎖令
☐36. ゴヤ
☐37. シュタイン・ハルデンベルク
☐38. ロシア遠征
☐39. 解放戦争
☐40. ブルボン朝
☐41. ワーテルローの戦い
③ 中南米諸国の独立
☐42. 環大西洋革命
☐43. ハイチ革命
☐44. トゥサン＝ルヴェルチュール
☐45. クリオーリョ
☐46. ボリバル
☐47. ブラジル
☐48. モンロー宣言

≪ステップ・アップ・テスト≫
☐①×　総裁政府はテルミドール
　　　9日のクーデタ(テルミ
　　　ドールの反動)後に成立
　　　した。
☐②×　メキシコはハイチの誤り。

18 Speed Check! ✔
ウィーン体制と
ヨーロッパの再編成

❶ ウィーン体制
- ☐ **1.** メッテルニヒ
- ☐ **2.** 正統主義
- ☐ **3.** ドイツ連邦
- ☐ **4.** アレクサンドル1世
- ☐ **5.** 神聖同盟
- ☐ **6.** 四国同盟
- ☐ **7.** カルボナリ
- ☐ **8.** デカブリストの反乱
- ☐ **9.** ギリシア
- ☐ **10.** シャルル10世
- ☐ **11.** 七月革命
- ☐ **12.** ルイ＝フィリップ
- ☐ **13.** ベルギー
- ☐ **14.** カトリック教徒
- ☐ **15.** 奴隷貿易
- ☐ **16.** 第1回選挙法改正
- ☐ **17.** チャーティスト運動
- ☐ **18.** 中国貿易独占
- ☐ **19.** 穀物法
- ☐ **20.** 航海法
- ☐ **21.** オーウェン
- ☐ **22.** マルクス

❷ 1848年革命（「諸国民の春」）
- ☐ **23.** 二月革命
- ☐ **24.** ルイ＝ナポレオン
- ☐ **25.** 三月革命
- ☐ **26.** フランクフルト国民議会

❸ ヨーロッパの再編成
- ☐ **27.** クリミア戦争
- ☐ **28.** パリ条約
- ☐ **29.** ロシア＝トルコ戦争
- ☐ **30.** サン＝ステファノ条約
- ☐ **31.** ベルリン会議
- ☐ **32.** アレクサンドル2世
- ☐ **33.** 農奴解放令
- ☐ **34.** ナロードニキ
- ☐ **35.** ヴィクトリア女王
- ☐ **36.** グラッドストン
- ☐ **37.** ディズレーリ
- ☐ **38.** 第2回選挙法改正
- ☐ **39.** 第3回選挙法改正
- ☐ **40.** ジャガイモ飢饉
- ☐ **41.** アイルランド自治法案

- ☐ **42.** ナポレオン3世
- ☐ **43.** 第二帝政
- ☐ **44.** パリ＝コミューン
- ☐ **45.** マッツィーニ
- ☐ **46.** ローマ共和国
- ☐ **47.** カヴール
- ☐ **48.** ガリバルディ
- ☐ **49.** ヴィットーリオ＝エマヌエーレ2世
- ☐ **50.** ドイツ関税同盟
- ☐ **51.** ビスマルク
- ☐ **52.** プロイセン＝オーストリア戦争
- ☐ **53.** ドイツ＝フランス戦争
- ☐ **54.** 文化闘争
- ☐ **55.** 三国同盟
- ☐ **56.** 再保障条約

◀ ステップ・アップ・テスト ▶
- ☐ **①**〇
- ☐ **②**×　オーストリアはプロイセンの誤り。

19 Speed Check! ✔
アメリカ合衆国の発展・19世紀
欧米文化の展開と市民文化

❶ アメリカ合衆国の発展
- ☐ **1.** アメリカ＝イギリス戦争
- ☐ **2.** モンロー宣言
- ☐ **3.** ジャクソン
- ☐ **4.** 保留地
- ☐ **5.** ルイジアナ
- ☐ **6.** フロリダ
- ☐ **7.** 明白なる運命
- ☐ **8.** テキサス
- ☐ **9.** アメリカ＝メキシコ戦争
- ☐ **10.** ゴールドラッシュ
- ☐ **11.** ミズーリ協定
- ☐ **12.** 共和党
- ☐ **13.** ストウ
- ☐ **14.** リンカン
- ☐ **15.** アメリカ連合国
- ☐ **16.** ホームステッド法
- ☐ **17.** 奴隷解放宣言
- ☐ **18.** ゲティスバーグの戦い
- ☐ **19.** 人民の、人民による、人民のための政治
- ☐ **20.** 奴隷制廃止

- ☐ **21.** クー＝クラックス＝クラン
- ☐ **22.** 大陸横断鉄道
- ☐ **23.** フロンティア
- ☐ **24.** アジア系移民
- ☐ **25.** 移民法
- ☐ **26.** アメリカ労働総同盟
- ☐ **27.** アラスカ

❷ 19世紀欧米文化の展開と市民文化
- ☐ **28.** 古典主義
- ☐ **29.** ゲーテ
- ☐ **30.** ダヴィド
- ☐ **31.** ロマン主義
- ☐ **32.** ヴィクトル＝ユゴー
- ☐ **33.** ドラクロワ
- ☐ **34.** スタンダール
- ☐ **35.** ドストエフスキー
- ☐ **36.** 写実主義
- ☐ **37.** ゾラ
- ☐ **38.** 自然主義
- ☐ **39.** ミレー
- ☐ **40.** クールベ
- ☐ **41.** 印象派
- ☐ **42.** ヘーゲル
- ☐ **43.** マルクス
- ☐ **44.** 功利主義
- ☐ **45.** ランケ
- ☐ **46.** マルサス
- ☐ **47.** リスト
- ☐ **48.** ダーウィン
- ☐ **49.** 進化論
- ☐ **50.** コッホ
- ☐ **51.** エディソン
- ☐ **52.** ノーベル
- ☐ **53.** 万国博覧会
- ☐ **54.** グリニッジ天文台
- ☐ **55.** パリ
- ☐ **56.** ウィーン
- ☐ **57.** 第1インターナショナル

◀ ステップ・アップ・テスト ▶
- ☐ **①**〇
- ☐ **②**〇

20 Speed Check! ✓
西アジア地域の変容と
南アジアの植民地化

① オスマン帝国の動揺
- ☐ 1. 第2次ウィーン包囲
- ☐ 2. カルロヴィッツ条約
- ☐ 3. ワッハーブ派
- ☐ 4. サウード家
- ☐ 5. オスマン帝国
- ☐ 6. 東方問題
- ☐ 7. ギリシア独立運動
- ☐ 8. イェニチェリ軍団
- ☐ 9. オスマン主義
- ☐ 10. タンジマート
- ☐ 11. クリミア戦争
- ☐ 12. ミドハト＝パシャ
- ☐ 13. オスマン帝国憲法
- ☐ 14. ロシア＝トルコ戦争
- ☐ 15. アブデュルハミト2世
- ☐ 16. サン＝ステファノ条約
- ☐ 17. ベルリン会議
- ☐ 18. ルーマニア・セルビア・モンテネグロ
- ☐ 19. キプロス
- ☐ 20. ボスニア・ヘルツェゴヴィナ

② エジプトの自立
- ☐ 21. ナポレオン
- ☐ 22. ムハンマド＝アリー
- ☐ 23. エジプト＝トルコ戦争
- ☐ 24. ロンドン会議
- ☐ 25. スエズ運河
- ☐ 26. ディズレーリ
- ☐ 27. ウラービー運動

③ イラン・アフガニスタンの動向
- ☐ 28. ガージャール朝
- ☐ 29. トルコマンチャーイ条約
- ☐ 30. バーブ教徒の乱
- ☐ 31. アフガン戦争

④ インドの植民地化
- ☐ 32. マドラス・ボンベイ・カルカッタ
- ☐ 33. ポンディシェリ
- ☐ 34. シャンデルナゴル
- ☐ 35. カーナティック戦争
- ☐ 36. プラッシーの戦い
- ☐ 37. パリ条約
- ☐ 38. 徴税権

- ☐ 39. ザミンダーリー制
- ☐ 40. マイソール戦争
- ☐ 41. マラーター戦争
- ☐ 42. シク戦争
- ☐ 43. 藩王国
- ☐ 44. ライヤットワーリー制
- ☐ 45. 商業活動停止
- ☐ 46. シパーヒー
- ☐ 47. インド大反乱
- ☐ 48. デリー
- ☐ 49. ムガル帝国
- ☐ 50. 東インド会社解散
- ☐ 51. インド帝国
- ☐ 52. ヴィクトリア女王
- ☐ 53. 分割統治

◀ ステップ・アップ・テスト ▶
- ☐① ×　エジプトはハンガリーなどの誤り。
- ☐②○

21 Speed Check! ✓
東南アジアの植民地化と
東アジアの動揺

① 東南アジアの植民地化
- ☐ 1. マタラム王国
- ☐ 2. 強制栽培制度
- ☐ 3. シンガポール
- ☐ 4. 海峡植民地
- ☐ 5. マレー連合州
- ☐ 6. ビルマ戦争
- ☐ 7. カトリック
- ☐ 8. マニラ
- ☐ 9. 阮福暎
- ☐ 10. 阮朝
- ☐ 11. 黒旗軍
- ☐ 12. 清仏戦争
- ☐ 13. 天津条約
- ☐ 14. フランス領インドシナ連邦
- ☐ 15. ラタナコーシン朝
- ☐ 16. チュラロンコン

② アヘン戦争と
　第2次アヘン戦争
- ☐ 17. 白蓮教徒の乱
- ☐ 18. マカートニー
- ☐ 19. 三角貿易
- ☐ 20. 林則徐
- ☐ 21. アヘン戦争

- ☐ 22. 南京条約
- ☐ 23. 香港島
- ☐ 24. 領事裁判権
- ☐ 25. 協定関税制
- ☐ 26. 望厦条約
- ☐ 27. 黄埔条約
- ☐ 28. 第2次アヘン戦争
- ☐ 29. 天津条約
- ☐ 30. 北京条約
- ☐ 31. 九竜半島先端部
- ☐ 32. 総理各国事務衙門
- ☐ 33. アイグン条約
- ☐ 34. 北京条約
- ☐ 35. イリ条約

③ 太平天国と洋務運動
- ☐ 36. 洪秀全
- ☐ 37. 太平天国
- ☐ 38. 曽国藩
- ☐ 39. 李鴻章
- ☐ 40. 同治中興
- ☐ 41. 洋務運動
- ☐ 42. 中体西用

④ 朝鮮の開国と日清戦争
- ☐ 43. 日米和親条約
- ☐ 44. 日米修好通商条約
- ☐ 45. 大日本帝国憲法
- ☐ 46. 樺太・千島交換条約
- ☐ 47. 琉球
- ☐ 48. 大院君
- ☐ 49. 江華島事件
- ☐ 50. 日朝修好条規
- ☐ 51. 金玉均
- ☐ 52. 甲申政変
- ☐ 53. 甲午農民戦争
- ☐ 54. 下関条約
- ☐ 55. 遼東半島
- ☐ 56. 三国干渉
- ☐ 57. 台湾総督府

◀ ステップ・アップ・テスト ▶
- ☐①○
- ☐② ×　朝鮮は日本の誤り。

22 Speed Check! ✓
帝国主義と
列強による世界分割

① 帝国主義
- ☐ 1. 第2次産業革命

□ 2. 金融資本
□ 3. 移民
□ 4. 帝国主義

❷ 欧米列強の
帝国主義と国内政治
□ 5. 自治領
□ 6. スエズ運河会社株
□ 7. インド帝国
□ 8. ジョゼフ＝チェンバレン
□ 9. 南アフリカ戦争
□10. 労働党
□11. 議会法
□12. アイルランド自治法
□13. シン＝フェイン党
□14. ブーランジェ事件
□15. ドレフュス事件
□16. 政教分離法
□17. ヴィルヘルム 2 世
□18. 世界政策
□19. 社会民主党
□20. ロシア社会民主労働党
□21. エスエル
□22. 血の日曜日事件
□23. ソヴィエト
□24. 1905年革命
□25. ニコライ 2 世
□26. ストルイピン
□27. フロンティア消滅
□28. アメリカ＝スペイン戦争
□29. フィリピン・グアム・プエ
　　 ルトリコ
□30. 門戸開放
□31. セオドア＝ローズヴェルト
□32. パナマ運河
□33. ウィルソン

❸ 世界分割と列強対立
□34. ベルリン＝コンゴ会議
□35. コンゴ自由国
□36. ウラービー運動
□37. マフディー運動
□38. ローズ
□39. 3 C 政策
□40. チュニジア
□41. ファショダ事件
□42. 英仏協商
□43. モロッコ事件
□44. エチオピア

□45. リビア
□46. リベリア
□47. アボリジニー
□48. マオリ人
□49. パン＝アメリカ会議
□50. ナポレオン 3 世
□51. ディアス
□52. メキシコ革命
□53. バグダード鉄道
□54. 3 B 政策
□55. 再保障条約更新
□56. 露仏同盟
□57. 日英同盟
□58. 英露協商

≪ステップ・アップ・テスト≫
□①○
□②○

㉓ Speed Check! ✓
アジア諸国の改革と民族運動
❶ 中国の危機と辛亥革命
□ 1. 遼東半島
□ 2. 東清鉄道
□ 3. 膠州湾
□ 4. 旅順・大連
□ 5. 威海衛・九竜半島
□ 6. ジョン＝ヘイ
□ 7. 康有為
□ 8. 戊戌の変法
□ 9. 戊戌の政変
□10. 教案
□11. 義和団
□12. 北京議定書
□13. 科挙の廃止
□14. 憲法大綱
□15. 光緒新政
□16. 孫文
□17. 三民主義
□18. 武昌
□19. 辛亥革命
□20. 中華民国
□21. 袁世凱
□22. 宣統帝

❷ 日露戦争と韓国併合
□23. 大韓帝国
□24. 日英同盟
□25. 1905年革命

□26. ポーツマス条約
□27. 遼東半島南部
□28. 日韓協約
□29. 義兵闘争
□30. 韓国併合
□31. 朝鮮総督府

❸ インドにおける
民族運動の形成
□32. インド国民会議
□33. ベンガル分割令
□34. ティラク
□35. カルカッタ
□36. スワデーシ
□37. スワラージ
□38. 国民会議派
□39. 全インド＝ムスリム連盟

❹ 東南アジアにおける
民族運動の形成
□40. イスラーム同盟
□41. ホセ＝リサール
□42. アギナルド
□43. アメリカ合衆国
□44. ファン＝ボイ＝チャウ
□45. 維新会
□46. ドンズー運動

❺ 西アジアの
民族運動と立憲運動
□47. アフガーニー
□48. パン＝イスラーム主義
□49. ウラービー運動
□50. マフディー運動
□51. アブデュルハミト 2 世
□52. 青年トルコ人
□53. 青年トルコ革命
□54. タバコ＝ボイコット運動
□55. 立憲革命
□56. 英露協商

≪ステップ・アップ・テスト≫
□①○
□②○

㉔ Speed Check! ✓
第一次世界大戦とロシア革命
❶ 第一次世界大戦
□ 1. 3 C 政策
□ 2. 3 B 政策
□ 3. 三国協商

- ☐ 4. 三国同盟
- ☐ 5. ボスニア・ヘルツェゴヴィナ
- ☐ 6. バルカン同盟
- ☐ 7. 第1次バルカン戦争
- ☐ 8. 第2次バルカン戦争
- ☐ 9. ヨーロッパの火薬庫
- ☐ 10. サライェヴォ事件
- ☐ 11. 同盟国
- ☐ 12. ロンドン条約
- ☐ 13. 協商国
- ☐ 14. ベルギー
- ☐ 15. マルヌの戦い
- ☐ 16. 飛行機・毒ガス・戦車
- ☐ 17. タンネンベルクの戦い
- ☐ 18. 無制限潜水艦作戦
- ☐ 19. アメリカ合衆国
- ☐ 20. 総力戦
- ☐ 21. 女性参政権
- ☐ 22. 第2インターナショナル
- ☐ 23. フセイン・マクマホン協定
- ☐ 24. サイクス・ピコ協定
- ☐ 25. バルフォア宣言
- ☐ 26. ブレスト=リトフスク条約
- ☐ 27. 十四カ条
- ☐ 28. キール軍港の水兵反乱
- ☐ 29. ドイツ革命

❷ ロシア革命
- ☐ 30. ペトログラード
- ☐ 31. ソヴィエト
- ☐ 32. ニコライ2世
- ☐ 33. 二月革命
- ☐ 34. 二重権力
- ☐ 35. レーニン
- ☐ 36. ボリシェヴィキ
- ☐ 37. ケレンスキー
- ☐ 38. 十月革命
- ☐ 39. 平和に関する布告
- ☐ 40. 土地に関する布告
- ☐ 41. モスクワ
- ☐ 42. ボリシェヴィキの一党独裁
- ☐ 43. コミンテルン
- ☐ 44. 対ソ干渉戦争
- ☐ 45. 赤軍
- ☐ 46. 戦時共産主義
- ☐ 47. 新経済政策
- ☐ 48. 日本
- ☐ 49. ソヴィエト社会主義共和国

連邦
- ☐ 50. ラパロ条約
- ☐ 51. スターリン
- ☐ 52. 第1次五カ年計画

◀ ステップ・アップ・テスト ▶
- ☐ ①〇
- ☐ ②× 　第1次五か年計画は戦時
　　　　共産主義の誤り。

㉕ Speed Check! ✓
ヴェルサイユ体制下の欧米諸国とアジア・アフリカの民族運動
❶ ヴェルサイユ体制とワシントン体制
- ☐ 1. パリ講和会議
- ☐ 2. 十四カ条
- ☐ 3. ヴェルサイユ条約
- ☐ 4. アルザス・ロレーヌ
- ☐ 5. サン=ジェルマン条約
- ☐ 6. ヌイイ条約
- ☐ 7. トリアノン条約
- ☐ 8. セーヴル条約
- ☐ 9. 国際連盟
- ☐ 10. アメリカ合衆国
- ☐ 11. ワシントン会議
- ☐ 12. 海軍軍備制限条約
- ☐ 13. 九カ国条約
- ☐ 14. 四カ国条約
- ☐ 15. 日英同盟
- ☐ 16. ロカルノ条約
- ☐ 17. 不戦条約

❷ 第一次世界大戦後の欧米諸国
- ☐ 18. 選挙法改正
- ☐ 19. マクドナルド
- ☐ 20. エール
- ☐ 21. ルール占領
- ☐ 22. エーベルト
- ☐ 23. ヴァイマル憲法
- ☐ 24. シュトレーゼマン
- ☐ 25. ムッソリーニ
- ☐ 26. ローマ進軍
- ☐ 27. フィウメ
- ☐ 28. ラテラノ条約
- ☐ 29. 共和党
- ☐ 30. 大衆社会
- ☐ 31. 移民法

❸ 東アジアの民族運動
- ☐ 32. 膠州湾
- ☐ 33. 二十一カ条の要求
- ☐ 34. 三・一独立運動
- ☐ 35. 文化政治
- ☐ 36. 陳独秀
- ☐ 37. 胡適
- ☐ 38. 五・四運動
- ☐ 39. 第1次国共合作
- ☐ 40. 連ソ・容共・扶助工農
- ☐ 41. 五・三〇運動
- ☐ 42. 蔣介石
- ☐ 43. 上海クーデタ
- ☐ 44. 南京
- ☐ 45. 張作霖
- ☐ 46. 張学良
- ☐ 47. 毛沢東
- ☐ 48. 中華ソヴィエト共和国臨時政府

❹ インド・東南アジアでの民族運動
- ☐ 49. ローラット法
- ☐ 50. ガンディー
- ☐ 51. プールナ=スワラージ
- ☐ 52. スカルノ
- ☐ 53. ホー=チ=ミン

❺ 西アジア・アフリカの動向
- ☐ 54. ムスタファ=ケマル
- ☐ 55. ローザンヌ条約
- ☐ 56. 1919年革命
- ☐ 57. レザー=ハーン
- ☐ 58. サウジアラビア王国
- ☐ 59. アフリカ民族会議

◀ ステップ・アップ・テスト ▶
- ☐ ①〇
- ☐ ②〇

㉖ Speed Check! ✓
ファシズムの台頭と第二次世界大戦
❶ 世界恐慌
- ☐ 1. ニューヨーク株式市場
- ☐ 2. フーヴァー=モラトリアム
- ☐ 3. フランクリン=ローズヴェルト
- ☐ 4. 農業調整法
- ☐ 5. 全国産業復興法

□ 6. テネシー川流域開発公社
□ 7. ワグナー法
□ 8. 産業別組合会議
□ 9. 善隣外交
□10. 挙国一致内閣
□11. オタワ連邦会議
□12. 人民戦線
□13. ブルム

❷ 満洲事変から日中戦争へ

□14. 満洲事変
□15. 溥儀
□16. 満洲国
□17. リットン調査団
□18. 国際連盟脱退
□19. 蔣介石
□20. 瑞金
□21. 八・一宣言
□22. 西安事件
□23. 盧溝橋事件
□24. 第2次国共合作
□25. 重慶
□26. 汪兆銘

❸ ナチス＝ドイツと
ヴェルサイユ体制の崩壊

□27. ナチ党
□28. 全権委任法
□29. 四カ年計画
□30. ザール地方
□31. 再軍備
□32. ラインラント
□33. エチオピア
□34. 日独伊三国同盟
□35. フランコ
□36. スペイン内戦

❹ 第二次世界大戦

□37. オーストリア
□38. ズデーテン地方
□39. ミュンヘン会談
□40. 独ソ不可侵条約
□41. ポーランド侵攻
□42. ヴィシー政府
□43. ド＝ゴール
□44. 独ソ戦
□45. 大西洋憲章
□46. フランス領インドシナ
□47. 日ソ中立条約
□48. 石油輸出

□49. 真珠湾
□50. マレー半島
□51. 大東亜共栄圏
□52. イタリア
□53. カイロ宣言
□54. ノルマンディー上陸
□55. ヤルタ会談
□56. ポツダム宣言
□57. 広島・長崎

≪ ステップ・アップ・テスト ≫

□①○
□②×　ブルムはペタンの誤り。

27 Speed Check! ✔
新しい国際秩序の形成と
冷戦の展開

❶ 戦後世界秩序の形成

□ 1. ダンバートン＝オークス会議
□ 2. サンフランシスコ会議
□ 3. 拒否権
□ 4. ブレトン＝ウッズ会議
□ 5. 関税と貿易に関する一般協定
□ 6. ニュルンベルク国際軍事裁
　　　判所
□ 7. 極東国際軍事裁判所

❷ 米ソ冷戦の始まりと西欧諸国

□ 8. 冷戦
□ 9. トルーマン＝ドクトリン
□10. マーシャル＝プラン
□11. コミンフォルム
□12. コメコン
□13. チェコスロヴァキア
□14. 西ヨーロッパ連合条約
□15. 北大西洋条約機構
□16. ベルリン封鎖
□17. ドイツ連邦共和国
□18. ドイツ民主共和国
□19. アデナウアー
□20. ワルシャワ条約機構
□21. 太平洋安全保障条約
□22. 東南アジア条約機構
□23. バグダード条約機構
□24. アトリー
□25. 第四共和政
□26. 第五共和政
□27. ド＝ゴール
□28. 中華人民共和国

❸ アジアの解放と自立

□29. 台湾
□30. 毛沢東
□31. 周恩来
□32. 中ソ友好同盟相互援助条約
□33. 38度線
□34. 李承晩
□35. 金日成
□36. 朝鮮戦争
□37. 警察予備隊
□38. サンフランシスコ平和条約
□39. 日米安全保障条約
□40. ソ連
□41. スカルノ
□42. ホー＝チ＝ミン
□43. インドシナ戦争
□44. ジュネーヴ休戦協定
□45. ネルー
□46. ジンナー
□47. モサッデグ
□48. パフレヴィー2世
□49. イスラエル
□50. 第1次中東戦争

❹ ソ連の「雪どけ」

□51. フルシチョフ
□52. ポーランド
□53. ハンガリー

❺ アメリカ合衆国と
欧州統合の動き

□54. 赤狩り
□55. シューマン＝プラン
□56. ヨーロッパ共同体

≪ ステップ・アップ・テスト ≫

□①×　朝鮮民主主義人民共和国
　　　は中華人民共和国の誤り。
□②×　鉄道国有化は石油国有化
　　　の誤り。

28 Speed Check! ✔
第三世界の台頭と
冷戦体制の動揺

❶ 第三世界の連帯と
アフリカ諸国の独立

□ 1. 周恩来
□ 2. ネルー
□ 3. 平和五原則
□ 4. アジア＝アフリカ会議

- [ ] 5. 非同盟諸国首脳会議
- [ ] 6. エジプト革命
- [ ] 7. ナセル
- [ ] 8. スエズ運河の国有化
- [ ] 9. 第3次中東戦争
- [ ] 10. アルジェリア
- [ ] 11. エンクルマ
- [ ] 12. ガーナ
- [ ] 13. アフリカの年
- [ ] 14. コンゴ動乱
- [ ] 15. アフリカ統一機構
- [ ] 16. 南北問題
- [ ] 17. 米州機構
- [ ] 18. アルゼンチン
- [ ] 19. カストロ
- [ ] 20. キューバ革命
- [ ] 21. キューバ危機
- [ ] 22. 部分的核実験禁止条約
- [ ] 23. 核拡散防止条約

❷ 冷戦体制の動揺
- [ ] 24. ゴ＝ディン＝ジエム
- [ ] 25. 南ベトナム解放民族戦線
- [ ] 26. 北爆
- [ ] 27. ベトナム戦争
- [ ] 28. ニクソン
- [ ] 29. ベトナム和平協定
- [ ] 30. サイゴン
- [ ] 31. 沖縄返還
- [ ] 32. シハヌーク
- [ ] 33. ポル＝ポト
- [ ] 34. ケネディ
- [ ] 35. ジョンソン
- [ ] 36. 公民権法
- [ ] 37. 中華人民共和国
- [ ] 38. ウォーターゲート事件
- [ ] 39. 台湾
- [ ] 40. ブレジネフ
- [ ] 41. プラハの春
- [ ] 42. ブラント
- [ ] 43. 国連同時加盟
- [ ] 44. フランコ
- [ ] 45. 毛沢東
- [ ] 46. 大躍進
- [ ] 47. 中ソ対立
- [ ] 48. 劉少奇
- [ ] 49. 鄧小平
- [ ] 50. プロレタリア文化大革命

- [ ] 51. 紅衛兵
- [ ] 52. 華国鋒
- [ ] 53. 日中平和友好条約
- [ ] 54. 四つの現代化

◆ステップ・アップ・テスト◆
- [ ] ①○
- [ ] ②○

㉙ Speed Check! ✓
産業構造の変容と冷戦の終結
❶ 第三世界の開発独裁と東南アジア・南アジアの自立化
- [ ] 1. 開発独裁
- [ ] 2. 朴正熙
- [ ] 3. 光州事件
- [ ] 4. 九・三〇事件
- [ ] 5. スハルト
- [ ] 6. シンガポール
- [ ] 7. マレーシア
- [ ] 8. カシミール
- [ ] 9. バングラデシュ
- [ ] 10. 東南アジア諸国連合
- [ ] 11. 新興工業経済地域
- [ ] 12. フォークランド戦争
- [ ] 13. ピノチェト

❷ 産業構造の変容
- [ ] 14. 国連人間環境会議
- [ ] 15. ベトナム戦争
- [ ] 16. ニクソン
- [ ] 17. ドル＝ショック
- [ ] 18. 変動相場制
- [ ] 19. 第4次中東戦争
- [ ] 20. アラブ石油輸出国機構
- [ ] 21. 第1次石油危機
- [ ] 22. 先進国首脳会議
- [ ] 23. ホメイニ
- [ ] 24. 第2次石油危機
- [ ] 25. カーター
- [ ] 26. エジプト＝イスラエル平和条約
- [ ] 27. レーガン
- [ ] 28. サッチャー

❸ 冷戦の終結
- [ ] 29. デタント
- [ ] 30. アフガニスタン
- [ ] 31. ゴルバチョフ
- [ ] 32. ペレストロイカ

- [ ] 33. 中距離核戦力
- [ ] 34. マルタ会談
- [ ] 35. ワレサ
- [ ] 36. チャウシェスク
- [ ] 37. ホネカー
- [ ] 38. ベルリンの壁
- [ ] 39. 統一ドイツ
- [ ] 40. ワルシャワ条約機構
- [ ] 41. ソ連共産党
- [ ] 42. 独立国家共同体
- [ ] 43. エリツィン

❹ 中国の動向と民主化の広がり
- [ ] 44. 鄧小平
- [ ] 45. 人民公社
- [ ] 46. 天安門事件
- [ ] 47. 香港
- [ ] 48. ソ連
- [ ] 49. 国連同時加盟
- [ ] 50. 李登輝
- [ ] 51. アパルトヘイト
- [ ] 52. マンデラ

◆ステップ・アップ・テスト◆
- [ ] ①× 石油戦略を実施したのは、イスラエルと対立するアラブ石油輸出国機構。
- [ ] ②× ハンガリーはルーマニアの誤り。

㉚ Speed Check! ✓
今日の世界と現代文明の諸相
❶ 今日の世界
- [ ] 1. ユーゴスラヴィア
- [ ] 2. コソヴォ
- [ ] 3. チェチェン
- [ ] 4. プーチン
- [ ] 5. ウクライナ
- [ ] 6. チベット
- [ ] 7. 新疆
- [ ] 8. 香港
- [ ] 9. 金泳三
- [ ] 10. 金大中
- [ ] 11. 金日成
- [ ] 12. 金正日
- [ ] 13. 六カ国協議
- [ ] 14. 核実験
- [ ] 15. 陳水扁
- [ ] 16. ドイモイ

- ☐ 17. ベトナム
- ☐ 18. シハヌーク
- ☐ 19. アウン＝サン＝スー＝チー
- ☐ 20. スハルト
- ☐ 21. 東ティモール
- ☐ 22. インド人民党
- ☐ 23. ジンバブエ
- ☐ 24. ハイレ＝セラシエ
- ☐ 25. ルワンダ
- ☐ 26. アフリカ連合
- ☐ 27. インティファーダ
- ☐ 28. ラビン
- ☐ 29. アラファト
- ☐ 30. パレスチナ暫定自治協定
- ☐ 31. サダム＝フセイン
- ☐ 32. イラン＝イラク戦争

- ☐ 33. クウェート
- ☐ 34. 湾岸戦争
- ☐ 35. 同時多発テロ事件
- ☐ 36. ブッシュ
- ☐ 37. ターリバーン
- ☐ 38. イラク戦争
- ☐ 39. チュニジア
- ☐ 40. アラブの春
- ☐ 41. シリア
- ☐ 42. オバマ
- ☐ 43. トランプ
- ☐ 44. ポピュリズム

❷ 通商の自由化と地域統合の進展

- ☐ 45. 世界貿易機関
- ☐ 46. マーストリヒト条約

- ☐ 47. ヨーロッパ連合
- ☐ 48. 北米自由貿易協定

❸ 現代文明の諸相

- ☐ 49. アインシュタイン
- ☐ 50. 量子力学
- ☐ 51. ナイロン
- ☐ 52. ライト兄弟
- ☐ 53. アポロ11号
- ☐ 54. ペニシリン
- ☐ 55. ＤＮＡ
- ☐ 56. フロイト
- ☐ 57. ヴェーバー
- ☐ 58. プラグマティズム

◀ ステップ・アップ・テスト ▶

- ☐ ①○
- ☐ ②○

30日完成（にちかんせい）

スピードマスター世界史問題集（せかいしもんだいしゅう）　解答（かいとう）

2024年2月　初版発行

編　者	黒河（くろかわ）　潤二（じゅんじ）
発行者	野澤　武史
印刷所	株式会社　明祥
製本所	有限会社　穴口製本所
発行所	株式会社　山川出版社

〒101-0047　東京都千代田区内神田1-13-13
電話　03-3293-8131（営業）　03-3293-8134（編集）
https://www.yamakawa.co.jp/

本文デザイン　バナナグローブスタジオ

ISBN978-4-634-03226-2　　　　　　NYZK0102